英語教育

実践から理論へ

米山朝二 著
Asaji Yoneyama

松柏社

改訂増補版

改訂版まえがき

　1988年の初版以来、14年が過ぎました。おかげさまで本書は多くの読者を得て何度も版を重ねてきました。その都度、誤植を正し、必要な情報を追加してきました。しかし、それは必要最小限の修正でした。今回、思い切って全面改訂を行うことにしました。

　改訂にあたり、次の点を自分に言い聞かせて作業を進めました。
　1．古くなった部分は切り捨て、新しい情報をできるだけ多く盛り込む。
　2．わが国の英語教育の最近の動向、今後の展望を視野に入れる。
　3．初版の特徴、即ち実践と理論のバランスを維持する。
　4．初版同様に平易で詳しい記述を心がける。
　5．Further reading、参考書目を全面的に改訂する。

　以上のような方針で、作業を進めた結果、前半に実践、後半に理論という順序は初版通りとしました。しかし、初版の11章が改訂版では13章構成となりました。小学校の英語教育を「早期英語教育」として独立した章として新たに取り上げました。また、初版の9章「英語教育の理論的背景」を充実させて、新しく2章に分離しました。10章　「言語とその指導」、11章　「言語習得と学習者」、がそれです。これにより、理論編が実践編に劣らず充実したものとなりました。

　多くの章の見出しは、初版と同じです。しかし、どの章も内容を大幅に改訂・追加しました。特に1章では高校の授業を加え、7章では、Task-based Learningの活動例を、また9章では、日常評価を追加しました。紙面も一層読みやすくなるように工夫を施しました。

　初版同様に、改訂にあたり多くの方から直接、或いは書物を通してお世話になりました。感謝申し上げます。松柏社の森さんからは、改訂作業の最初からいろいろと励ましをいただき、脱稿を忍耐強く待っていただきました。改訂に取りかかってから1年が経とうとしています。費やした時間と労力に比例して本書がさらに充実したものになったことを願いつつ、読者の方々のご判断を仰ぐ段階に到りました。不明な箇所、誤り等お気づきの点がありましたらご指摘下さるようお願い申し上げます。

　　2002年夏

　　　　　　　　　　　　　　　　　　　　　　　　　　　　米山朝二

まえがき

　最近、英語教育は理論と実践の両面で文字通り日進月歩の進歩をとげています。それにともない、様々な指導理論が提唱され、授業の方法も多様な様相を帯びています。
　本書は、この様な激動の時代にあって、将来英語教師を志す人々と、現に教壇に立ち、英語教育の実践に専念しておられる英語教師を対象にして書いてあります。最近の動向をできるだけ分かりやすく、簡潔にまとめるように心がけたつもりです。
　従来、とかく「英語科教育法」で学んだことが、たとえ精神的な糧となったとしても、教室の授業で活用できる技能とならず、そのために教師になってから暗中模索して試行錯誤を繰り返すか、それとも自分が以前習った方法を踏襲するしかない、と指摘されることがありました。これは、一つには「教育法」の講義に使われたテキストの構成にも問題があったことによる、と考えられます。本書では、こうした欠陥を克服するため、実践と理論のバランスを取り、とりわけ実践を重視する立場を貫くことにしました。分量的にはもちろん、構成面でも具体的な指導方法を先に出し、理論を後半に廻してあるのはこのためです。
　第1章で1時間の授業を教師の立場で眺め、2章では授業のより小さなセクションの構成を検討し、3章以下ではさらに細かく4技能の指導法を扱っています。7章では、これらのスキルを総合した活動例を用意して総合的な言語運用を教室で行えるように配慮してあります。9、10章で以上の実践が依って立つ理論的な背景に目を通すことによって、最近の英語教育の全貌が把握できるような構成を取りました。
　理論面を扱う章は除き、各章とも冒頭に具体的な例を対比する形で2例掲げ、その解説を通して最近の動向を浮き彫りにし、次の理論面の導入を計りました。その後具体的な活動例を解説を加えてできるだけ詳細に提示し、さらに類似の応用例をその変形として用意しました。各章の終わりには、具体的な活動を伴う問題を用意し、技能習得の徹底を意図したつもりです。将来の英語教師を目指す方々のみならず、英語教師からも利用して頂き、授業の改善に役立てて頂けることを願っています。
　本書にはできる限り、最新の知見を取り入れようとしました。しかし、紙数が限られていることに加え、著者の力量不足から来る記述不足や思わぬ誤解があることも懸念されます。各章の終わりに用意した Further reading を参考にさらに理解を深めて頂けたら幸いです。
　本書の執筆に当たり、直接、間接に数多くの方々のお世話になっております。心から御礼申し上げます。とりわけ、この仕事をお勧め下さった松柏社社長森信久氏に改めて謝意を表します。

●目次●

第1章 英語の授業 1

1. 中学校1年の授業　2
2. 中学校3年の授業　11
3. 高校1年の授業（英語Ⅰ）　21
   問題　26
   Further Reading　26

第2章 授業の構成 29

1. 1時間の授業　30
2. 指導計画　54
3. ティーム・ティーチング　56
   注　65
   問題　65
   Further Reading　65

第3章 Listeningの指導 67

指導例1・2　67
1. Listening指導の原則　69
2. Listening指導の実際　72
3. Hearingの指導　86
4. 教科書テープの活用法　89
   注　90
   問題　90
   Further Reading　91

第4章　Speakingの指導　93

指導例1　93
指導例2　94
1. Speaking指導の原則　97
2. Speaking指導の実際　102
　I. Structural drill　102
　II. Practice　109
　III. Production　112
　注　123
　問題　124
　Further Reading　125

第5章　Readingの指導　127

指導例1・2　127
1. Reading指導の原則　130
2. Reading指導の実際　134
　I. 入門期の指導　134
　　1）文字の識別　134
　　2）文字のまとまりの把握　135
　　3）語、句、文の読み取り　137
　　4）読んだことを利用する活動　138
　II. 通常のリーディングの指導　140
　　1）Pre-reading　141
　　2）In-reading　142

3）Post-reading　151
　Ⅲ. 語彙の指導　159
　　　1）語彙の導入　160
　　　2）語彙指導の基準　162
　　　3）語彙の推測　163
　　　4）語彙の練習　165
注　167
問題　167
Further Reading　168

第6章　Writingの指導　169

指導例1・2　169
1. Writing指導の原則　172
2. Writing指導の手順　174
3. Writing指導の実際　176
　　　1）語のレベル　176
　　　2）文のレベル　179
　　　3）パラグラフのレベル　183
　　　4）まとまりのある文章　187
注　187
問題　188
Further Reading　188

第7章　総合活動　189

指導例1・2　189
1. 総合活動指導の原則　191
2. 総合活動指導の実際　192
    1) 中学校レベル(1)　192
    2) 中学校レベル(2)　194
    3) 高等学校レベル(1)　197
    4) 高等学校レベル(2)　201

注　203

問題　203

Further Reading　203

第8章　早期英語教育　205

指導例1　205

指導例2　206

1. 指導の原則　208
2. 指導の実際　210
3. 指導上の留意点　216
    1) 授業形態　216
    2) 指導計画　217
    3) ティーム・ティーチング　218

注　219

問題　219

Further Reading　219

第9章　評価　221

例1・2　221
1. 評価の原則　224
2. 評価の実際　227
　　1）アチーブメントテスト　227
　　2）日常評価　236
　　3）自己評価　239
　注　240
　問題　240
　Further Reading　241

第10章　言語とその指導　243

1. 言語・言語理論　244
2. 指導内容と配列順序　254
　注　258
　問題　259
　Further Reading　260

第11章　言語習得と学習者　261

1. 言語習得　262
　　1）習慣形成理論　262
　　2）合理論主義　264
　　3）認知理論　272
　　4）相互作用理論　276

　　　　5）コネクショニズム　279
2. 学習者　281
　　　　1）年齢　281
　　　　2）適性　283
　　　　3）知能　284
　　　　4）学習スタイル　285
　　　　5）学習ストラテジー　287
　　　　6）感情面の特徴　288
　注　292
　問題　295
　Further Reading　295

第12章　英語教授法と英語教師　297

1. 教授法　298
　　　I. Structure-centered Approach　298
　　　　1）Grammar-translation Method　298
　　　　2）Direct Method　300
　　　　3）The Oral Approach　305
　　　II. Communication-oriented Approach　306
　　　　1）Commnicative Language Teaching　306
　　　　2）Communicational Teaching Project　309
　　　　3）Content-Based Instruction　310
　　　　4）Task-Based Instruction　312
　　　III. Humanistic Approach　315
　　　　1）The Silent Way　314

         2) Community Language Learning　315
         3) Suggestopedia　317
         4) Multiple intelligences theory　318
2. 英語教師論　321
         1) 英語運用能力　321
         2) 言語分析能力　321
         3) 教室内英語運用能力　322
         4) 英語指導能力　323
　注　325
　問題　326
　Further Reading　327

第13章　教授メディア　329

例　329
1. 視覚メディア　330
2. 聴覚メディア　331
3. 視聴覚メディア　332
         ビデオ　332
         LL（Language Laboratory）　333
4. 教科書　334
         1) 教科書教材　334
         2) 教科書の選択　335
5. コンピュータ　337
         1) 教師の授業準備等のための活用　337
         2) 学習場面での使用　337

注　339
問題　340
Further Reading　340

参考書目　341

別冊資料
1. 中学校学習指導要領抜粋
2. 高等学校学習指導要領抜粋

第1章
英語の授業

　英語の授業はどのように行われるのでしょうか。このことは、おそらく本書の読者には最も関心のあることでしょう。なるほど読者の多くは長年英語を学習してきているのですから、このような質問は自明のことと映るかも知れません。しかし、実際は学ぶ立場と教える立場では授業の受けとめ方に大きな違いがあることも否めません。学習者が気付かないようなことでも教師が苦心して活動を綿密に準備していることが多いのです。したがって、いくつかのレベルに即して用意された次の指導例を、当時の自分の様子を思い浮かべながら、教師が1時間の授業でどのような活動を設定し、どのように実際の授業を展開するかを、教師の立場に立って読んでいただきたいのです。

　1時間の授業を自分である程度納得できるように展開できることは、英語教師にとってまず最初に身につけなければならない技能です。しかし、この技能は決して短時間で修得できるものでもありません。それは、英語教師としての最終目標でもあるのです。「自分で満足のいく授業は1年に何回もできない」と言う発言をしばしば耳にします。このことは、1時間の授業が数多くの要素から構成され、それぞれの要素の間に微妙なバランスが要求されることを示しています。したがって、1時間の授業はこれから教師を目指す人にとってはもちろん、すでに教師としての経験を積んでいる人にとってもきわめて重要なトピックです。本書の冒頭に置くのも以上の理由によるのです。

1. 中学校1年の授業

TEACHING PLAN

Instructor：_____

I. Date：
II. Class：I _____ Class, _____ Junior High School
III. Text：*New Horizon English Course 1*
　　　Material：Lesson 11 ある日曜日 ［1］ p.52
IV. Aims of this period
　1. To comprehend and produce orally utterances describing temporary activities in progress as expressed by means of present progressive form.
　2. To recognize and pronounce the following words and phrases：
　　Mr., Mrs., kitchen, wash(ing), help(ing), cook(ing), with.
V. Teaching procedure in detail
　A. Warm-up and review（5 min.）
　　1. Greeting
　　2. "Follow my directions."
Teacher：いつもやっているFollow my directionsをやってみましょう。Are you ready?
　Class：Yes.
　　T：Stand up.
　　C：（全員立ち上がる。以下、同様に教師の英語の指示に従って、行動したり、身振りで表現する。）
　　T：Turn around three times./Look at your partner. Say "Hello" to each other./ Now look at me./ Play the guitar and then play basketball.
　　C：（教師の指示に従って身振りで示す）
　　T：Good. Do you like basketball, *A*?

P~A~：Yes, I do.

T：Now, everybody, touch your nose.

C：（全員で鼻に手をやる）

T：（上と類似した指示を与える）

B. Introduction of new material（10 min.）

T：You are touching your nose. Good. Stop. Now touch your mouth.

C：（指示に従って手で口をおさえる）

T：Good. You are touching your mouth. Stop. Sit down. You are sitting down.（生徒が全員座るまで何度もこの文を反復し、座ったところで）Open your notebook. You are opening your notebook. Write your name on your notebook. You are writing your name on your notebook.（反復し、全員が書き終えたら）Good. Stop. それでは、私の指示に従って、動作をやってもらいます。B, stand up.

P~B~：（立ち上がろうとする）

T：Look at him. He is standing up. Now walk to the blackboard. He is walking to the blackboard. Hold a piece of chalk. He is holding a piece of chalk. Write your name on the blackboard. He is writing his name. Thank you. Go back to your seat. He is going back to his seat. Thank you. Sit down. He is sitting down now. 今日新しく学ぶ言い方をたくさん使ってきました。どんな意味を表す言い方でしたか。文の形はどうなっていましたか。Look at this picture.（Mikeがテニスをしている絵を示す）Who is this boy?

C：Mike.

T：Yes, he is. He is playing tennis now.（板書、反復してから）これはどんなことを言っていますか。

P~C~：彼は今テニスをしています。

T：Very good. 今行われている動作を言うときには、このように、isの次に動詞にingをつけた形を置きます。これで「～しているところで

す」、と言う意味を表します。Now repeat after me. He is playing tennis now.
　C：He is playing tennis now.（Tの後について数回繰り返す）
　T：Very good. 次の絵に描かれていることを英語で言います。正しかったらYes, 間違っていたらNoと答えなさい。

　T：Ken is playing tennis now.
　C：Yes.
　T：Good. Junko is playing softball.
　C：No.
　T：That's right. Junko is playing basketball.
　C：Yes.（以下、次第にスピードを上げて、十分聞き取りの練習をする）

C. Practice（10 min.）
　T：それでは絵を見て英語で言ってみよう。誰がどの絵のことを言ったか当ててみよう。D.
　P_D：Fred is using a computer.
　P_E：No. 6.

T：Good. Fred is using a computer. Repeat.（この練習を続けて口慣らしをする）……

T：今度は、隣の人とペアになって、今やったようにしてやってみよう。（ペア活動をこのような形で続ける）……

T：（絵を隠して）誰が何をしているか覚えていますか。思い出してできるだけたくさん英語で言ってみよう。

P_F：Ken is playing tennis.

T：Is he right?

C：Yes.

T：Let's check.（絵を見せて）That's right. Next, please.

P_G：Lucy is playing the guitar.

T：Is he right?（以下、上と同じように続ける）

D. Introduction of new words（5 min.）

T：（教科書の中表紙にある家族図を示して）Look at the Davis family. Who is this?

C：Mike.

T：Who is this girl?

C：Nancy.

T：Yes. This is their father. He is Mr. Davis. This is Mrs. Davis. 男の人の名字にはMr.を、結婚している女の人にはMrs.、未婚・既婚問わず女性の姓にはMs.を付けます。Repeat after me.（フラッシュカードを用いて発音練習。教科書52頁の挿絵をOHPでスクリーンに映し）Look at the screen. This is Mr. Davis' car. He is washing it.（フラッシュカードでwashを確認。以下下線部はすべて同様に扱う）Where is Mrs. Davis? She is in the kitchen. She is cooking now. Jane is helping her. Is Mike playing? No. Mike is helping her, too. They are helping her. Is Nancy helping her mother? No. She is playing. She is playing with Dandy.

　今度は英語で指示しますから動作をしてください。Wash the car. Wash your hands. Wash your hair. Wash Dandy. Cook breakfast. Cook dinner. Your mother is cooking now. Help her. Your father is washing the car. Help him. Good. Now play with Dandy.

E. Reading (5 min.)

T: Open your book to page 52. Listen to the tape and read your book silently………Now close your book and listen to the tape. ………

　　今度は意味を考えながら黙読しなさい。………Read your textbook after the tape.………(OHPで本文を映したものを用いて、上の行から次第に隠して) 本文が次第に見えなくなってゆきます。遅れないように急いで読んでみよう。………本文の一部を隠します。どんなことが書いてあったか思い出しながら空所の部分も補って読みなさい。(次第にマスキングを多くしてゆき、全員がすらすら読めるまで練習)………ペアになって、お互いに本文を読んでみよう。一方が読んでいるときは、相手は本を閉じてしっかり聞いて内容を理解しなさい。よく聞き取れなかった部分は、Pardonと言って、もう一度読んでもらいなさい。………

[TEXT]

> It's Sunday morning.
> Mr. Davis is washing the car.
> Mrs. Davis is cooking in the kitchen.
> Jane and Mike are helping her.
> Nancy is playing with Dandy.

F. Comprehension checking (5 min.)

T: これから本文の内容を英語で言います。正しかったら繰り返しなさい。間違っていたら、直して英語で言ってください。

T: No.1. It's Sunday afternoon.

C：It's Sunday morning.
T：Yes. It's Sunday morning. No.2. Mr. Davis is washing the car.
C：Mr. Davis is washing the car.
T：No. 3. Mrs. Davis is in the garden.
C：Mrs. Davis is in the kitchen.
　　（以下、同様にして行う）
T：No.4. She is cooking in the kitchen.
　　No.5. Jane is helping her mother.
　　No.6. Mike is helping his father.
　　No.7. Nancy is helping her father.
　　No.8. Nancy is in the kitchen.
　　No.9. Nancy is playing with Dandy.

G. Communication activity（8 min.）
　　T：(生徒をペアにしてA, Bを決めてから、次のチャートA, BをA, Bの生徒に渡す) 相手に自分のチャートを見せてはいけません。自分のカードをよく見なさい。チャートには空欄になった部分があります。その部分は、相手の持っているチャートには書いてあります。そこで、自分のチャートを相手に英語で説明してください。その説明をよく聞いて、自分のチャートの空欄に正しく記入しなさい。終わったら、正しく記入できたかどうか、チャートを見せ合って確かめなさい。

［チャート］
チャートA

チャートB

H. Consolidation（2 min.）
　　T：今日は「～しているところ」、という言い方を勉強しました。be動詞の次に動詞にingを付けて表すのですね。課題を出します。いつものようにReading Cardを使って、大きな声で読んでみよう（Reading Cardは5章、p.158、リーディングカードを参照）。次にこの間違いだらけの印刷をきれいに清書してノートに書きなさい。（本文をタイプしたものを適当に切り刻み、復元する際に意図的に行を不揃いに

したり、重ねたりしたものをさらにコピーして用意する。詳しくは
6章　Writingの指導　p.176, Editingを参照）

[解説]
　この課は、中学校1年の2学期で扱われ、これまでにbe動詞の活用、一般動詞の現在形とその疑問文、否定文、命令文などが教えてあります。本課は、3つのセクションと練習から構成され、現在進行形が主要な言語項目になっています。本時は、その第1時間で現在進行形の基本形を提示します。日曜日の家庭の様子を描写し、それぞれの家族の成員が何をしているか述べながら目標とする項目を含む文が多く出てきます。

　このクラスは入門期で、教師の与える様々な指示を聞いて、動作で反応するTPR（3章　Listeningの指導　p.75, Total Physical Responseを参照）の手法でかなり多くの語彙を聞いて理解できるようになり、その後も随時こうした活動を継続的に行い、授業中に体を動かすことに慣れています。本時でもこの手法を取り入れ、現在進行形を導入する自然な文脈を設定してあります。新しい語彙項目は、具体的な動作、事物を示すものなので、その導入にはやはりTPRの手法を使ってあります。

Warm-up　前課で命令文を扱ったのでその復習を兼ねた活動が用意してあります。Greetingはごく簡単に済ませ、"Follow My Directions"の活動に入ります。

Introduction of new material　生徒が動作を行っている最中に、教師がそれを英語で言ってやります。様々な動作について何度も進行形の文を使っているのは、異なった場面で反復することによって、次第に生徒にそれに気づかせようとする意図があります。途中で、注意すべき点を指摘し、正確な言語形式の認知を図ります。次に、それを文字で示し、その意味も確認し、その後に口頭練習で基本文を反復します。次の段階は、教師が様々な場面を説明するのを聞いて、どの場面かを正しく当てることによって、さらに進行形の聞き取りを集中的に行います。

Practice　基本文の様々な要素を入れ替えてbe…〜ingの部分を正しく表出する練習です。ここでは、機械的な練習の中にもできるだけ意味のある要素を取り入れてあります。最初は全体で行い、次にペアで行います。ここでも、どの絵のことを言っているか当てさせることによって、機械的な練習がゲームにな

っています。このようにすると、それぞれの生徒が話したり、聞いたりすることが意味を持ってくるからです。

Introduction of new words　教科書の挿絵がそのまま利用できます。場面と結び付けて語の意味を理解できたら発音練習をし、その後それに慣れさせるために再びTPRの手法で徹底します。

Reading　すでにIntroduction of new wordsで本文の内容が生徒に分かっているため、主として音読練習を主にした活動が組んであります。最初は、テープの速度に合わせて、リズミカルに視線を移動させながら読む練習です。次は、聞き取りの練習、本文の音読が続きます。音読が十分できるようになったらOHP上に小さな紙片を載せて"隠し読み"を行います。これによって、前後関係から見えない部分を補って、本文を読み、次第に暗唱できるようになります。

Comprehension checking　本文内容が理解できたかを確認するためには、多くの場合、Question-Answer形式をとりますが、本課では疑問文を教えてないため、"true-false"形式で確認します。

Communication activity　本時で扱った構文を情報交換の場面で実際に使う練習です。詳しくは、4章　Speakingの指導をご覧ください。

Consolidation　本時のまとめと宿題の提示です。この課題は、"Editing"と呼ばれるもので、意味を考えながら書くことの作業が取り入れてあります。こうすることで単に本文を意味も考えずに書き写す機械的な作業が意味のある活動になります。

　中学校1年生の授業では、聞き話す活動が主になるものの、読む、書く活動も無視することはできません。また、英語のもっとも基本的な事項を正確に学習することが主要な目的になりますが、それが機械的な反復練習に終始したら退屈な授業になってしまい、効果を上げることはできません。どの活動もそれなりに意味のあるものにする工夫が大切です。中でも、いま習ったことが役に立ったという言語運用の活動を設定し、成就感を味わわせることが重要です。

2．中学校 3 年の授業

TEACHING PLAN

I. Text：*New Crown English Course 3*
　　　　Material：Lesson 4 ［2］ p.23
II. Aims of this period
　1. To comprehend and produce orally utterances describing indefinite experiences which are expressed by means of present perfective form.
　2. To recognize and pronounce the following words and phrases : several; twice; modern; litter; pay; dollar; throw away
III. Teaching procedure in detail
　A. Warm-up and review（5 min.）
　　T：Hello. How are you?
　　C：I'm fine. Thank you. And you?
　　T：Fine, too. Thanks. Well, who is absent today?
　　C：*A* and *B* are absent.
　　T：I see. What's the matter with them?
　　S_c：*A* is ill.
　　T：That's too bad. He was absent in the last class, too. He has been ill for several days. もう何日も具合いが悪いんだね。What's the matter with *B*?
　　D：Her mother is ill.
　　T：I see. Has she caught cold?
　　D：Yes.
　　T：So *B* is looking after her family. I hope her mother will get over the cold soon. 早く良くなるといいね。Well, everybody. Look at these pictures.（下の絵を示す）I have just done one of them. I'll show you what I have done by gestures. Please guess and say in English

what I have done．(絵の動作を次々に示して、生徒に英語で言わせる。)
Please say, "You have just finished your work. You have just eaten an apple, etc." Are you ready?

T：(ステーキを食べ終わった動作を示し) What have I just done?
C：You have just eaten steak.
T：Yes. I have. It was a big, juicy steak. (以下、同様に続ける)

(中略)

[絵]

B. Introduction of new material
1. Presentation of a new structure and vocabulary items (10 min.)
   T：(日本地図を示して) これからいくつかの都市のことを話します。I <u>have</u> <u>visited</u> Nara before. (下線部板書。以下、同様) Have you visited Nara?
   C：Yes.
   T：Yes, you went to Nara in May. Is Nara a very old city?
   C：Yes, it is.
   T：Yes, indeed. It is not a <u>modern</u> city. I have visited this city <u>twice</u>. (指で2回を示す) It's Nagoya. It has lots of high buildings and the streets are very wide. It's very modern. I have never visited this city. It's Sendai. Have you visited Sendai before?
   S$_A$：Yes.
   T：Oh, you have visited Sendai. Do you like Sendai?
   S$_A$：Yes, I do.
   T：Are there many trees along the main street?
   S$_A$：Yes.
   T：I have never been to Nagasaki. Have you ever been to

Nagasaki?

S_B : Yes, I have.

T : Really! You have been to Nagasaki. Is Nagasaki a beautiful city?

S_B : Yes, it is. My aunt lives there.

T : Did you have a good time?

S_B : Yes, I did.

T : By the way, have you visited Europe before?

C : No, I haven't.

T : Takako's father has visited Europe <u>several</u> times. He goes there on business. 仕事で出かけるんだね。それで何度も、several times, 訪れたことがあるんです。Has your father been to America?

S_C : Yes, he has.

T : (writes down a key sentence in which present perfect form of an indefinite event is used and explains the meaning breifly in Japanese) Well, everbody. Is this classroom clean? I am sorry it's not very clean. There is some <u>litter</u> around. Don't <u>throw</u> <u>away</u> litter on the floor. You must put litter in that litter basket. Keep your room clean.

2. Structural practice (5 min.)

   T : (shows the following frames and lets the pupils practise making sentences)

| Have
Has | you
your father
mother
———
——— | seen
visited
written
acted in
broken | a giant panda
a poem
a play
a glass
a dish
Spain
England | ? |

Yes, No,	I he she	have. has. haven't. hasn't.

T：表の中の語句を使って、文を作ってみよう。（中略）今度は、隣の人と表の中の語句を使って会話をしてみよう。

3. Communication practice（7min.）

　　T：（6人のグループを作り、各グループ内で同じカードを2枚ずつ用意し、各々の生徒に下のカードのいずれかを渡す。カードは異なったものが3種ある）自分のカードをよく見なさい。他の人に見せてはいけません。カードには自分がこれまで訪れたところには○、まだ行ったことのないところには下に×が付いています。グループ内でお互いに尋ね合って自分と一緒に旅行に出かける人を探しなさい。（一人の生徒を前に出し、実演してやり方を説明する）

　　T：Excuse me. Have you visited New York before?
　　S_D：Yes, I have. Have you been to London before?
　　T：Yes, I have. Have you visited Paris?
　　S_D：Yes, I have. Have you visited Singapore?
　　T：No, I haven't. Have you been to Singapore?
　　S_D：No, I haven't. Then let's visit Singapore together.
　　T：Yes, let's.
　　T：それでは始めなさい。早く仲間を見つけた組が勝ちです。Now start!

[カード]

New York	London	Paris	Singapore
○	○	○	×

Singapore	Paris	New York	London
○	×	○	○

Paris	New York	Singapore	London
○	○	○	×

4. Reading (20min.)

  1). Pre-reading

    T : Now open your books to p.23. Look at the picture. This is a picture of Singapore. What do you think of this city?

    S_E : It's clean. There are lots of trees. The street is wide, etc.

  2). In-reading

    T : Now look at the screen. There are two questions. Read them.

> 1．Has Jiro's father visited Singapore before?
> 2．Is Singapore an old country?

    Now read the text and find the answers to these questions as soon as possible. Put up your hand when you finish. Start.
    ....

    T : OK. Has Jiro's father visited Singapore before?

2．中学校3年の授業

S_F : No, he hasn't.
T : Is he right?
C : Yes.
T : Good. Where did you find the answer in the text? Read that sentence.
S_G : But he has never visited Singapore before.
T : Good. Then put that sentence into Japanese.
S_H : しかし彼はシンガポールを一度も訪れたことがありません。
T : Very good. Next question. Is Singapore an old country?
S_I : No, it isn't.
T : Is she right?
C : Yes.
T : Where did you find the answer?
S_J : Line 6.
T : Please read the sentence.
S_K : It is a young and modern country.
T : It is a young country, so it is not an old country. How old is Singapore as an independent country?
S_L : In 1965.
T : Yes. It became independent in that year. This year is 2002. So how old is Singapore as an independent country?
S_M : 37 years.
T : Yes, it is 37 years old. It is a young and modern country, isn't it? ………Very good. Now I'll give you two more questions.

> 1．What is another name for Singapore?
> 2．How do they keep their country so clean?

Now read the text again and find the answers to these two questions. Start.(生徒の挙手具合いを見て)Now have you found the answers to these questions? No.1?

S_N：Clean and green country.
T：Yes, it is a clean and green country. How do they keep their country so clean?
C：（答がなかなか出ない）
T：You can answer in Japanese, if you like.
S_O：通りでゴミを捨ててはならない。
T：Yes. そうだね。日本でも通りにゴミを捨ててはいけないことになっているけど、タバコの吸殻や空かんを捨てる人がいます。シンガポールではどんなことをしているんだろう。どの部分にそれが書いてあるだろう。
S_P：最後の文。
T：That's right. 結局、最後の文はどういうことを述べていますか。
S_Q：法律。
T：そうだね。If you do, とは？
S_R：もしもそうしたら、
T：Yes. どうしたということかな？
S_S：ゴミを捨てる
T：Yes. doは前のどの部分を指しているんだろうか。その部分に下線を引きなさい。S
S_T：throw away litter in the street
T：そうですね。ゴミを捨てたら、どうしなければならないのですか。500ドルを…
S_T：払う
T：Good. それでは、この文を日本語で言うとどうなるかな。
　　　（中略）

3). Oral reading of the text
　　T：Open your textbooks to page 23 and read silently with the tape ………Now close your textbooks and listen to the tape again. ………This time open your textbooks and read it aloud with the tape.どこを強く読むか注意してテープと一緒に読みなさい。
　[Text]

> My father is going to visit Singapore soon. He has visited Europe several times. He has been to the USA twice. But he has never visited Singapore before.
>
> Singapore became an independent country in 1965. It is a young and modern country, and really is a 'clean and green' country. You must not throw away litter in the street. If you do, you have to pay five hundred dollars.

4). Post-reading
　　T：挿絵の看板を見てごらん。右の英語の看板が読めますか。………FINEとはどんな意味でしょう。辞書で調べてごらん。………$500は日本のお金に直すといくらくらいですか。………シンガポールでもドルを用いますが、シンガポールドルは1ドルが約65円です。…………最後の文を読んでどう思いますか。日本でも同じような規則を作ったらよいと思いますか。

C. Consolidation（3 min.）
　　基本文の確認と説明；課題（Unscrambling）

［解説］
　本課では、現在完了の完了用法、経験用法が主な文法項目です。なお、前課では継続用法が扱われており、完了形の形式にはすでにある程度習熟しています。シンガポールの紹介、習慣の違いに着目した異文化理解が内容の骨子をな

しています。本時で扱うセクション2では、現在完了の経験用法が登場人物の父親の旅行経験と結び付けてテキストで用いられています。語彙項目は、頻度を示すものに加えて、シンガポールの"浄化運動"に関連したものが出てきます。

Warm-up and review　　生徒の出欠を確認しながら自然な会話を行い、その中に現在完了形も意図的に入れて置きます。続いて、ゲームを通して完了用法の復習を行います。動作だけでは推測が困難なことを考慮して、絵を用意して目標の発話を引き出すようにしてあります。

Presentatin of a new structure and vocabulary items　　いくつかの都市についての教師と生徒の会話を通して構文といくつかの語彙を導入します。はじめは、教師が完了形を場面の中で何度も用い、その意味と形式に生徒を慣らすように配慮してあります。生徒の方は、短い答だけでよいのですから、このように英語を多用してもさほど困難は感じません。この中で、新しい語句も導入します。しかし、語句はすべて導入してしまうのでなく、文脈から推測できるものは意図的に残し、readingの中で推測させます。

Structural practice　　最初はクラスで行い、次にペアワークに移ります。目標構文の正確な操作が目標です。生徒は、それぞれの枠の中から適当な語句を選ぶだけで正しい文を作ることができます。しかし、このようにペアで交互に問答を行わせることによって、文の意味にも注意を払い適切な反応を考えるようになります。

Communication practice　　自分と同じ仲間を見つけるという目的を持った活動です。ここで用いられる言語項目はすでにこれまで何度も練習してあるものですから、かなり低位の生徒も参加することができるでしょう。はじめに、教師がモデルを示すことによって、生徒は次のグループ内の活動に容易に参加できるようになります。自分の仲間でなかったらどうするかも教えておくようにします。

Reading　　テキストの中から必要な情報を素早く見つけるという、本来のreadingにより近づいた活動になっています。読む前に、挿絵を使って、シンガポールがどんなところか話合い、生徒の関心を高めます。ついで、内容に関する質問を用意し、読む目的を明確にします。短時間で本文を読んで答の確認をする中で、必要に応じて文の意味を確認し理解を深めます。次に、より細かい部分の理解を求める質問を2つ用意し、再度読ませます。新語を含む最後の文

の確認を行うことによって、文の意味は必ずしも全ての語句が分からなくて理解できることがあることに生徒は気付くようになります。本文の内容理解ができたところで音読に移ります。3段階に分けて、音読指導が行われていますが、必要に応じて個人読みも行います。

　Post-readingは、読んだ内容について自分なりの判断を示す活動を用意してあります。このような活動は、readingを意味のある活動に近づける上でも効果的です。

　Consolidation　Unscramblingは、テキスト中の文を順不同に印刷し、順序を正しく直して全文を清書するものです。

3. 高校1年の授業（英語Ⅰ）

TEACHING PLAN

I. Date：

II. Class：I _____ Class, _____ Senior High School

III. Text：*Genius English Course 1 Revised*
　　　　Lesson 5　Blowing in the Wind

IV. Aims of this period
　1. To comprehend the content of Section 1 by reading the text
　2. To understand S+V+O+that-clause at recognition and production level
　3. To understand the following words and phrases :
　　　relative, remain, atomic, drop, ruin, spend, anywhere, day after day

V. Teaching procedure in detail
　A. Warm-up
　　Greeting and roll call
　　　T：Good morning, everyone.
　　　C：Good morning, Miss (Mr) _____ .
　　　T：First, let's take the roll.

　B. Introduction of new material（10 min.）
　　（Underlined parts indicate new words）
　　　T：Do you know when the World War II started and ended?
　　　S：Yes. I think it started in 1939 and ended in 1945.
　　　T：Yes, that's right. During the war, many cities were attacked by American airplanes. Lots of <u>bombs</u> were <u>dropped</u> and many people were killed or injured. And everything was destroyed by bombs. Near the end of the war special bombs were dropped on Hiroshima and Nagasaki. What were they?

S : "genbaku."

T : Yes, they were <u>atomic</u> bombs. The atomic bombs were so powerful that all the buildings and people were destroyed. There was nothing but <u>ruins</u>. (Showing some pictures) Look at these pictures. Nothing <u>remains</u>. Only ruins remained. <u>Nothing</u> <u>but</u> ruins remained in both cities. The story you are going to read is about a small girl Rumi and her parents near the end of World War II.

C. Reading (20 min.)

T : Look at the points in reading on top of page 54. Read the text and find the answers to the two questions. The time limit is 4 minutes.

[Text]

(p.54)　Points in Reading

　1．1945年8月5日にルミの両親は何をしましたか。
　2．1週間後、ルミのおじさんは何をしましたか。

　It was near the end of World War II. Three-year-old Rumi and her parents moved to an island in the Seto Inland Sea because of the war.

　On the morning of August 5, 1945, Rumi's parents went in a boat to Hiroshima to visit their relatives. Rumi remained on the island with her uncle. Rumi's parents told her that they would come back the next day. But they did not come back the next day. The atomic bomb was dropped on Hiroshima that day. Another day passed, but still they did not return. Day after day, Rumi waited for her parents to come back.

(p.55)　A week passed. At last, Rumi's uncle took her to Hiroshima to find her parents. There they found nothing but ruins. They walked and walked to look for her parents. Then Rumi could not walk any more, and her uncle had to carry her on his back.

> They spent four days there, but Rumi could not find her father or mother anywhere. Finally, Rumi and her uncle returned to the island.

T : Let's check the answers. What did Rumi's parents do on August 5, 1945?
S : They went to Hiroshima.
T : That's right. How did they go there?
S : In a boat.
T : Yes. Why did they go there?
S : To visit their relatives.
T : That's right. Did Rumi go with her parents?
S : No, she didn't. She remained on the island with her uncle.
T : Very good. Now question no. 2. What did Rumi's uncle do after a week?
S : He took Rumi to Hiroshima.
T : Yes. Did Rumi and his uncle find her parents?
S : No, they didn't.
T : You're right. Now two more questions. Answer these questions :
  1. Did Rumi's parents come back to the island the next day?
  2. What did Rumi and her uncle do in Hiroshima?
The time limit is 2 minutes.
T : Answer question no.1.
S : No, they didn't.
T : How do you know that?
S : On lines 7 and 8, Rumi's parents told her that they would come back after staying one night.
T : Does everybody agree with her?
C : Yes, we do.
T : Right. I'd like you to put this sentence into Japanese. Try in pairs first.

S：ルミの両親は彼女に一晩泊まったら帰ってくると言った。

T：Yes, thank you. By the way, what did they actually say to her?

S：We'll come back tomorrow.

T：That's right. We'll come back after staying one night. Did they return the next day?

S：No, they didn't.

T：Right. Did they come back two days later?

S：No, they didn't.

T：Did Rumi wait for them every day?

S：Yes, she did.

T：How long did they wait before they went to Hiroshima?

S：For a week.

T：What did they do in Hiroshima?

S：They walked and walked./They looked for her parents./They spent 3 days there.

T：Yes, they did. Did Rumi feel very tired?

S：Yes, she did.

T：How do you know? Pick out that part in the text.

S：When Rumi couldn't walk anymore, he had to carry her on his back.

T：That's right. Can you put that part in Japanese?

S：ルミがもう歩けなくなったとき、彼は彼女をおんぶしなければならなかった。

T：Yes. However, they couldn't find her parents.

D. Listening (5 min.)

Listening to the tape

(first with the textbooks open, then closed)

E. Comprehension questions (10 min.)

1．What do you think happened to Rumi's parents?

2．How did Rumi feel when she returned to the island?

F. Reading aloud（5 min.）
　　1．Reading after the tape
　　2．Jigsaw reading(全文をコピーし、Sheet Aはp.54の（　　）のみを空欄にし、Sheet B はp.55の（　　）のみを空欄にしたものを用意する)

(p.54)　　It was near the end of(World War II).(Three-year-old) Rumi and her parents moved to an island in the Seto Inland Sea because of(the war).

On the morning of August 5, 1945, Rumi's parents went in a boat to Hiroshima(to visit their relatives). Rumi remained on the island with her uncle. Rumi's parents told her that(they would come back)the next day. But they did not come back the next day.(The atomic bomb) was dropped on Hiroshima that day. Another day passed, but still they did not(return).(Day after day), Rumi waited for her parents to (come back).

(p.55)(A week) passed. At last, Rumi's uncle took her to Hiroshima (to find her parents). There they found(nothing but ruins). They (walked and walked) to look for her parents. Then Rumi could not (walk any more), and her uncle had to(carry her on his back). They spent(four days) there, but Rumi could not find(her father or mother anywhere). Finally, Rumi and her uncle(returned to the island).

G. Practice(Homework)
　　Complete these sentences with either said or told：
　　1．He ……… that school started at 8：30.
　　2．Ann ……… me that you're going to America.
　　3．On the news, they ……… that there had been a big earthquake in Hokkaido.
　　4.They ……… to us that they were going to be a little late.

[解説]
　中学校に比べて、リーディングの量が多くなっています。しかし、1文ずつ訳をつけるのでなく、リーディング本来の特徴を反映した活動にすることが大切です。本文に入る前の準備段階として本文の内容の背景を説明し、新語などの新出事項についての説明を行います。

Reading　本文を読ませるときにも、事前にreading pointsを示して、手がかりを与えます。また、このポイントを理解することで十分なこと、したがって全文を丁寧に読む必要のないことを強調し、時間も制限するようにします。こうすることで、重要な点を素早く理解する習慣が付きます。reading pointsを捉えたかどうかを確認する作業を必ず行い、重要な部分に再度生徒の注意を向け、必要に応じて日本語訳を求めます。この指導案では、2回目のリーディング活動を用意しました。これは、さらに細部の理解を求めるのが狙いです。本文の中から推測して、解答が得られるような問題になっています。

　本文の理解を終えてから、音読に入ります。まず、テープでテキストが読まれるのを聞き、次に音読に入ります。モデルに従って読む作業の後で、Jigsaw readingを行います。ペアになって、A,Bが異なる部分が空欄になったシートを持ち、相手にシートを見せずに、それぞれの完全な部分を音読します。相手の音読を頼りに自分のシートの空欄に記入します。交替して終わったら、自分の記入した部分を相手に音読し、正しく記入してあることを確認してもらいます。

問題
1. 授業例を読んで、次の点から感想を話し合いなさい。
　1)中学校、高等学校で受けた英語の授業と類似しているのはどの部分ですか。
　2)異なっているのはどの部分ですか。
　3) 3つの授業例に共通している特色は何ですか。

2．他の授業例をできるだけ多く見て、上の1の観点で検討しなさい。

Further Reading
青木昭六編、　1990、『英語授業実例事典』大修館書店
望月昭彦・山田　登編著、　1996、『私の英語授業』大修館書店

Scrivener, J., 1994. *Learning Teaching*, Chap.5　Planning, Heinemann.
Gower, R., D.Phillips & S.Walters, 1995. *Teaching Practice Handbook,* Heinemann.

第2章
授業の構成

1．1時間の授業

　授業は、学習者、教材などの文脈により著しく変化します。それはあらかじめ決められた一定の形式や手順に支配されるよりも、文脈に対応して適切に構成されるべきものです。しかし、日本の英語の授業という枠内では、どの授業にも共通する構成要素を想定することは可能です。そして、それぞれの要素の狙いや具体的な内容を理解することは、どの英語教師にも求められる基本的な資質です。ここでは、1）Warm-up、2）復習、3）新教材の導入、4）練習、5）運用、6）本文の理解、7）まとめ、に分けて調べていきます。

1）Warm-up
指導例1

> T：Good morning, everybody.
> C：Good morning, Ms_____.
> T：How are you?
> C：I'm fine, thank you. And you?
> T：I'm fine, too. Thank you. How is the weather today?
> C：It's fine.
> T：That's right. What day is today?
> C：It's Monday, July the fourth.
> T：Yes. It's Monday, July the fourth. Let's begin today's lesson.

指導例2

> T：Good morning, everybody. How are you?
> C：Fine, thank you. And you?
> T：Fine, too. Thank you. Beautiful day, isn't it?
> C：Yes.
> T：How was the weather yesterday?

C：It was rainy.

T：Yes, it was wet yesterday. How was the weather the day before yesterday? Do you remember?

C：(思い出してから) Cloudy. Rainy.（様々な反応）

T：Well, it was cloudy in the morning. And then it started raining in the afternoon, didn't it?

C：Yes.

T：So I think you are happy, because you can play outside today. By the way, what is today's date?

C：Today is Monday, July the fourth.

T：Yes, that's right. Today is a special day for the Americans. Do you know why?

C：………

T：Well, America became independent on this day in 1776. So they all celebrate July the fourth all over the United States. Today is a holiday in America. All the offices are closed today. They have no school.

C：いいなあ…

T：Well, you have school today. Let's start studying English, shall we?

C：Yes, let's.

　指導例1は、どのクラスでも授業の始まりに交わされる挨拶です。生徒は、毎時間このような挨拶を交わし、また、天候、曜日などの質問に答えることを通して、挨拶の仕方や、基本的な語句なども次第に身につけていきます。手短で簡単なところが魅力です。しかし、これが余りにも連続して行われると、その本来の意味が失われてしまい、意味の無い音声の表出になってしまいます。さらに、上の例では、今日の天候や、曜日を尋ねていますが、その目的は、単なる英語表現の練習になっています。

　指導例2は、1の欠点を補っています。すなわち、日付を尋ねことだけに終わるのではなく、その日がどんな日であるのか、教師が話を発展させるための

基礎になっています。天候についても同様です。教師には、現在の天候はすでに分かっていることなのですから、それを尋ねる意味はほとんど無いと言ってよいでしょう。したがって、教師は今日の天気に言及し、生徒の同意を求め（日常の挨拶の典型と言ってよいでしょう）、さらに、前日の天気について自分でも不確かだった点を確認し、生徒の今日の気持ちを推測して話を交わしています。日常生活で普通に行われる言語活動がここでは展開されています。このように、指導例1は表現の練習を重視しているのに対し、指導例2では目的を持った言語活動が実現されています。

(1) **Warm-upの目的**

Warm-upの目的は、次の4点にまとめることができます。

A. 学級管理

出席をとり、学習環境を整えることは授業の冒頭でどの教師もやらなければならないことです。出欠を調べながら、個々の生徒の様子を把握します。また、窓の開閉、適切な照明にも気を配ります。この際、英語の授業ですから、できるだけ英語でこうしたことを行い、英語の指示を与えて生徒を動かすようにします。

B. 本時の学習に対するレディネスの形成

英語で挨拶や最近の出来事などを話し、本時の授業に生徒が積極的に参加しようとする雰囲気を作ることは、warm-upの大切な目的です。それは、音楽の授業の発声練習、体育の授業の準備体操と類似した機能を持っています。

C. 英語を通してのコミュニケーション

授業中は、教科書で扱われる言語材料の導入や練習、テキストの解釈などに終始し、生徒の日常生活などの話題を話し合う機会はほとんど無いのが実状です。生徒が興味を持っている話題を選んで、それについて話合い、英語を通した真のコミュニケーションを実現することは、warm-upのもう一つの目的になります。

D. 自然な言語習得の実現

あらかじめ決められた順序で、形式の理解と練習に焦点を当てた学習のみでは、英語を実際の言語運用の場面で活用できるようにはなかなかなりません。生徒にとって興味のある話題を与え、楽しい活動に従事させながら意味の理解を中心におく英語による相互交渉が、生徒に備わっている言語習得能力の活性

化に役立ちます。こうした機会を通して、すでに学習した英語の規則を意味のある活動の中で活用し、次第にそれを自分のものにすることができます。さらに、未習の語句や構文についても、場面の中で理解する経験を何度も重ねると、子供が母語を習得するように獲得できるようになります。warm-upは、生徒のこうした人として本来的に備わっている言語修得機能を活性化するする上で、重要な機能を持っているのです。

(2) Warm-upの活動
A. 挨拶の拡大

> T：You look tired, A. What time did you go to bed last night?
> A：I went to bed at one o'clock.
> T：Really. Did you study so hard last night?
> A：I watched television until 11:30 and then studied.
> T：Did you study English?
> A：No.
> T：What did you study?
> A：I studied maths. We have a test.
> T：I see. What time did you get up this morning?
> A：At six.
> T：Then how long did you sleep?
> A：Five hours.
> T：No wonder you look tired and sleepy. How many of you slept only for five hours? Raise your hands.（人数を数えて）Seven of you slept only five hours. Did you all study for the test?
> S：Yes.
> T：You are hard workers. I hope all of you will get good marks for the test. Good luck!

上の例は、生徒の様子を見て生活について問答することでwarm-upを展開したものです。この際、元気はつらつとして少々騒がしい生徒を見つけたら、次

のように話を展開することもできます。

 T：You look happy and lively. What time did you go to bed?
 B：I went to bed at 10.
 T：What time did you get up?
 B：I got up at 7.
 T：I see. Then you slept for 9 hours. That's why you look so lively.
 B：（無言のまま、にこにこしている）
 T：Good. Now you can study English very hard, can't you?

　生徒の様子を注意して見て、それぞれの生徒の特徴をつかんだやりとりが大切です。この際注意すべき点は、特定の生徒一人との会話に終始しないことです。上の例にもあるように、できるだけ多く生徒を巻き込んだ活動に持っていくことが肝要です。

　生徒の毎日の生活、休日の過ごしかた、出欠、所持品などを話題にしても上のような会話ができます。以上のようなtalkを主にしたwarm-upには、教師自身の話も加えることができます。教師が通勤途中で目にしたちょっとした出来事、家庭の様子、趣味など話題はどこにでも転がっています。

B. 身体運動

> T：（自分の体の部分を指しながら）nose, mouth, eyes, face, hand, arm, left hand, right hand, left eye, right eye. Now touch your nose. Touch your mouth. Touch your left eye. Touch your right eye with your right hand. Touch your mouth with your right hand. （最初は教師が動作を示し、慣れた段階で生徒だけでやらせる。この際も、次第に指示を早くまた細かくする）
>
> T：今度は、Simonさんという偉い人が言うときだけ動作をしなさい。それ以外は動作をしないように。Simon says, "Touch your head with your left hand." Now touch you nose with your right hand. （1部の生徒は、思わず動作をやることがある）Now put down your hands. Well, Simon says, "Put down your hands." Well done.

　この活動の利点は、次の例にあるように多くの種類の語彙とともに構文にも用いることができることです。

[動詞]：動作を表す語はすべて使える e.g., bend, lean, turn, pick up, put down, drop, open, close.
　　[名詞]：教室内の品物、絵、ポスターなどの中の品物。
　　[前置詞]：e.g., in, on, at, over, above, into, under, on top of, in the corner of.
　　[形容詞]：色、大きさ、形、材質、手触り等を表す語、e.g., Point to something green/ large/ pointed/ smooth.
　　[比較]：Point to something bigger than you/ more interesting than your English textbook.
　　[関係代名詞]：Find a person who wears glasses and say his or her name to a person who sits beside you./Draw a picture of a dog which has big eyes and a long tail.

　さらに、教師が一連の指示をしてからそれを記憶して動作させることもできます。他に、体全体を動かす体操やペンを持って文字を書かせる指示などもあります。

C. Show and Talk

T：Today I will show you a small thing. Look at this. Can all of you see it?（陶器でできた小さな蛙の置物を見せる）

S：(興味深そうに見ている。)

T：This is a frog, isn't it?

S：Yes.

T：I was given this frog over 30 years ago when I went to America for the first time. One of my students gave it to me. I wondered why she chose this small frog as a present to me. But later I found why. Can you guess why she gave it to me on that occasion? ...Well, nobody can guess the reason. What is the Japanese for "frog"?

S：かえる。

T：That's right. Kaeru has two meanings in Japanese. Kaeru means this animal and also means what?

S：帰る。

T：That's right. So, what did she want to say when she gave it to me?

> S：She wanted you to come back.
> T：Exactly. She wanted me to come back to Japan safe after I studied in America. How did I go to America at that time? Can you guess?
> S：By plane.
> T：No, I went there by ship. It took us a week, seven days, to go from Yokohama to Honolulu, Hawaii. So travelling was not so easy as nowadays. My student wished me a safe voyage and safe return to Japan. Since then I always carry this frog with me when I go abroad. This is my treasure. Because it has protected me from any trouble when I travel abroad. Do you have any treasure to show us? I would like you to show it to us and talk about it next time.

上の活動は、何か品物を見せてそれにまつわる話を聞かせることによって、英語の授業に対する動機づけを狙ったものです。品物は何でもよいのであって、それを見せることによって生徒に英語を聞こうとする意欲を与えることに目的があるのです。もちろん教師がいつも品物を用意できるわけではありません。そのような時には、生徒の持ち物を借りて、上のような話を展開し、それが誰の持ち物か最後に推測させるなどの工夫が有効です。慣れてくれば、上の活動で行ったように生徒に自分の品物を仲間に紹介してもらうこともできるでしょう。

Warm-upとして生徒に短いスピーチをさせる場合にも、このように品物や絵を持ってそれについて説明するような場面を設定することによって、不必要に強まりがちな自意識を抑えるのに役立ちます。

2) 復　習
指導例1

> T：Open your books to page 54. Read the textbook after the tape. （テープの後について1文ずつ音読したあと）Good. Close your books and repeat each sentence after the tape. ………Now I will ask you some questions. Please answer my questions.（テキストの内容に関するQ&A）

指導例2

> T：（教科書の読みの後で、空所のある次の会話文をOHPで映して）Look at the screen. Make pairs with your friends. One of you is a clerk and the other is a customer. 空所にいろんな品物、そのサイズ、好きな色を入れて、交代で読んでみよう。身振りも交えてやってみよう。……君、お客になってください。（と、モデルを示してから、生徒同士、ペアで行う）
> Clerk：May I help you?
> ──── ：Yes. I'm looking for a _____.
> Clerk：What size do you want?
> ──── ：Size_____.
> Clerk：What color?
> ──── ：_____.
> Clerk：How about this one?
> ──── ：May I try ____ on?
> Clerk：The fitting room is over there.
> 使える語：shirt, T-shirt, coat, suit, sweater, jacket, a pair of jeans, trousers, shoes, red, blue, green, black
> T：（ペアの活動が済んだところで）それでは、何人かの人から前に出てやってもらいます。

復習は、前時と本時を結び付け、両者の橋渡しをする活動です。復習を通して前時の学習活動を思い出し、本時の学習のための基礎を固めることができます。この様な働きを補強（remedial）機能と呼ぶのに対し、復習には拡大（expansive）機能もあります。前時に導入され、基礎練習を通して正確に言えるようになった項目を、実際の言語運用の場面の中で活用する発展的活動がそれです。

　指導例1は、補強的な性格が強いのに対し、指導例2は、拡大機能が前面に出ています。復習としてどちらがより優れているかはそれ自体で決定できる性質のものではなく、前時との関連、生徒の学習状況などを考慮してどちらを選ぶかを決めることが大切です。

　復習は、普通、前時1時間で扱った内容に関して行われますが、それ以前の数時間分について行われることもあります。1課の終わりや大きな文法項目の終了時などにはこうした復習が効果的です。さらに、長期的展望に立って、既習の事項を絶えず用いる機会を与えると言う意味での復習があります。一般的に言って、教科書の教材配列は直線的になっていることが多く、重要な項目でも1回しか教えないような事態が生じることがあります。この様な場合には、使用教科書を検討して、生徒が反復してそれに触れることができるように、復習を意図的に盛り込んで行く必要があります。長期的な復習によって、実際の授業の中で、"螺旋状"の教材配列が実現できます。この種の復習は、授業の冒頭とは限らず、どの部分でも行われるので、狭い意味の復習とは区別することができます。

　通常の授業の復習は短時間で切り上げるようにします。復習が新教材の学習活動を圧迫するほど大きな位置を占めたら問題です。それは、復習が長くなることによって、新しい事項の学習が短時間で打ち切られ、そのために次時の復習がさらに長くなりがちだからです。復習の活動は精選しなければなりません。次の復習の例でも、その中から適切なものを選び出すことが大切です。

(1) **Listening**
A．前時の教材録音テープの聴取。教科書を見ないで、音声のみで内容を理解できることが望ましいが、生徒の学力に応じて、必要な場合には随時教科書を参照するように勧めるなどの柔軟な構えが大切です。
B．教科書本文を所々入れ替えたものを教師が読み、生徒にその部分を見つけさ

せる。挙手をさせたり、手や机を叩かせたりして、間違いを指摘させると熱心に参加するようになります。

C．物語の初めからテープを聴取。テープを通して聞かせ、ストーリーの展開を聞いて理解できると、内容の面白さに引かれ、聞く楽しみを味わえるようになります。（詳細は、第3章　Listeningの指導の活動例を参照）

(2) **Reading**

A．テキストの音読。　テープまたは教師のモデルに続いて、最後は独力で読ませます。

B．Look up and Read。1文ずつ、教科書を見ながらモデルを聞き、次に目を離して、同じ箇所を反復します。

C．Pair reading。ペアの一方がテキストを読み、他方は見ないで相手の読むのを聞き、内容理解に努めます。（第5章　Readingの指導を参照）

D．内容確認のQ&A。物語教材などを読み、本時の内容理解が前時までのストーリーの理解によって実現できるような時に効果的に用いられます。

(3) **Speaking**

A．基本文の反復、暗唱。

B．基本練習。（第4章　Speakingの指導　structural drill参照）

C．発展練習。前時がドリルを主にした基本練習に終始したときには、言語運用を意図した発展練習を用意します。（第4章　Speakingの指導　Practice参照）

(4) **Writing**

A．基本文の和文英訳。　手際よく、短時間で行い、答をフィードバックして、生徒の理解を深めるようにします。また、結果を各生徒に記録させて、学習の励みにします。

B．文の書換え、語順整序。　平叙文→疑問文・否定文、能動態→受動態等の転換は文法体系の定着には必要です。　これが単なる形式操作に終わらずに、生徒にとって楽しい活動となるような工夫が大切です。（第6章　Writingの指導の活動例を参照）

C．ディクテーション。音声を正確に聞いて内容を理解し、さらに文字に表すというように多くのスキルを総合的に用いる活動です。（第6章　Writingの指導の活動例を参照）

3）新教材の導入
指導例1

> T：今日は受身形という新しい形を勉強します。（次の文を板書）
>
> | | | |
> |---|---|---|
> | Many people | use | English. |
> | English | is used | by many people. |
>
> 　Repeat after me. Many people use English.
> C：Many people use English.
> T：Put it into Japanese, *A*.
> S_A：多くの人々が英語を使います。
> T：Good. 下の文は、意味は上の文とよく似ていますが、言い方が違っています。English is used by many people. これは、英語は多くの人々によって使われる、と言う意味です。is usedの部分は、使われる、と言う意味で、この形を受身といいます。isは何動詞ですか。
> S_B：be動詞。
> T：そうですね。usedは、動詞にedが付いた形ですね。
> S_C：過去形。
> T：過去形と同じ形です。しかし形が同じでも、ここでは過去分詞形という形です。受身形の動詞の部分は何と何でできていますか。
> C：be動詞と過去分詞。
> T：そうですね。be動詞＋過去分詞という形になります。これで"使われる"という意味になります。English is usedはどういう意味になりますか。*D*。
> S_D：英語は使われる。
> T：Good.　誰によって使われる、と言っていますか。
> C：多くの人々によって。
> T：Yes. 多くの人々によって、ですね。「～によって」に当たる部分はbyです。Now repeat after me.　English is used by many people.
> C：English is used by many people.

T：(下のようなsubstitution tableを示して) 表を見て、できるだけ多く文を作って言ってみましょう。

English Chinese Japanese	is used by	many people. Americans. Chinese. Japanese.

T：上の例文をもう一度見てみよう。Many people use English.のMany peopleはどういう働きをしていますか。
C：主語。
T：そうですね。動詞のすぐ前に来る名詞で、「～は」の意味を表すのを主語と呼んでいましたね。useは？
C：動詞。
T：動詞の次に来ているEnglishは？
C：目的語。
T：そうですね。この文は、主語＋動詞＋目的語の形です。受身では、上の何が主語の位置にきますか。
S_D：目的語。
T：そうですね。次に動詞がどんな形になりますか。
S_F：be動詞＋過去分詞。
T：そうですね。上の文の主語はどうなりましたか。
S_G：後ろに移して、byを付ける。
T：by many peopleとなって、後ろに移ったのですね。

指導例 2

（次の表を黒板に貼る）

	Mon.	Tue.	Wed.	Thu.	Fri.	Sat.	Sun.
baseball					○		
volleyball	○		○				
tennis							
soccer							
basketball							

T：Mike likes sports very much. This is his sports schedule. He plays baseball on ....

C：Friday.

T：Good. He plays volleyball on ...

C：Monday and Wednesday.

T：He plays tennis on...

C：...

T：表が破れていて分かりませんね。では、マイクに尋ねてみましょう。
　　（テープに次のマイクの部分を十分ポーズをおいて録音しておく）

T：Mike, when do you play tennis?

Mike：I play tennis on Sunday.

T：When do you play soccer?

Mike：I play soccer on Saturday.

T：Then when do you play basketball?

Mike：On Tuesday and Thursday.

T：マイクがいつやるのか分かりましたか。When does Mike play tennis?

C：On Sunday.

T：Yes. He plays tennis on Sunday.（と言って、表の空所に○をつける。以下、soccer, basketballについても同様にする）

T：いま、どんなふうに尋ねましたか。

C：Whenとか...

T：Right. When do you play tennis?（と口で言いながら板書して）

　　　　　Repeat. When do you play tennis?
　　C：When do you play tennis?
　　　　　.........
　　T：先ほどつけた○が正しかったか、マイクにもう一度尋ねてみよう。
　　　　（soccerの部分を指して）
　　C：When do you play soccer?
　　Mike：（テープを再生）I play soccer on Saturday.
　　T：○は合っていたね。（今度はbasketballの部分を指す）
　　C：When do you play basketball?
　　Mike：I play basketball on Tuesday and Thursday.
　　T：（確認してから）ところで、こんなにスポーツばかりしていていいのかね。Mikeに尋ねたいことない？
　　C：When do you study?
　　Mike：（事前に録音しておいたものを再生）Well, I study after supper every evening. Sometimes I study before supper. I study hard and I do sports, too.
　　T：マイクはすごいね。

　新教材の提示は、生徒が新しい項目の意味、働きを理解し、発音、綴り、統語などの形式を理解し、正確に反復できるようにするのが目的です。その方法には、大別して2種類あります。指導例1は、規則を提示し、規則に基づいて文を作る演繹的な方法です。指導例2は、いくつもの例文を提示し、その中から目標となる項目の意味、用法を生徒に発見させる帰納的な方法です。指導例1が受動態の形式を文脈から取り出して、明示的に示し、理解を促す意図がある一方で、指導例2では、適切な場面を設定して、その中でwhenで始まる疑問文の意味と用法が生徒に自然な形で理解されるように工夫されています。

(1)　新教材提示の留意点
A. 適切な場面の設定
　文脈の中で新しい項目が自然に理解できるようにします。場面は意味の理解を助けるだけでなく、既習の英語に接する機会も同時に増やすことができます。

B. 発表前の十分な理解

　新しい項目を含む文を十分聞かせて、理解を促します。適切な文脈の中で何度も聞くことによって、意味と形式の理解が深まり、それが反復する際の自信につながります。反復作業を急ぐあまり、聞き取りの活動が不十分になることは避けなければなりません。

C. 簡潔で、分かりやすい説明

　新教材の理解の段階は全学習の僅かな（たとえ、それがいかに重要な部分であっても）一部分です。この段階で時間を取りすぎて、次の段階の活動が十分行えなくなることは避けなければなりません。文法用語は理解を助けるための補助手段で、用語を覚えること自体が目的ではありません。

D. 柔軟な取り扱い

　上で述べたように、指導例1は演繹的な手法を用い、教師が文法規則を提示し（present）、それを集中的に練習し（practice）、最後にコミュニケーションの場面でそれを使う（produce）手順をとっていました。これは一般的にPPP（=presentation-practice-production）と呼ばれています。[2] これに対して、帰納的な立場の指導例2は、最初に学習者は適切な場面で英語を十分聞いて観察し（observe）、次にその意味と形を自分なりに考え（hypothesize）、最後に自分でも文を作ってみる（experiment）段階をとっています。この方式をOHE（=observation-hypothesis-experiment）と呼ぶ人もいます。[3] いずれか一方に偏るのでなく、学習者のレベル、扱う項目などによって適切な方法を用いる柔軟性が教師に求められます。

(2)　**導入の実際**

①　**Contextualisation**

　T：（折り紙を一枚ずつ渡して）I'll give you a sheet of paper. What do you want to make of the paper? Make anything you like in 2 minutes. Let's start.（机間巡視しながら）What are you making, A?
　S_A：I'm making a plane.....（何人かの生徒に尋ねる）
　T：Have you made a dog, B?
　S_B：Yes.

T：Yes, you have. You have made a dog. Have you made a box, C?
S_C：No.
T：No, you haven't. You haven't made a box yet. Hurry up. Time is almost up. OK. Stop now. Have you all finished? What have you made? Show it to me. ... You have made many things. What have you made, D?
S_D：Kabuto.
T：I see. You have made a helmet. What have you made, E?
S_E：A doll.
T：I see. You have made a doll.
S_E：I have made a doll.（この文を板書）
T：Now look at the blackboard. Repeat after me.

　上例は、現在完了の完了用法を教室内の場面の中で対話を通して導入した例です。実際の動作と組み合わせることにより、現実的な情報交換を通して新教材の導入が可能になります。

変形1 "Whispering"
　特定の生徒との会話を全体に伝える活動を通して、話法の働きを導入しようとするものです。

T：（小声で）Were you busy yesterday, A?
S_A：Yes, I was.
T：Do you know what we talked about?
C：No.
T：Well, he said that he was busy yesterday. Did you get up early this morning?
S_A：No, I didn't.
T：A said that he didn't get up early this morning.

　上の方法で間接疑問文、tell～to等の形も導入することができます。

変形2 "Classroom situation"
　教室の場面を使って様々な事項を導入することができます。クラスの中の背の高い生徒を前に出して、Tanaka is tall. Sato is tall, too. But Tanaka is

taller than Sato. Nakamura is the tallest of the three.の様な形で導入します。生徒の髪の長さや指の長さ、目の大きさなどを比べればさらに生き生きとした導入が可能になります。

　副詞の比較、最上級の導入にも同様に教室の場面を使い、走る速度、ジャンプ、水泳などスポーツの技能、登校時刻、就寝、起床時刻などを調査しながら導入します。

　教室は、狭い、限られた場面ですが、それは生徒が毎日長い時間を過ごし、彼らにとって重要な意味を持った、様々な交渉が生じる現実的な場面でもあるのです。したがって、この場面は、新しい項目を導入するために大いに活用する価値を持っています。

② **Picture aids**

　下の5枚の略画を用意し、関係代名詞の導入に用います。

Japanese	Spanish	German	French	Chinese

T：（上の絵を示して）Which boy is Tom? Listen to me. The boy who likes walking is Tom. Then, which boy is Dick? The boy who likes swimming is Dick. How about Bill? The boy who likes running is Bill. The boy who likes singing is Ben. And the boy who likes jumping is John. Do you remember who is who? Let's try. The boy who likes running is...

C：Bill.

T：That's right.（以下、同様にして、生徒の記憶力を試しながら関係詞節を含む文を十分聞かせる）The boy who likes jumping is John. Then, which boy is Ben, the boy who can speak Chinese or the boy who can speak French?

C：The boy who can speak French.

....

①に比べれば、現実性が薄らぐ危険性があるものの、絵による表示ははるかに自由であり、かつ必要な部分を明示できるだけに、かえって便利です。ただ、絵の難点は、その多義性にあります。一枚の絵が様々な解釈を許容するために、教師の意図した以外の解釈がなされる危険性があります。これを防ぐには、複数の絵を用いて、その共通点から正しい意味を推測できるようにする手だてが大切になります。

変形1　"図表"

　図形は、必要な部分のみを明示できる点で、意味をよりはっきり伝えることができます。現在完了を過去と対比して導入する際によく次のような図表が用いられます。

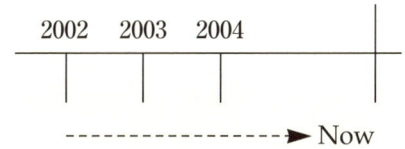

```
        2002  2003  2004        |
      ---|----|----|---         |
                                |
         ----------------▶ Now
```

Masao began to study English in 2003.
He used Book 2 in 2004.
He is still studying English now.
He has been studying English since 2003.

前置詞、頻度を示す副詞など、図表を用いることによって効果的な導入ができる項目は多くあります。

③　**Demonstration**

　進行形は次のように提示できます。

> T：(二人の生徒を指名して) Come to the blackboard. A is walking. He is coming to the blackboard. Write your name on the blackboard. Now he is writing his name. B, come to the blackboard. She is coming to the blackboard. Write your father's name. A is writing his name. B is writing her father's name. ...

動作が終った段階で、例えば、He has written his nameのように現在完了形が、また、席に戻った段階でA wrote his name.のように過去形を、進行形と組み合わせた形で導入することも可能です。動作を交えた導入を組織的に指導に組み込んだTPR（第3章　Listeningの指導　を参照）は、命令文、未来形を含む各種時制はもちろん、関係詞等の複雑な構文の導入にも効果的です。

④　Paraphrasing

次はhow to ~の導入例です。

```
○ Mike        ○ Jane
× Jane        × Mike
```

T：（上の絵を黒板に貼って）Look at Jane. She can make a cake. She knows how to make a cake. Mike doesn't know how to make a cake. He doesn't want to learn how to make a cake. He only wants to eat it. Mike can ride on a skateboard. He knows how to skateboard. But Jane doesn't know how to skateboard. She wants to learn how to do it.

上の言い換えによる方法は、次の例が示すように学習者のレベルが上がるにつれて有効な手だてとなります。

　　The box is so heavy that I can't lift it.
　　→ The box is too heavy for me to lift.
　　I went to buy a book. It was too expensive. I didn't have enough money. So I couldn't buy it.
　　→ If I had had enough money, I could have bought the book.

こうした言い換えはその他にも多くの構文で可能です。

⑤ Translation

　これまで述べてきた方法で導入がうまくいかなかったり、生徒の理解が不十分なことが判明したときには、日本語の訳を与える必要が生じます。すでに述べたように、導入は英語学習の一部に過ぎないのですから、それに時間を取りすぎては、練習、運用の活動が十分行えず、学習の目標を実現できなくなる恐れがあります。しかし、日本語の訳や説明だけで導入を済ますことは、当面の学習項目を場面から切り離して規則として一方的に生徒に教え込むことになりがちです。簡潔で分かりやすい訳や説明をし、文脈の中に戻し、十分聞き取りによる理解と意味のある練習が大切です。そのための時間を十分確保するために日本語の訳による方法を用いるのです。

　以上、特に文法・文型の提示の方法を述べてきました。新しい語彙項目についても必要に応じて同様に提示することになります。その方法の詳細については、第5章　Readingの指導をご覧ください。
　新教材の提示・練習を本文のリーディングとの関係でどこに位置づけるかは、扱う教材によって決まるのであり、唯一の正しい順序は存在しません。中学校段階で、テキストの本文が新教材の提示の文脈化の役を果たしているような場合、即ち、文法事項の学習に力点が置かれているときには、まずそれを提示し、練習してから本文を扱うと言う順序が一般的です。これに対して、高等学校の教材のように、基本的な教材を一通り学習した生徒に対して、まとまった内容の題材が盛り込まれた教材を扱うときには、本文の内容をまず理解する中で、文脈から注意すべき表現の機能を理解させます。さらに、リーディングの後で、これらの表現の構造理解とそれを用いた言語活動を必要に応じて設定して定着を図るようにします。

4）練　習

　教師のコントロールのもとで、目標項目を正確に、できるだけ多く練習することによって、次の実際的な運用が効果的に行えるようになります。正確で、スピーディな言語形式の操作は十分な量の練習によって達成できるものです。しかし、このことは練習が単調で機械的なドリルになりがちなことも意味して

います。練習を十分重ねても、それが意味を伴わないものであれば、生徒は退屈してしまうか、あるいは単なる口真似に終始してしまいます。この様な練習では、練習の真の狙いを実現できません。したがって、練習は目標の学習事項に焦点を合わせ、かつ意味のある活動にして行くことが大切です。具体的な方法は、第4章 Speakingの指導、Structural drillをご覧ください。

5）運 用

英語教育の目的が英語の運用能力の養成であるとすれば、運用の段階を欠いた授業ではその狙いを実現できません。運用は、生徒がそれまでの練習の基礎の上に立って、実際に英語を使う経験を積み、それを通してさらに英語の学習を進めようと動機づけられる貴重な場面です。しかし、そのためには適切な条件を整える必要があります。それには、生徒が安心して取り組める雰囲気と、はっきりとした目的を持って、しかも十分取り組める範囲の活動を用意することです。さらに、通常の授業でこの段階を設定する場合には、時間の制約も考慮に入れなければなりません。運用段階の活動は、第5章 Speakingの指導、Practiceの項をご覧ください。

6）本文の理解

テキスト本文の理解を通して、聞く力、読む力の養成を図るのがこの段階です。聞き取りの指導、リーディングの指導の具体的な手法は、それぞれ、後述の章をご覧ください。（→第3章 Listeningの指導、第5章 Readingの指導）

一般に、教科書付属の録音テープを使って内容の聞き取りが行われ、次に読み取りの作業に移ります。この順序は、一見して、音声→文字という言語習得の順序を反映しているようですが、授業の狙いによって必ずしもこの順序に従う必要はありません。リスニングもリーディングも、音声と文字という媒体の違いだけで、内容を理解すると言う点では類似点が多い活動です。リスニングとリーディングの取り扱いは次の3つのタイプに分類できます。

(1) リスニング優先型　　対話、ドラマ等、聞くことを通して内容を理解するのに適した教材であれば聞き取りが主になり、リーディングは聞いたことを確認し、音声との結び付きを強化する役割を帯びます。

(2) リーディング優先型　　物語や論説文などの、読まれることを意図して書

かれた教材であれば、当然リーディングが主になります。聞き取りの活動は、その後に位置します。

　すでに内容が理解されている段階の聞き取り作業は、文字の発音、ストレス、breath groupとsense groupの関係、文のイントネーション等を理解し、表出できるようになるための練習の役割を帯びてきます。読むことが主体になる場合でも、生徒のレベルに応じて、最初にテープや教師の範読を教科書を見ながら聞かせることが効果的な場合もあるでしょう。こうすることによって、ある程度のスピードで、リズムに乗ったリーディングの習慣が養成され、また文字に接する際に生じがちな不必要な恐怖感を取り除き、望ましいリーディングの習慣を養うことにもなります。　しかし、このようなテープの併用は、リーディングの補助手段であることを銘記することが大切です。

(3)　リスニング・リーディング並列型　　両者を対等に組み合わせる立場も可能です。この場合には、聞き取りでは内容の概略を理解させ、細かな部分はリーディングに廻すなど、両者の狙いを分離して活動を設定する必要があります。

7）まとめ

　本時で学習した主な項目をまとめ、次時の予告、家庭学習の課題を提示する段階です。まず、本時のkey sentenceや大切な表現などを板書してあればコピーさせ、その働き、意味を併せてノートさせます。書くための時間が授業中に短くなりがちですので、まとめの段階でのこの作業は一層大切になります。ノートの取り方も、折りを見て指導する必要があります。時間があれば、本文をもう1度音読させたり、黙読させることもできます。

　家庭学習は、本時と次時の学習を結ぶだけでなく、望ましい学習習慣を作る点でも、大切な役割を持っています。ただ、教師の指導を直接受けずに生徒が一人で取り組む作業ですから、次のいくつかの点に留意して、"良い"課題を与えることが授業中よりもなお大切になります。

(1)　**時間を取りすぎない、適切な分量であること。**

　学習量と学力が強い相関を示すことは容易に予想できることです。しかし、過重な家庭学習は、一部の生徒を除いて、かえって学習意欲を減退させる結果になりがちです。適切な分量は、生徒の学力レベルや学年などによって経験的に決定されるものです。適当な時期に調査し、無理のない分量になるよう心が

けることが大切です。
(2) **明確であること。**
　「今日習ったところをしっかり勉強しておくように」というような指示には明確さが欠けていて、生徒は何をどうやったらよいか分かりません。
(3) **一人でやれるものであること。**
　難しすぎて一人ではできなかったり、結果が正しいか間違っているか判断できないものは避けなければなりません。もちろん、生徒の能力差は課題を与える際にも十分考慮する必要があります。課題をいくつかの段階に分けて、
　　第1段階――本文を10回音読して、基本文を正確に書けるようになる、
　　第2段階――本文を暗唱して、基本文の語句を入れ換えて自分の状況に合う文を2文書く、
　などのようにし、1は必ず、2はできるだけやるように、等の指示を与え、生徒の能力に合った家庭学習になるようにします。
(4) **興味深いものであること。**
　(3)の条件を満たそうとすると勢い機械的な、単調な作業が多くなりがちです。その結果、たとえやることができても退屈で、やる気をなくしてしまうことにもなります。したがって、課題は、できる限り生徒にとって興味深いものにする必要があります。何度もコピーしたり、暗唱するまで読む練習は、英語学習にはどのみち必要な過程です。要は、これをできるだけ生徒にとって意味のある活動にすることです。この方法については、読みの指導、ライティングの指導の該当箇所を参照してください。
(5) **次の授業に直結していること。**
　家庭学習の成果が次の授業に生かされるならば、それに対する意欲も自然に高まってきます。したがって、次の時間に家で学習したことをなんらかの形で取り上げるための工夫が望まれます。

　中学校の前半まではなかなかできませんが、それ以後学年が進むにつれて、家庭学習として予習が課せられることが多くなります。予習によって新たに学習する内容のなかで理解できる部分と未知の部分が判明するだけでも予習はそれなりに意味のある作業です。しかし、努力に見合うだけの効果が期待できなければ"良い"予習とは言えません。たとえば、分からない単語はすべて辞書

で調べる、といった予習では、辞書引きだけでかなり長時間費やすことになります。しかし、その結果と言えば、文脈を考えずに辞書の最初のエントリーを書き写すことに終始することにもなりかねません。これでは、予習の効果はさほど期待できません。それは、まるで"辞書引きロボット"を演じているようなものだからです。このような"木を見て森を見ない"予習よりは、本文を何度も読んで大体どんなことが書いてあるか見当をつけてくる、といった大まかな内容理解を求める予習のほうがかえって優れているかもしれません。

　上の(1)-(5)で述べた条件が予習でも当てはまります。これから習う箇所を一人で学習するのですから、復習以上にはっきりした目安を与え、予習によって英語の効果的な学習法が身につくように配慮することが望まれます。完全な復習と予習の両方を望むことは現実的とは言えません。生徒の現状を考えて両者のバランスを適切にとることが重要になります。

2. 指導計画

　1時間の授業の流れと指導上の留意点が前節でほぼ理解できたことでしょう。ここでは、指導計画の立て方を述べることにします。
　指導計画を立てる際には、クラスの生徒の様子とこれまでに生徒が学習したことを踏まえて、本時の指導の目標を設定します。そして、それを達成するための具体的な活動を順を追って記述します。

1）クラスの実態

　学年、クラス、生徒数、学習態度、授業回数、授業の日時等を書きます。

2）本時の位置づけ

　最近学習したこと、またこれからどんなことを学習するかを把握することによって本時の授業の目標が明確に捉えられます。単元、あるいは課の中で本時の占める位置を明示します。

3）本時の目標

　一時間の終りに生徒がどんなことを英語で行えるようにしたいかを考えることによって目標が決まってきます。したがって、目標はできるだけ詳しく書き留めることが大切です。文法・文型、語彙、発音を項目別に列挙するだけでなく、それを使ってどんなことをどれくらいうまくできるようにしたいかも書き込みます。言い換えれば、知識と技能の両面を目標に盛り込みます。

4）指導過程

　まず、学習活動の種類と順序を決めます。一般的な順序として：
　Warm-up、復習、新教材（構文・語彙）の提示と練習、テキスト本文のリーディング（解釈と音読）、コミュニケーション活動、まとめ、の各セクションが想定できます。
　次に、セクション毎に学習活動を詳細に記述します。その際には、必要時間も書き込みます。例えば、新しい言語項目の提示の段階では、どんな場面で、

どんな例文を用いて、どの様に形と意味を理解させるか、また、それに必要な教具も併せ記入します。生徒の理解を確認する方法、反復練習の方法や回数なども述べるようにするとよいでしょう。教師の指導に留まらず、生徒がどんな反応を示すか予想してそれも記述します。さらに、その際予想される問題点、それに対する教師の指導の手だても書くことが大切です。こうした準備は、確かに時間がかかるものの、この作業を通して、授業の予行演習を行っているのですから、ここで手を抜くことは得策ではありません。

　指導過程は整理して、見やすいように記述します。実際の授業では、生徒の反応に注意を集中しなければならないのですから、指導案もできるだけ明確に書いておくことが大切です。次のような枠を作って書き込むのも一つの案です。

指導過程	時間 (min)	教師の指導	生徒の反応・活動	留意点
Warm-up ……	3	Good morning, everybody.	Good morning, Ms.____.	元気よく。生徒の表情に注意する。

　指導過程には、復習、文型の提示などの指導内容、また時間にはそれぞれのセクションで要する時間、教師の指導の項には教師の発言、活動の詳細、生徒の反応・活動の項には予想される生徒の反応、活動、また留意点には予想される問題点とそれに対する対処、使用する教具を書き込みます。

　1時間の授業が終った段階で、指導案を再び検討し、予定通り進んだ部分、失敗に終った箇所を確認し、次の時間に備えるようにします。こうした反省が教師の指導力を高めることにつながります。

3. ティーム・ティーチング

　近年、全国のどこの教室でも英語母語話者（Native speaker）と行うティーム・ティーチングは珍しくはありません。ティーム・ティーチングは複数の日本人の教師が共同して一つの教室の授業を担当する形式も指しますが、ここではALT（Assistant Language Teacher）とJTL（Japanese Teacher of Language）による共同授業に限定して述べることにします。

1）ティーム・ティーチングの背景と特色

　ティーム・ティーチングは、1987年に外国青年招致事業計画（Japan Exchange Teaching Program, JETプログラムと略）が開始されて以来急激に普及し、このところ全国で6000名を超えるALTがティーム・ティーチングを行っています。

　ティーム・ティーチングは、複数の指導者が協力して行う授業形態であり、特に教室内で英語による実際のコミュニケーションが行われることを目指します。そのために、生徒のレベルで授業形態も異なってきます。また、総数ではかなりの数になるものの、ALTが常駐する学校（base school）は少なく、年、月に数回、定期的に訪問を受ける学校（regular school）、たまにしか訪れない学校（one-shot）が圧倒的に多く、そのため頻繁にティーム・ティーチングが実施できる学校は少ないのが実状です。

2）ティーム・ティーチングの効用

　英語の学習には、早い時期から母語話者の英語に接することが大変重要です。ティーム・ティーチングはこのことを実現する可能性を持っています。次のような効用を挙げることができます。

(1) 生きた英語に触れる機会

　学習者は生きた英語に接することができます。ラジオ、テレビ、録音教材等で英語に接し易くなってきていると言うものの、直接対面し、状況に合った、しかも学習者の反応に即して反復したり、言い換えたりして理解しやすいように配慮された英語に触れる機会はALTに身近に接することによってしか実現できません。

(2) 英語を使う必然性

　わが国のように外国語として英語を教える状況では、ほとんどの場合、教室が英語を使用する唯一の場面であり、教師を含むすべての教室構成員が日本人です。このような場面では教師がいかに巧みに英語を話しても英語を聞いたり話したりするのに何らかのわざとらしさが伴いがちです。しかし、教室にALTが一人いるだけで、英語を用いる自然な状況が生まれてきます。日本語が分からない人がいれば、その人が理解できることばでコミュニケーションを行うことは当然のことです。ALTの存在が英語を使用する必然性を生み出します。

(3) 英語を使う喜び

　ALTの質問を理解でき、自分の答えを理解してもらえたときに感じる喜びは英語学習にあっては何にも代え難いものがあります。それは、これまでの英語学習に注いだ努力が実を結んだことを示しているからです。この喜びが英語をさらに勉強し、また積極的に英語でコミュニケーションを行う動機付けとなります。

(4) 英語圏文化の理解

　母語話者はその国の文化を、意識するしないに関わらず、体現しています。ALTの出身地、生活様式、風俗習慣などの直接体験に基づいた話の内容はもちろんのこと、それを述べる際の表情、しぐさの一つ一つが英語圏の文化を周囲に伝えています。このように、生徒にとってALTに間近に接し、また言葉を交わすことは異文化理解の絶好の機会になります。

(5) JTLの英語運用能力の向上

　ティーム・ティーチングの間だけでなく、事前の打ち合せや、授業後の評価を英語で行うのですから英語教育という専門領域を扱う英語力が高まることは当然です。さらに、ALTの生活面の相談にのることもあるでしょう。こうした経験は日常生活に必要な英語運用能力を高めることになります。教師の全般的な英語力の向上は学習指導にも良い影響を与えることは容易に想像できることです。極言すれば、ティーム・ティーチングによって最も恩恵を受けるのは学習者よりはむしろ教師自身なのです。

(6) 教材開発の促進

　学校や学級に密着した教材は必ずしも、市販の教科書教材によって満たされるとは限りません。ビデオや録音による教材作成にALTから直接間接に関わってもらうことにより、本物の、各学校にぴったりの教材作成が可能になります。

また、聞き取りをはじめとするテスト問題の作成にもALTの協力が欠かせません。

3）ティーム・ティーチングの形態

　ALTの訪問回数、教授経験、JTLの英語力を含む指導技術、学習者のレベルによってティーム・ティーチングの形態は異なってきます。そのタイプは大きく分けて5つに分類することができます。

　Type 1　インフォーマント（informant）方式　　ALTはインフォーマントとして活躍します。テキストの内容がALTの出身国を扱っているような場合、生の情報を提供することができます。また、ALTが教授経験がなかったり、学習者が全くの初心者である場合にもこの方式を取らざるを得ません。JTLが目標を設定し、指導案を作り、授業の主導権を握ります。ALTは、語句の発音、モデル文の口頭による提示と反復練習、範読、内容理解を試す問いと解答の提示などを行います。

　このような任務は、実は適切な録音教材でカバーできそうです。しかし、機械的な反復練習のためのモデルが主になっても、学習者の反応を見ながら速度を調節したり、強勢などを加減したり、反復の回数を調整するなどの柔軟性と学習者の努力を誉め、励ますなどの役割を徹底することによって、単なるテープレコーダーではできない機能を果たすことができます。

　Type 2　役割分担方式　　ALTとJTLがそれぞれ得意とする分野を授業の中で分担することによって、より効果的な英語教育を実現しようとするものです。Type 1加えて、warm-upでのALTの挨拶や自己紹介、それについてのQ-A、復習活動の大半、文脈を利用した新教材の提示（文法項目、語彙項目の両方を含む）、教科書のリーディングの内容の背景的説明、内容説明、Q-A、各種言語活動などはいずれもALTが主になって行える分野です。JTLは、その間、必要に応じて説明を日本語で行って理解を促し、特に理解の遅れがちの学習者を助け、クラス全体の授業への参加を注意深く観察して、学習者の理解を深め、それ以降の指導に役立てます。

　Type 3　共同統合方式　　ALTとJTLがテキストの対話文などを用いて実際に会話をしてみる、一部修正を加えて発展させた会話を行う、即興的に会話を行うなどの手法はごく一般的に行われているものです。その後で、生徒同士で

ペアで類似した会話を行わせ、ALTとJTLがそれぞれ手分けして机間巡視し、ペア活動を観察し必要に応じて助言します。こうした指導方法により、40人のクラスが実質的に20人の小クラスになり、その分、教師のきめ細かな指導が可能になります。この方式は、ライティングなどの個別活動や、グループ活動にも適用できます。ここでは、ALTとJTLが対等な立場で手分けして同時に異なった学習者の指導に当たることによって、効率的な指導が実現されます。

　Type 4　**ALT主導方式**　　JTLは、指導計画立案の際にALTと綿密な打ち合せをし、細かな指導法、活動も一緒に計画します。しかし、授業では、ALTが終始表に立ち、リードしてゆきます。高校における会話のクラスなどではこのような方式が可能なこともあります。

　Type 5　**教室分割方式**　　クラスを2分して授業の大半をJTLとALTが交替で教えます。それぞれの教師が分担をあらかじめ決めておき、少人数の生徒を相手に効果的に指導を行います。ALTには生徒との相互交渉を伴ったコミュニケーション活動を積極的に行ってもらいます。生徒は自分たちの力で、20分以上の時間を、ALTとコミュニケーションを行うのですから、真剣に活動に臨むことが期待されます。

　この方式が効果的に行われるためにはある程度の生徒の英語力が必要とされるものの、その中では本物の相互交渉が実現される可能性が高く、こうした現実的な交渉が英語の運用能力はもちろん、狭い意味の言語能力の増進に寄与できる点は見逃せません。

4）ティーム・ティーチング実施の留意点

(1)　ALTとJTLの綿密な打ち合せと率直な意志の疎通がティーム・ティーチングを成功に導く鍵です。しかし、英語教育の目標、年間指導計画、最終的な評定など、指導の大部分に関してJTLが責任を負っていることは常に念頭に置く必要があります。

(2)　ALTの訪問形態は様々ですが、1回限りの場合は特に、ALTから自己紹介のテープを事前に送ってもらい、その聞き取りをクラスで行って、さらに質問をみんなで準備することで当日の授業は有意義なものになります。また、ティーム・ティーチングに直接参加する一部の少数の生徒のみが恩恵を受けるのでなく、それが全ての生徒に還元されるような方策が必要になります。特定のク

ラスのティーム・ティーチングを録画・編集して他のクラスの授業に活用したり、放課後を利用して生徒とALTでスキットを場面ごとに作り、VTRで録画して全校で聴視できるようにするなどの方法も効果的でしょう。

(3) ティーム・ティーチングを成功させるためには、生徒の側にALTの英語を聞いて理解できる最低限の学力あるいは少なくとも理解しようとする熱意が求められます。このことは、とりも直さず毎日の授業で教師ができるだけ英語を用いて授業をし、生徒が英語を情報交換に必要な媒体と捉えていなければならないことを意味します。この点で、ティーム・ティーチングは日常の授業の質を高めることによってはじめて効果的に行われるのであり、両者は相補補完的な関係にあるのです。

5）ティーム・ティーチング指導例

Teaching Plan

1. Textbook : *New Crown 2*　Lesson 9　The United Kingdom　Section 3
2. Aims:
　1）To comprehend and produce the form and the function of following expressions:
　　　I like — better.
　　　Which do you like the best? I like — the best.
　2）To recognize and pronounce the following words and phrases:
　　　better, folk, best, Greensleeves, Home, Sweet Home, Auld Lang Syne, Scottish, Danny Boy
3. Procedure in detail

Procedure	Time (min)	JTL	ALT	Students	Notes
Warm-up	5	talks with ALT about the recent trip and uses the comparative and superlative degrees.	A: Which is longer, Seikan tunnel or Channel Tunnel? J: I think Seikan is longer. Which is taller, the Tokyo Tower or the Eiffel Tower? A: Well, the Tokyo Tower is. J: That's right.		Suitable pictures should be shown during the conversation.
Presentation of new material	10	I like folk songs. Do you? I see. Then what music comes from England? Which do you like better, Greensleeves or Home Sweet Home? I like Home Sweet Home better. Is Auld Lang Syne an English song? How about Danny Boy? Is it a Scottish song?	Yes, I do. We have many folk songs in Britain. Each country has its own songs. Greensleeves comes from England. Home Sweet Home also comes from England. Well, I like Greensleeves better. How about you? No, it comes from Scotland. No. It's from Ireland.	(repeat after ALT)	板書して意味と形を説明

3．ティーム・ティーチング

	5	Which do you like better, Greensleeves or Home Sweet Home? Will you please read the sentence several times for the students? I like Danny Boy the best of all. Now let's practice new words.	I like Danny Boy the best. (reads the sentence clearly and slowly at first, then gradually speeds up delivery) (reads the sentence as above). OK. I'll read the words. Repeat after me.	(repeat after ALT)	same as above フラッシュカードを用いる
Reading	10	Open your books to page 61. Listen to Jane read the text-book. Janeが読んでいる箇所を指で指しながら聞きなさい。 Reads Kumi's part. Now Jane is going to read Tom's part and you will read Kumi's part. Read the text in pairs.	(Reads Tom's part.) (Reads Kumi's part.)	(read Kumi's part) Pair reading	
Questions & Answers	7		I'll ask you questions about the text. Please answer my questions.	(answer the questions)	

Communicative activity	15	私とJaneの会話を聞いて、表のALTとJTLの部分に記入しなさい。今度は表のmyselfの欄に記入しなさい。最初に隣の人と話し合って表の空所に答えを記入しなさい。それがすんだら、教室を移動して友達2人と話して空所に結果を記入しなさい。自分と一番よく似ている人は誰ですか。	(talks with JTL on the topics indicated in the table and shows how to carry on the task. (ciculates and helps students observing their talking)	(listen and fill in the table) myselfの欄に記入 (engage in the activity) (check their own table and find who is the closest)	別表を配布。
Consolidation	3	今日は、比較と最上級の言い方を学習しました。家で、教科書を音読して、基本文を暗記して書けるようになりましょう。	Thank you everybody. I enjoyed talking with you very much. See you next week.	Thank you. Bye.	

3．ティーム・ティーチング　63

会話例

A：Which seasons do you like?
B：I like spring and fall.
A：Which season do you like the best?
B：I like spring the best. How about you?
A：Well, I like summer the best. I like swimming very much.

好きなもの	ALT/JLT	myself	1.	2.	3.
seasons					
sports					
food					
fruit					
school subjects					

seasons

four seasons

sports

soccer　baseball　tennis
swimming　skiing　badminton

food

beefsteak　curry　rice
tempura　hamburger　spaghetti

fruit

apple　peach　melon
orange　grapes　banana

school subjects

English　math　science　music
Japanese　PE　social studies

注
1. Lindstromberg, S., 1997, *The Standby Book*, Cambridge, p. 15
2. Scrivener, J. 1994. *Learning Teaching*, Heinemann, p. 114
3. Lewis, M. 1996. Implications of a lexical view of language, in Willis, J. & D. Willis. *Challenge and Change in Language Teaching*, Heinemann, pp. 13-16.

問題
1. 教師自身に関する話題を用いてWarm-upの活動を作りなさい。
2. 教室場面を活用して、前置詞を導入する活動を考えなさい。
3. 現在完了進行形の言い換えによる導入を考えなさい。
4. 教科書のあるセクションを決めて、宿題を作りなさい。
5. 1時間の授業の指導案を作りなさい。

Further reading
Harmer, J. 2001. *The Practice of English Language Teaching* Third Edition, Longman, Chap. 22 pp. 308-320
Parrott, M. 1993. *Tasks for Language Teachers*, CUP, Chap. 6 pp. 114-148
Ur, P. 1996. *A Course in Language Teaching*, CUP, Module 1 pp. 11-16, Module 15 pp. 213-222
Scrivener, J. 1994. *Learning Teaching*, Heinemann, Chap. 9 Working with language pp. 114-145
米山・佐野、1983、『新しい英語科教育法』 大修館書店 第5章 pp. 151-170
青木・池浦・金田、1983、『英語科指導法ハンドブック③指導技術編』 大修館書店、pp. 3-218
文部省、1994. *Handbook for Team-Teaching*、ぎょうせい、Chaps 2 and 3, pp. 14-92
和田 稔、他. 1998、『ティーム・ティーチングの授業』 大修館書店

第3章
Listeningの指導

指導例1

> T：これからLesson 7のPart 1の部分のテープを2度聞きます。後で内容について質問しますので、注意して聞きなさい。
>   テープ再生（省略）と生徒の聞き取り
> T：I'll ask you some questions. No.1. Is Mike hungry?
> S1：Yes, he is.
> T：No.2. What's in the refrigerator?
> S2：There are some sandwiches there.

指導例2

> T：下の電話のメモをよく見なさい。これから電話の会話を聞いて、下のどのメモを秘書が書き留めたか調べなさい。
>   テープ再生（省略）と生徒の聞き取り
>
> | A.
Mr. Brown
phoned.
His number
236-5632 | B.
Mr.Wilkins
phoned.
His number
253-5623. | C.
Mr.Green
phoned
His number
326-6532 |

指導例1は、伝統的な聞き取り活動です。まず聞かせて、次にどの程度理解

したかを点検、確認するための質問を与えます。この手順には次のような改善すべき点があります。
①　どんな課題が出されるか予測できないため、生徒は内容をすべて理解し、記憶しておかなければならない。そのために彼らにとって負担過重になりがちである。
②　いきなり聞き取りに入るため、内容の予測が全く立たず、いわば白紙の状態で聞き取り作業に入る。このために準備不足を招く。
③　聞き取りのテストであればともかく、この方法では聞き取りの"方法"を教えることにはならない。

　従来から行われてきた指導法には、このようにいくつかの問題があります。
　指導例2は、最近の聞き取りのための活動によくみられる次のような特徴を持っていて、伝統的な方法の欠陥が克服されています。
①　課題が最初に示され、これで生徒には聞く目的がはっきりする。
②　課題を示されると、どの部分に注意して聞き、覚えておいたらよいのかが分かる。即ち、課題はクイズではなく、ガイドの働きをする。それだけ、聞き取りは容易になる。
③　内容の要点のみを尋ねる課題を用意することによって、自然な聞き取りが実現される。

　このように、指導例2には、最近の「聞くこと」に関する理論が反映されています。この理論を次に考えてみましょう。

1．Listening指導の原則

1）聞くことを通して言葉は習得される。
　リスニングは、これまで軽視されがちで、集中的に訓練する活動は稀でした。それは、話せるようになれば、自然に聞いて理解できるようになる、という常識的な考えに基づいていました。しかし、これは事実でしょうか。最近、次のような観点からリスニング指導の重要性が指摘されています。
① 全くの初心者は別として、私たちは、英語で何らかの情報を伝える状況になったとき、伝えなければならない情報の内容にもよるものの、多くの場合、何とかして相手にそれを理解してもらう。しかし、相手の話を聞いて理解する場面では、それほどうまくは行かない。これは、話す場合と異なり、用いる語句、文法形式、内容などがすべて話し手によってコントロールされているからだ。つまり、聞く能力と話す能力は別個のものであり、前者の訓練は後者によって肩代りさせることはできない。
② 言語習得には聞くことが話すことより重要である。この立場を強く主張しているKrashenは、学習者の現在のレベルより少し進んだ項目を一部含み、文脈などによってその内容が理解できるような英語を十分聞くことによって英語を習得できる、と言う。適切な質と量の英語の入力が英語の習得を実現させるとするこの立場を入力仮説（Input Hypothesis）と呼ぶ。[1] 聞くことの重要性を明確にしているこの立場は、リスニング指導の理論的基盤となっている。聞く力は、それ自体重要であるばかりか、英語の能力を形成するのに役立ち、話す能力の基礎になる。
③ かなりのスピードで話されるのを聞いて理解するためには、日本語に直さず、直接英語を理解する必要がある。英語の語順に即して意味をとる活動を経験することによって、英語の構文に対する理解が深まる。ネィティブ・スピーカーはもちろん、日本人教師の英語であっても、生徒にとって望ましいモデルを多く含んでいる。聞く活動はこのように英語の入力を大量に生徒に提供することを可能にする。

　ところが、話す活動では、特に初級者の場合には、文法的に誤りを多く含み、

スピード、リズムともに英語らしくない発話を努力してようやく表出できるのが実状である。この種の発話自体決して排除されるべきではなく、逆にむしろ奨励されるべきであるが、他方、それのみに依存していては、他の生徒の能力形成に必要な質と量の入力が不足する。教室内で生徒に英語を話させることは話す能力の養成には重要である。しかし、それが聞くことの能力の養成に直結するものではない。

2）聞くことは能動的な活動である。
　話すこと、書くことが生産的な活動（productive activity）と見なされるのに対し、聞くことは、読むこととともに受容的な活動（receptive activity）に位置づけられます。黙って、音声、文字を理解する過程という意味では、この区別は適切なものです。しかし、聞くことは高度に認知的な過程です。耳に入ってくる音声の連続は、それを正確に知覚するだけでなく、いくつかのまとまりに分けてそれぞれに意味を与える作業が必要です。そして、この作業には聞き手の言語能力をはじめとするいくつもの認知能力が活用されて初めて可能になるのです。
　次の音声表記とその英語の文を見てみましょう。

> wiffiksfəðəripeəmæntʰkʌməmmendɪtʌndəgærnti :
> （we've fixed for the repairman to come and mend it under guarantee）

音形を正しく知覚するとともに、音の連続をwi f fɪks fə ðəのような単位に分け、それにwe, have, fixed, for, theの様な解釈を与えます。[f]がhaveのように解釈できるのは、その音の前後にある音との意味のつながりを理解できたことに他なりません。
　各単位は、まず短期記憶に入り、その前後に入力された情報に関連づけられ、さらに新たな解釈が与えられこともあります。このように処理した情報は、長期記憶に保管されます。音声は短縮、縮約等で、標準的な音形からかけ離れていることが多く、さらにある部分がすべて省略されることもあります。このような音声に接し、耳に聞こえない部分を補足しながら意味を正しく推測するためには、聞き手は、その言語能力を十分活用することに加え、周囲の状況に関

する知識が必要になります。

　聞き取りは、音声入力をテープレコーダーのように忠実に知覚し、それに基づいて意味をまとめていくというボトムアップ（bottom-up）のみの過程ではありません。それは同時に、トップダウン（top-down）方式の処理をかなり用いて行われます。即ち、広い文脈上の手がかりや背景的知識（スキーマ（schema）と呼ぶ）に基づいて意味が推測されるのです。実際は、リスニングはボトムアップとトップダウンの情報処理が絡み合うようにしてなされる複雑な、相互交渉的（interactive）な過程です。[2]

　聞き取りは、このように聞き手の能力を動員して話し手の意図した意味内容を推測、復元する積極的な働きかけが要求される過程です。さらに、発話の中に実際の音声としては存在しない部分も前後関係などから正しく補い、話し手の意図を推測しながら、メッセージを作り出す創造的な過程でもあります。

　音声を正しく知覚する聞き取りをhearing, 話し手の意図を推測して解釈を施す聞き取りをlisteningと呼び、両者を区別することがあります。[3]　リスニングの上達には、hearingとlisteningの両面を養成することが必要です。

3）聞くことは、目的を持った活動である。
　他の言語活動でも同様ですが、私たちは何かを聞くときには目的を持っています。講義を聴講する場合はもちろん、ラジオのニュースを聞くときにも、今日はどんなことがあったか、またすでに知っている出来事のその後の成行きを知りたいなどの目的があります。それは、とりもなおさず予測を立てて聞く、と言うことを意味しています。さらに、聞いていることの全てに注意を向けるのでなく、目的に応じて必要な情報を選択して、それを理解し記憶しようと努めます。このように、聞き取りは目的によって異なってきます。しかし、私たちは日常生活で聞いたことを細部にわたって理解し、記憶しているのではありません。耳に入ってきた情報のうち、ごく僅かな部分だけが記憶にとどまるのです。要約すれば、聞くことは聞こうとする内容について予測を立て、目的に応じて必要な、限られた情報をキャッチするプロセスです。

2．Listening指導の実際

1）教室英語

まず、次の授業の一風景をご覧ください。

> T：Good morning, class.
> C：Good morning, Ms.___.
> T：How are you today?
> C：Fine, thank you. How are you?
> T：I'm fine, thanks. Let's enjoy studying English. By the way, who is absent today?
> SA：Haruko is absent.
> T：I see. What's the matter with her? Does anybody know why she is absent? Takako, you come to school with her every morning, don't you?
> SB：Yes, I do. She has a cold.
> T：That's too bad. Have any other students got a cold in this class? （数名の生徒挙手）I see. Five students have got a cold. Take care. Now we're going to study Lesson 5, Section 2. But before that, let's review what we learned last Monday. First, open your books to page 25. Read after me, please.

このような授業の冒頭の挨拶に始まり、生徒の様子を尋ねる個人的な質問（personalised questions）、そして授業活動に関する様々な指示は、入門期から英語で行うことが十分可能です。そして、そうすることは次のようないくつもの重要な意味を持っています。
① 授業を進めて行く上で必要な指示であるから、生徒は真剣に英語を聞き、その意味、教師の意図を理解しようとする。それは、教室という一つの社会の中で生活する上で不可欠な活動だからだ。

②　授業中の英語は、"今、ここで"（here and now）という現実の場面に直結しているため、それだけ理解し易くなる。即ち、生徒に理解できる入力（comprehensible input）を豊富に与えることになる。
③　"Could you turn on the lights, please?"の様な依頼に即座に応じたり、教師の説明を再度求めるために、"I'm sorry, I didn't catch that."と言うようなやりとりは、教室の外でも利用価値が高い表現である。このように、教室で英語を多く使うことによって、生徒は役に立つ英語に接し、それに適切に反応する方法を身につけることができる。
④　教室内の活動には、多くの場合一定のパタンがあり、教師の指示も毎時間、反復が多く見られる。このように何度も類似した表現に接することができ、自然にその意味と形式がマスターしやすくなる。
⑤同じ指示でも、Open the windows., Open the windows, please., Will you open the windows?, Could you ＿＿＿?, I wonder if you ＿＿＿＿＿＿., It's hot in here. 等の次第に丁寧な表現を用いることによって、生徒は様々な表現形式に慣れ、教科書で同じような表現が扱われる前に、それらに接し十分な準備ができることにもなる。

　以上のように教室で教師が様々な機会に英語を用いることは、生徒が生きた英語を聞き、そのことでリスニングの上達を促す上で最も重要な働きをします。それでは、授業中のどんな場面で英語を使うことができるでしょうか。一時間の授業の流れに沿ってごく基本的な例を挙げます。

1．授業の始まり
　　挨拶　Good morning (afternoon). How are you?
　　天候　It's a beautiful (hot, cold, rainy) day.
　　生徒の様子　Oh, you've got a new hair style.
　　　　　　　You look tired.
　　昨日の出来事　What did you do yesterday?
　　出欠　Is everybody here?, Who is absent?
　　教室整備　Will you straighten your desks?
　　復習　We learned Lesson ＿＿＿, Section ＿＿＿ last time, didn't we? Let's go over it once again. Open your books to page ＿＿＿.

2．新教材

Today we're going to do three main things. First, I'm going to teach a new expression and new words. Then you're going to use them in a dialogue. After that you'll read the textbook. Look at this picture. They are talking to each other. Listen to them, please.

3．練習

Listen and repeat.

How many sentences can you make using this table?

Make as many true sentences as possible.

4．読み

Open your textbooks to page＿＿＿．

What is the title of the lesson?

Before you start reading, look at this question.

Now read section 1 and find the answer to the question.

In line ＿＿＿, what do you think 'which' refers to?

5．まとめと宿題

Today we've learned ＿＿＿. You've all done well. At home, read the passage several times and practice the dialogue.

6．授業の終わり

It's time we stopped. Well, I hope you will all work hard tonight. Good bye.

7．激励、その他

Good.／Excellent.／Not really.／That's better.／You have made a lot of progress.／Be quiet, everybody.

2）動作による反応を伴うリスニング活動

　リスニング活動は重要です。しかし、それは生徒が注意して聞いてくれない限り、無意味な活動に終ります。積極的に聞く態度を養うために、最初は、様々な動作を伴う反応を要求するとよいでしょう。次の例をご覧ください。

T：Take out your English textbook. Open it to page 32. Look at the

> second paragraph. Find line 7 and look at the fifth word from the end. Write it down on your notebook. Show it to your friend sitting next to you. Read the word, A.
>
> S_A : Son.

　上の活動は、教師の指示を聞いて、動作で反応することを要求しています。生徒は、ことばによる反応に気を使う必要はありませんが、動作によって正しく聞き取ったか否かが判明するので、注意して聞くようになります。

変形1　Total Physical Response[4]

　教師の指示を理解して、それに身体で反応することを通して、英語の体系の習得を図ろうとする教授法に全身反応法（Total Physical Response）があります。James Asherが開発したこの教授法は、理解力を養成することが言語習得の基盤になるべきであり、発表力は理解力が十分に養われれば自然に生まれてくるものだ、とする考えに基づいています。この教授法では、上例のような活動がより徹底した形で、次のような順序で展開されます。

1) 教師による命令で（eg, Stand up.）教師が動作を行い、生徒もそれに従う。
2) Sit down./ Turn around. /Walk. /Stop. /Jump. 等の命令文を与えて、1) と同様に教師が動作をし、生徒がそれに従う。
3) 命令文の組合せの順序を変えて、1) と同様に行う。
4) 十分慣れたら、教師の命令に応じて、生徒だけで動作を行う。

　様々な文型、文法事項の他に、多くの語彙項目がこの方法で導入され、動作を伴う形で理解の徹底が図られます。全身反応法では、150時間以上にわたって上の活動が継続的に行われ、優れた結果を得たことが報告されています。

　一般的な授業でも、随時、動作を伴った聞き取りの作業を準備することができます。反応は、動作だけに限定する必要はありません。次のような形で反応を求めることにより、このタイプの活動は高度な言語運用能力を養成するためにも利用できるものになります。

変形2　絵などとの組合せ

　英語の説明を聞いて一組の絵のうちから正しいものを選んだり、数枚の絵の順序を並べ変えたり、絵の中で空白部分を補ったり、さらに彩色したりします。

また、簡単なものであれば、英語の説明を絵に描かせることもできます。次の例は、家の見取り図を見ながら説明に従う活動です。[5]

> Here's the floor plan for a typical house that you might find in the United States. We're going to go through the house, standing at the front. So walking up to the front door, that's the walkway. Everybody, point to the walkway.（教師は期間巡視して生徒の反応を確認する）Now, the walkway leads to the front door. Please point to the front door...

変形3　地図、図表などの利用

絵以外にも地図、図表などを利用して、経路をたどったり、必要箇所に記入する作業が設定できます。

> T：下の地図を見てから英語を聞き、地図に印をつけなさい。
>
> A：Excuse me, I wonder if you could tell me how to go to the post office.
> B：Sure. Go straight down this street until you come to the second traffic lights. Then turn left into Second Street. Walk along to the corner of Second Street and North Street. The post office is at the corner next to the theater.
> A：Thank you. That's the post office. Then I'll write down No.1 at the place.

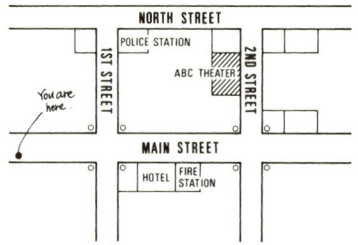

複数の絵を順序不同に並べたシートを配布し、英語の説明の順に絵に番号を

記入させる活動も容易にできます。

変形4　誤文訂正

　絵の利用法は、絵の種類によっても様々です。下のような、何人かの人物が居間にいる絵であれば、次のように説明し、説明の中にいくつかの誤りを入れ、それに対して生徒からT（=true）あるいはF（=false）の反応を求めます。

「絵」

T：これからこの絵の説明をします。ところどころ、説明誤りがあるがあります。絵と合っていたらT、合っていなかったらFと書きなさい。
This is the Browns' living room.　No.1.　Mr.Brown is reading a newspaper.　True or false.
No.2. He is sitting on the floor.　No.3.　He is wearing a pair of glasses.　No.4.　Mrs. Brown is cooking dinner.　No.5.　Tom, Mr. and Mrs. Brown's son, is watching television.　No.6.　He is watching a soccer game.
………

3）短い応答を求める聞き取り活動

　日常生活では、普通、聞くことは話すことと組み合わされています。一方が終始聞き手にまわることは稀なことです。自然な聞き取り活動を設定する場合には、何等かの反応を聞き手に求める必要があります。次の例をご覧ください。

> T：I don't come from a small family, but I don't come from a big family, either. It's just a middle-sized one. I have one brother. He is the oldest. He is a teacher of maths at a high school. My two sisters are older than I. They are both married and have children. By the way, how many people are there in your family?

生徒に求める応答を短くして、できるだけ多くの英語を聞かせようとするのが上の活動です。こうすることによって、生徒は安心して聞くことに専念できます。

変形1　Short response

教師の説明とそれに続く問いに完全な文を用いた答を要求しても生徒が答えられないことがあります。このような場合には、Yes, No, one-word answerの応答でもよいことにします。応答は、英語によるものに限定せず、日本語の応答も許容することが効果的なことがあります。聞くことが重点となっている活動では、許容の幅を広げることによって、生徒が積極的に、安心して聞く活動に参加できるようにすることが大切です。

変形2　クイズ

クイズの手法を取り入れると聞く目的が明確になります。狭い意味での謎解きに限らず、何等かの問題解決のための思考を要する聞き取りは有効です。次の例は何のことを言っているでしょうか。

> T：Well, this morning I forgot it when I left home. I was a little worried because it is useful. Anyway I hurried to the station because I was not sure about the exact time. I took the 7：30 train and arrived here as usual. Although I didn't carry it, there was no problem. Mine is quite cheap but some people spend a lot of money on theirs. You can sometimes find a gold one.
> （ANSWER：watch）

途中で分かった生徒は答えてもよいことにしておきます。その場合でも、そこで打ち切らず最後まで話を続けるとよいでしょう。類似した活動に、"Who is this?"があります。歴史上の人物、時の人、タレント、学校の教師、クラスの生徒、さらには物語の主人公など様々な人物を取り上げることができます。

変形3　定義

様々な職業、建築物、食物、家具、動物などを選び、定義を述べて、何を指すか選ばせたり、言わせたりします。

絵の説明を聞いて番号を正しい絵の下に記入しなさい。

( )　　( )　　( )　　( )　　( )

（テープスクリプト）

1. This is a person who prepares and cooks food.
2. This is a person who bakes bread and cakes to sell them.
3. This is a person trained to stop fires and to save people and properties.
4. This is a person whose job is making and repairing wooden objects.
5. This is a person whose job is treating people's teeth.

教科書の語彙の復習として頻繁に実施できる活動です。

変形4　Oral cloze

物語などを、ところどころポーズを入れて聞かせます。そしてポーズの部分にどんな内容がくるか生徒に推測させます。生徒の反応に対し、ただちに答を与えて次に進みます。次の例は、ロシア民話の「大きなかぶ」の話です。

2．Listening指導の実際

There lived a farmer who grew the biggest turnip you've ever seen. One day his wife wanted to make turnip soup, so the farmer went out to pull up the turnip. He pulled and he pulled and he pulled, but he couldn't move the turnip. So he went and got his wife. His wife stood behind him, and they both pulled and (PAUSE) yes pulled and (PAUSE) yes, pulled, but they couldn't move the turnip. So the farmer went and got his son, and the son held his mother and together all three of them pulled and (PAUSE) yes, pulled and pulled, but they couldn't move (PAUSE) that's right, the turnip. So the farmer went and got his daughter, and his daughter held on to his son, and his son held on to his (PAUSE) yes, wife and his wife held on to him, and they all (PAUSE) yes, pulled and pulled and pulled, but (PAUSE) right, the turnip didn't move. So the farmer went and got his dog and they all (PAUSE) right, pulled and pulled and pulled, but (PAUSE) right, the turnip didn't move. So then the cat joined them and again they (PAUSE) yes, pulled and pulled and pulled, but (PAUSE) that's right, they couldn't move the turnip. Finally, a little mouse came by, and she held on to the cat, the cat held on to the (PAUSE) exactly, dog, and the dog (PAUSE) yes, held on to the daughter and the daughter (PAUSE) yes, held on to the son and the son (PAUSE) yes held on to the wife and (PAUSE) yes, the wife held on to the farmer, and together they (PAUSE) that's right, pulled and pulled and pulled. And at last the turnip came out of the ground and fell on top of them. In the evening, they all sat down to very good turnip soup, the farmer, (PAUSE) yes, his wife, (PAUSE) yes, his son, (PAUSE) yes, his daughter, (PAUSE) yes, the dog, (PAUSE) yes, the cat and (PAUSE) the little mouse. And they all ate the delicious turnip soup very happily.

上例のPAUSEに語句を書きとめさせる活動も用意することができます。短い

応答を求める聞き取り活動として、他に次のようなものが考えられます。
変形5　誤りの発見
　生徒が知っている話や場面を聞かせ、その中に誤りを入れておいて間違いを指摘させます。
変形6　Skimming & Scanning
　前者は概要を聞き取る活動、後者は特定の情報を捉える活動です。「どんなことを言っていましたか、どこのことを言っていましたか、何人の人が話していましたか」などの問いはskimmingに当たります。これに対して、天気予報を聞く活動であれば「ロンドンの明日の天気は？」のようにはっきりした項目を聞き取るのがscanningです。いずれも、聞かせる前に質問を与えることが重要です。

4）より長い応答を求めるリスニング活動
　英語を聞いてノートを取ることは、かなり高度な活動です。したがって、いきなり行わせるのでなく、最初はヒントを与えるようにします。[6]

Listen to part of the lecture and fill in the notes with the missing key words.

1. Why - iceman in ＿＿＿＿
　　clothing, ＿＿＿＿
2. Warm clothing
　　pants & shirts - ＿＿＿＿＿＿
　　shoes - ＿＿＿＿＿ & ＿＿＿＿＿
　　coat - ＿＿＿＿＿＿＿
3. Tools
　　knife - ＿＿＿＿＿ & ＿＿＿＿＿
　　bow - ＿＿＿＿＿＿
　　backpack - ＿＿＿＿＿ & ＿＿＿＿＿
4. Ax - ＿＿＿＿＿ & ＿＿＿＿＿
　　important people - ＿＿＿＿ axes
　　Iceman's axe = ＿＿＿＿＿＿
　　　　　　　　　 = ＿＿＿＿＿＿

[Lecture]
1. We don't know why the Iceman was walking in the mountains. We have to look at his clothing and tools so we can guess what he was doing there. One thing we think is that he was a man who travelled a lot.（以下略）

変形１　Answering questions
　聞いた内容についての質問に対する答えは、場合によっては長くなります。口頭で答えることが困難な場合には、答えを書かせるようにします。

変形２　要　約
　上のノート・テーキングの活動と関連させて行うと効果的です。要約も高度な活動です。段階を踏んだ指導が必要です。詳しくは第４章　Readingの指導を参照。

5）総合的な聞き取り活動
　日常生活では、聞いた内容の要点をメモに書いたり、相手の話を聞いて適切に応答するなど、聞くことと話すこと、書くことなどのスキルが組み合わされているのが普通です。したがって、複数のスキルを組み合わせた活動を用意することは、生徒により自然な言語活動に従事させることにもなります。

T：Listen to the tape and fill the missing parts.
（テープ）
　This is a beautiful valley in a beautiful (country). I know every river, every (valley), every road and nearly every (mountain) in this area. In the winter there's a lot of snow. (Snow) covers everything and the (rivers) are full of (ice). It's terribly cold and it's always (overcast). I never see the (sun). Last year the deer came into the towns for food. But (spring) is beautiful. The snow (melts) and the rivers are high — and very dangerous. The sun (shines) then, but it's often (cloudy) and there's lots of (rain). It's warmer, but it's always cold in the mornings. I always look after cattle in the (spring).
（上記英文の（　）の中を空白にしたものを配布）

　上の例は、聞いたことを書いてみるといういわゆるディクテーションですが、ここでは全文を書きとるのではなく、一部のみを書きとる部分ディクテーション（spot dictation）になっています。

変形1　話すこととの組合せ

　日常会話では、聞き役、話し役がたえず交代するのが普通です。聞き取りの活動でも話すことと組み合わせた活動は頻繁に用いられます。次のinterviewは、そのステップからも分かるように、読み、書く活動も加わった総合的な活動です。

Step 1：下のような質問表を読み、最初の下線部に自身の答えを記入する。

1. Have you ever won a race? ____, ____, ____, ____
2. Have you ever acted in a play? ____, ____, ____, ____
3. Have you ever forgotten to do your homework? ____, ____, ____, ____
4. Have you ever ridden a horse? ____, ____, ____, ____
5. Have you ever broken your arm? ____, ____, ____, ____
6. Have you ever baked a cake? ____, ____, ____, ____
7. Have you ever been to a pop concert? ____, ____, ____, ____

Step 2：クラスの中を自由に歩き回り、3人の仲間に質問し、その答を右側の空所に書き入れる。
Step 3：教師は、生徒の数名に結果をクラスに発表させる。

　他に次のような活動があります。

伝言ゲーム　　列ごとに最初の生徒が受け取った伝言をことばで次の生徒に伝え、最後の生徒まで正確に、早く伝えるゲーム。

自由応答会話　　テープに会話の相手の部分だけを録音しておき、適切な応答を求める活動。

変形2　読むこととの組合せ

　海外放送のニュースを英字新聞の記事と比較して、両者の取り扱い方の違いに気付かせる活動は上級者向けの物です。初級・中級向けの活動として、録音テープの内容と合う英文を選ばせるような理解確認を目的にした活動が設定できます。次の例は、電話の会話を聞いて、その内容のメモのうち、最も適切な

ものを選ばせるものです。

> A：705273
> B：Hello. May I talk to Jane?
> A：Sorry, but she is out for the moment.
> B：Well, could I ask you to leave a message with her for me?
> A：Yes, go ahead.
> B：My name is Tom. Tom Brown.
> A：Yes, Tom Brown.
> B：We were going to meet at 3 tommorow. But I've got something to do at that time. So I would like to meet her at 4：00.
> A：OK. Where?
> B：Well, we planned to meet at Hills Park. But I think the Rose Garden would be more convenient. So would you tell her to come to the entrance to the Rose Garden?
> A：All right. I got it.
> B：Thank you. Bye.
> A：Bye.
>
> 〈メモ〉
>
> [A]
> To Jane
> From Tom Brown
> Meet him at the entrance to Rose Gdn. at 4:00.
>
> [B]
> To Tom
> From Jane Brown
> Meet her at the entrance to Rose Gdn. at 3:00.
>
> [C]
> To Jane Brown
> From Tom
> Meet her at the entrance to Rose Gdn. at 4:00.

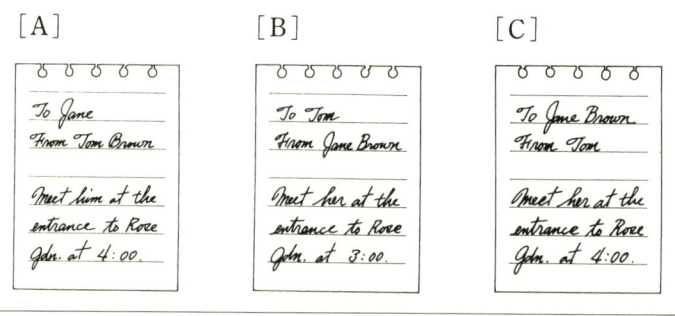

インターネットにアクセスできる教室では、BBCやCNNのニュースを聞いて相違点を書き留めて話し合う活動も十分可能です。

変形3　書くことと組み合わせた活動

本節の冒頭のspot dictationの他に、通常のディクテーション、要点メモ、要

約作成などがこの活動に入ります。要点をメモするnote-takingは、日常生活で行うことが多い活動であるので、教室でもメモをとりながら聞く習慣を育てる必要があります。テープや、教師の話を聞かせる際にも、あらかじめ要点となる箇所を板書して、その部分を特に注意して聞き取らせるような作業が有効です。

"仲間はずれ"は、boat, yacht, canoe, car, shipのような一連の単語を読み上げ、仲間はずれのcarを記入させる活動です。

3．Hearingの指導

　英語の音声を正確に聞き分け、意味を正確に捉えるhearingの能力は効果的なlisteningを実現する基礎的な作業として欠くことはできません。次の例は、イントネーションで意味が変わることを理解し、それに対応できる能力を養成することを目指しています。[7]

> T：次の疑問文は、二通りの読み方ができます。
> 　Do you want to go to a concert or a show?
>
> 　①
>
> 　②
>
> ①はコンサートかショーのどちらに行きたいかを尋ねるのに対し、②はコンサートやショーに行きたいかどうかを尋ねる文です。①はどちらか一方を選ぶのに対し、②はYesかNoで答えます。テープを聞いて、下の表のいずれかに印をつけなさい。
>
> | | どちらか選ぶ | Yes or no |
> |---|---|---|
> | 1. | _____ | _____ |
> | 2. | _____ | _____ |
> | 3. | _____ | _____ |
> | 4. | _____ | _____ |
> | 5. | _____ | _____ |
> | 6. | _____ | _____ |
>
> （テープ）
> 1．Did you go for a drive last Saturday or Sunday?（*yes or no*

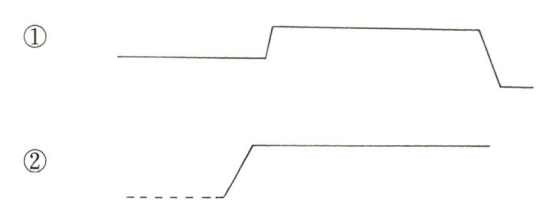

　　　　question)
　　2. Do you want to go to a play or a cinema? (*alternative question*)
　　3. Are you fond of skiing or skating? (*alternative question*)
　　4. Would you like to go for lunch or dinner? (*yes or no question*)
　　5. Shall we go swimming or play tennis? (*alternative question*)
　　6. Shall we go to the pool or the beach? (*yes or no question*)
　　　(adapted from *Listen for It*, p.51)

変形1　音の聞き分け

　意味を区別する最小の音の単位である音を、最小対立（minimal pair）を用いて聞き分ける練習です。

T：Listen to me. Do you hear A or B? Say either A or B.

A	B
eat	it
sheep	ship
heap	hip
seat	sit
meat	mitt

　同様の聞き分けは、下の2文を聞かせ、A現在形の文にはevery day, B過去形の文にはyesterdayと答えさせることによって、両者の違いを聞き取らせる活動にも応用できます。

　　　A. He works on the field ＿＿＿＿＿.
　　　B. He worked on the field ＿＿＿＿＿.

変形2　How many words?

　一連の音の連続を意味のまとまりに分けて聞き取る訓練としてAre you going to the library on Sunday?等の文を教師が読み上げ、この文の中に単語がいくつ含まれているか数えさせる練習があります。また、様々な種類の平叙文を聞か

せ、適当なtag questionを言わせるtag question additionも同様の目的に用いることができます。

変形3　強勢確認
　強勢のあるシラブルを認知し、それに伴う意味の違いを理解することも正確な聞き取りに要求される能力です。

<u>Tom</u> went to the <u>park</u> <u>yesterday</u>.
　 A　　　　　　　B　　　C

　上の文のA, B, Cのいずれかの部分に強勢をおいて読み、強勢の位置の違いが意味の違いをもたらすことを理解させます。次に、Aに強勢がおかれた場合にはwho, Bの場合にはwhere, Cの場合にはwhenと応答させ、さらにいくつかの例を与えて、強勢の識別とその機能を理解させます。

4．教科書テープの活用法

　教科書付随の録音テープ、ビデオテープは最も入手しやすいリスニングの教材です。その活用法は工夫してみるだけの価値があります。本章の冒頭の指導例1には伝統的な、また2には最近の考え方を反映した方法が紹介されていました。ここでは、後者を詳しく述べることにしますが、何よりも生徒のレベルと教師の狙いに即して、かつ、使用法に柔軟な態度で臨むことがいずれの場合でも大切です。

　教科書の本文を見ないでテープからその内容を理解する活動は生徒の注意力を聞くことに集中させる点からそれなりの意義があります。しかし、耳で聞くだけでは理解できない、あるいは安心できない生徒には、必要に応じて教科書を見るように指示を与えるなどの配慮が必要です。このことを念頭に置いた上で、次のような利用法を考えることができます。

(1) 導入

　内容に関連する一般的な質問を投げかけ、生徒との話し合いを通して聞こうとする意識を高めます。また、主要な語句、表現などは必要に応じて教えておき、予測される障害は取り除いておきます。さらに、どんな内容を聞くかあらかじめ予想させてみることも有効な場合があります。

(2) 課題

　聞く前に課題を提示し、聞く目的を明確にします。課題は内容の概略把握を意図したもの、特定の情報収集に関するもの、細かな部分の理解も要求するものなどがあり、そのいずれを用いるかは教材の種類によって決まります。また、1回目に聞かせる場合と2回目に聞かせる場合とでは課題も異なってきます。最初は概略、次第に細部の理解を要求する課題へと推移するのが普通です。

　課題には、通常の質問に対する答えを要求する情報探索的なものの他に、聞いたことを表にまとめたり、絵を並べ変えたりする情報転移（information transfer）があります。前者では内容に関する質問を事前に与えそれに対する答えを聞き取るように指示します。後者では、地図、平面図、図表、グラフ、時刻表などに必要事項を書き込ませたり、選択肢で正しいものを選ばせたりします。どんな課題が適切であるかは、聞き取りの内容によって決定されること

です。いずれの場合にも、目的を持って生徒が聞くことに専念できるようにする必要があります。

　課題が行えたかどうかの確認は手短であっても必ず行うようにします。その際にはテープの該当部分の前後にポーズをおいたり、同じ部分を再度聞かせたり、必要に応じて文字を示すなど、理解のための手がかりを十分示してやることが大切です。確認によって、全ての生徒が教師の考える基準点に達し、それによって次の課題に臨むことができる体制を整えてやります。

(3) 発展

　聞いたことを理解したかどうか、確認のためのcomprehension question、口頭や文字による要約の他に、特定の言語項目の理解に焦点を合わせたサブスキルの訓練を適宜実施し、聞く技術の向上を目指します。

　各単位時間でカバーする分量は限られています。これを補うために、各課の既習の部分と併せて通して聞かせ、ストーリーの発展の面白さを味わわせることも大切です。

注

1．Krashen,S.,1985. *The Input Hypothesis：Issues and implication*s, Longman, p.4.
2．R.C.Scarcella & R.L.Oxford,1992. *The Tapestry of Language Learning*, Heinle & Heinle, p.142.
3．Widdowson, H., 1978. *Teaching Language as Communication*, OUP, p.60.
4．Asher,J.J., 1977. *Learning Another Language through Actions：The Complete Teacher's Guidebook*, Pajaro Press, Inc.
5．Rost, M. 1991. *Listening in Action*, Prentice-Hall, p.56.
6．Solozano, H.S. & L.L. Frazier.1995. *Introductory Topics：Intermediate Listening comprehenshion*, Longman, p.6.
7．Richards,J., D.Gordon, & A.Harper, 1985, *Listening for It.*, OUP,p.27.

問題

1．次のような状況でどのように英語で指示を与えますか。
　　1) ベルがなっても席についてない生徒が数名いる。教室がざわついている。

2) 基本文の説明が終って、列ごとの反復練習を行う。
3) クラスを2つに分けて、会話文を分担して音読させる。
4) 授業終了のベルがなった。
2．生徒にメモをとりながら聞く活動を作成しなさい。トピックは、教師自身の家庭の様子とし、生徒にメモをとらせる要点をあらかじめ設定しなさい。
3．教科書付随の1時間分の録音テープを授業で用いるための活動を実際のテープを用いて作りなさい。
4．Listeningに基づいて、適切な絵を選択する活動の一部です。この続きを考えなさい。
（adapted from *A Training Course for TEFL*（eds.）Hubbard,etal.,1983, Oxford University Press, p.86）
（絵）

| A | B | C | D | E | F |

No.1. It's got four legs. It's quite big. You can ride it.
No.2. It's got four legs. It's quite small. It eats all sorts of crops and does damage to us.

Further Reading

Krashen, S., 1985. *The Input Hypothesis：Issues and implications*, Longman, Chap.1 pp.1-32.

Hughes, G. S., 1981. *A Handbook of Classroom English*, OUP.

Willis, J., 1981, *Teaching English through English*, Longman.

佐野・米山・松澤、1988、『基礎能力をつける英語指導法』大修館書店　第2章　聞くこと　pp. 24-47; pp. 161-177.

Rost, M., 1991, *Listening in Action*, Prentice Hall.

Nunan, D., 1999. *Second Language Teaching and Learning*, Heinle & Heinle, pp. 199-223

Anderson, A. & T. Lynch, 1988. *Listening*, OUP.

Ur, P., 1996. *A Course in Language Teaching*, CUP, pp. 105-115.

第4章

Speakingの指導

指導例1

T：次の絵に合った英文を作りなさい。

1. Bob　2. Lisa　3. Gloria　4. Bob and Mike　5. Tom and Adela

T：No.1, please.
S_A：Bob is washing his dog.
T：Good. Bob is washing his dog. Class.
C：Bob is washing his dog.
T：No.2. S_B.
S_B：Lisa is studying maths.
T：Good. Class.
C：Lisa is studying maths.
T：No.3. S_C.
S_C：Gloria is cleaning the bedroom.
T：Good.
C：Gloria is cleaning the bedroom.
T：No.4. S_D.
S_D：Bob and Mike is studying science.
T：Bob and Mike are studying science.

C：Bob and Mike are studying science.
T：S_E, again please.
S_E：Bob and Mike are studying science.
T：Good. No.5. S_F.
S_F：Tom and Adela are swimming.
T：Good.
C：Tom and Adela are swimming.

指導例2

T：次の絵を見て誰が何をしているか言ってみよう。（絵は、OHPでスクリーンに投影）

S_A：Mr. Kato is drinking coffee.
T：Yes. Everybody, please.
C：Mr. Kato is drinking coffee.
S_B：Mrs. Kato is making dinner.
T：Is that right?
C：No, she isn't.
T：Anyone?
S_C：She is making a cake.
T：That's right.
C：She is making a cake.
S_D：Makoto is reading a book.
T：Yes.

C：Makoto is reading a book.
　　　（中略）
T：Now I'll turn off the projector. You can't see the picture anymore. Who is doing what? Try to remember as much as you can.
S_E：Mrs. Kato is making a cake.
T：Is that right?
C：Yes.
T：That's correct. Can you repeat that sentence?
C：Mrs. Kato is making a cake.
S_F：Mr. Kato is drinking tea.
T：Is that right?
C：No.
T：What is he doing then?
S_G：He is drinking coffee.
　　　（後略）

　指導例1は、通常の文型練習です。ここでは、cueが言葉ではなく絵で与えられているので、場面と密着した英語を用いて意味のある文型練習になっています。しかし、次のような問題点があります。
① 教師の指示に従って指名された生徒が発言する。生徒に何も選択権は与えられていない。
② 指名された生徒が言おうとしている内容は、教師にはもちろんのこと、他の生徒にも予測できる。
③ 生徒の話す内容ではなく、一定の言語形式が用いられているか否かだけに注意が向けられる。
④ 生徒が受け身の立場で言語形式の練習に終始している。
　指導例2は、1と同様に現在進行形の練習です。しかし、1と異なり、次のような特徴を有しています。
① 生徒がどの人物を選んでもよい。限られているが選択権が生徒に与えられてる。
② 他の生徒たちはどの人物について言おうとしているのか、話の内容に関心

を持つ。
③　後半はゲームの形式をとっていて、目的のある、現実的な言語使用が行われている。ここでは、誰が最も良く記憶したかを試す目的で特定の言語形式が使われている。
④　1よりも言語運用能力の養成を最初から目指した活動である。

1. Speaking指導の原則

1）十分なドリルと実際場面の中での活用体験を通してspeakingの力は養成される。

英語を話すには、英語の体系の知識とそれを実際に用いるスキルの両方が必要です。まず、音声、語彙とその活用、統語などの知識が、たとえそれが明示的な規則として意識されることがなくとも、英語を話すことの前提として要求されることは明白です。英語の構造の知識がなければ、英語を話すことはできません。

しかし、英語の知識は話すことには必要であっても、それだけでは十分ではありません。英語という外国語を話すためには、英語の音声、抑揚の示差的特徴を表出できる他に、英語の文法にかなった語形と語順の文を実際に口頭で作り出す技能を習得することが必要です。英語の知識を知っていることとそれを実際に使うことは別個のものです。前者を宣言的知識（knowledge that）と呼び、後者を手続き的知識（knowledge how）と呼んで区別することがあります。スピーキングの指導は話す練習や経験を通して英語の宣言的知識を手続き的知識にまで高めることだ、と言うこともできます。

スピーキングは、自動的な正確さ（automatic accuracy）が要求される技能です。Accuracyを高めるためにこれまで様々な種類の構造練習（structural practice）が開発されてきました。しかし、文法的に正しい英文を表出できるようにするための文型練習を十分積めば、それで生徒が実際の言語運用の場で英語を使えるようになるわけではありません。文型練習は英語運用の必要条件であっても、十分条件とはなりえません。

構造練習は、文脈から離れて、文レベルの正確な表出を目指して行われます。これに対して、実際の言語運用は場面に密着しています。それは、次のような特徴を持っています。

① 話し手は何らかのの意図を持ち、それを実現すべく話す、即ち、各発言には目的がある。

② 話し手は、話の内容と形式の両面に関し、選択権が与えられる。自分の伝えたいことを、伝えたい人に、最も効果的なやり方で、適当な機会に話し、さ

らに場合によっては話すのを差し控えることさえある。
③　聞き手にとって相手の話に内容、形式とも予測できない部分がある。
　スピーキングには、このような場面で相手の話しに瞬時に適切に反応を示す相互作用能力（interaction skill）が要求されます。それは、文脈の中で相手の発話の意図を捕捉し、状況に即して適切に英語を用いて自らの意図を相手に理解させ、目的を実現する流暢さ（fluency）の能力です。
　Fluencyの養成には、accuracyの養成が主眼となる構造中心の文型練習では不十分です。そこでは、上に述べた実際の言語運用に関わってくる要素が欠けているからです。何らかの課題を解決するために、内容と形式を自ら選んで自分の意図を相手に伝え、また相手の反応に即して自分の発話を修正し、言語交渉（=negotiation of meaning）を行う実際の言語運用を経験することによってのみ、fluencyの能力は養成されるのです。

2）言語運用の活動はできるだけ早い時期から行う。
　いわゆる言語活動を行う時期・段階については大きく分けて次の3つの考えがあります。
(1)　構造中心主義（structuralism）
　これは従来からある伝統的な立場で、英語学習は日本語と異なった英語の体系を習慣化することである。そのためには、英語の基本的な構造をモデルに従って模倣・反復して自動的に正しく表出できるように習慣として定着することが重要である。自分で新しい発話を工夫して実際に使ってみる段階はその後に来る、というものです。これを図示すれば次のようになります。（Skill-getting[1]は、様々な言語項目を理解して正確に操作するスキルを獲得する段階、skill-usingはskill-gettingで獲得したskillを実際に用いる段階を示す）

```
      Ⅰ                          Ⅱ
┌─────────────┐         ┌─────────────┐
│ skill-getting│ ------> │ skill-using │
└─────────────┘         └─────────────┘
```

　この立場は、英語の構造を正確に操作することを第一義と考えるのですから構造中心主義（structuralism）と呼ぶことができます。英語の仕組みを知らないで話すことは不可能ですし、練習が不十分な状態では話しても誤りが多くなってしまうので、十分な練習を事前に積むことは大切なことです。このことに

疑問を挟む人は稀でしょう。
　しかし、構造中心主義が極端になると次のような弊害が生じます。
① Ⅰの段階で行われる練習は、形式に重点がおかれすぎ、意味が軽視される。意味を考えなくとも正しい文を作れる機械的な練習に終始すると退屈な授業になり、生徒は英語学習そのものに興味を失うことになりかねない。
② Ⅱの段階のための時間が短くなりがちである。このために、生徒は英語を実際の場面で使う経験をほとんど与えられない。
③ Ⅰは正確さを重視し、Ⅱでは誤りがあっても、コミュニケーションに重大な支障がない限り無視することが多い。教師には視点の転換は容易であっても、生徒はそのような切り替えができず、混乱する。
(2) Communicative Approach
　これはコミュニケーションを重視する立場で、次に図示されているように上の(1)と逆の順序が提示されています。[2]

Ⅰ	Ⅱ	Ⅲ
communicate as far as possible with all available resources	→ present language items shown to be necessary for effective communication	→ drill if necessary

(from Brumfit 1979：183)

　Ⅰ段階では、学習者は解決すべき課題を与えられ、そのために自分の言語能力の全てを用いてできるかぎりコミュニケートします。この間、教師は学習者の活動を観察し、コミュニケーションの障害となるような誤りや不足している表現形式を取り上げ、Ⅱの段階でそれを提示します。Ⅲの段階で必要とあれば、さらに練習を設定します。この順序は、コミュニケーション重視の立場を反映しているのでCommunicative Approachと呼びます。また、水泳に例えれば、いきなりプールの深い方へ飛び込んで泳ぎを覚える方式と類似しているため、"deep-end strategy"[3]とも呼ばれます。
　この方式は、母語を修得する過程で観察される、自然な言語修得順序を反映しており、上級者が英語を学習する場合にも効果的なことは十分推測できます。事実、大学生や一般の社会人などの、すでに英語の構造を一通り学習した者が外国人と話したり、会話クラスで英語を話すような場合、deep-end strategyが

一般的と言ってもよいでしょう。また、学習者が困難を感じていることが判明した項目を取り上げて教えることにより、教師があらかじめ決めた順序で教えるよりも効果的な学習が期待できる場合もあります。

　しかし、Communicative approachは英語の基本的な構造を身につけていない中・高校生を対象にした多人数クラスでの適用は容易ではありません。文法の組織的な指導ができないため、断片的な知識の寄せ集めになってしまうからです。また、それぞれの生徒に適した活動を毎時間準備することも大変な労力を要します。

(3)　構造的機能主義 (structural functionalism)

　わが国の、特に中・高校生に対しては、英語の基本的な構造を系統的に、しかもでるだけ現実的な言語運用を再現した状況で教える方式が望ましいと言えましょう。言い換えれば、skill-gettingの段階をしっかりと押えながら、その中にskill-usingの要素を組み入れる第3の方式です。これを図示すれば次のようになります。

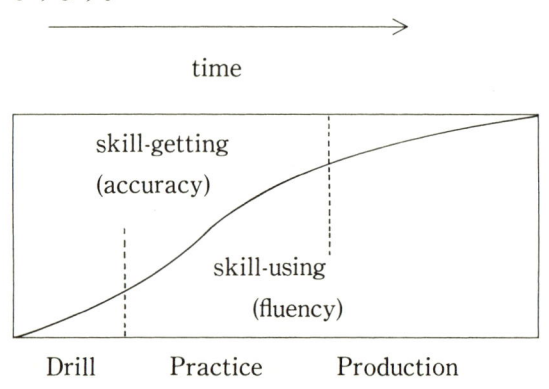

```
            ───────────→
                time

    ┌─────────────────────────────┐
    │   skill-getting             │
    │   (accuracy)                │
    │                             │
    │          skill-using        │
    │          (fluency)          │
    └─────────────────────────────┘
      Drill    Practice    Production
```

　上図からも分かるように、ここではskill-gettingとskill-usingは対立する (either-or) 概念ではなく、共存可能な (both-and) ものとして捉えられています。即ち、accuracyを重視する活動の中にも意味を考え、情報を交換すると言うfluencyの活動を取り入れるようにします。学習活動を区別するのはaccuracyとfluencyの比率です。

　Drillの段階では正確に英語の形式を操作することが最優先しますが、生徒の積極的な発言を認め、意味のあるドリルを展開します。Practiceでは、実際の

言語運用に近い場面で目的のある言語使用の機会を与え、教師が狙う言語項目が集中的に使われるような活動を与えます。Productionはpracticeをさらに一歩進め、現実的な課題を解決することに力点がおかれます。その際に行われる生徒相互の言語交渉を通してinteraction skillsの養成が図られるます。

　主要な言語項目については、できるだけこのサイクルを経ることによって、学習の初期の段階から生徒は文脈の中で練習を重ね、そこから得られた自信に支えられて言語運用の経験を教室の中で積むことができます。ここでは、言語構造の正確な操作に熟達することを重視し、そのためのドリルを十分与えながら構造を活用する機能面のスキルの養成を常に射程内においています。したがって、この立場はstructural functionalismと呼びます。

2．Speaking指導の実際

　ここでは、speaking指導の具体例をstructural drill, practice, productionに分けて述べることにします。もちろん、既述のように、この3種類の活動はそれぞれ幅があり、その境界領域ではどちらの範疇に入れたらよいか判然としない場合もあります。しかし、厳密な範疇化が目的ではなく、指導過程に変化を与え、accuracyから次第にfluencyを重視する活動へ移行することが大切です。

I Structural drill

1) Mimicry-memorization（Mim-mem）

　モデルを正確に模倣して、暗記し、記憶にとどめることを目標として行われる活動です。モデルは、生徒にはっきり聞き取れるように提示しなければなりませんが、英語のリズムが失われるほどゆっくりした速度では正しいモデルを提示したことにはなりません。

　基本文を暗唱することはどのような指導法をとるにせよ必要なことです。しかし、mim-memは機械的で単調な作業になり、生徒が退屈してしまうことになりがちです。したがって、短時間に手際よく行うことが肝要です。このためには、Repeat./Say altogether./ This side./This row等の指示を口頭あるいは身振りで与え、いつ、どんな形で反復したらよいかを生徒に徹底させておきます。

変形1　Who speaks?[4]

　いつもクラス全体で反復活動に終始するのでは注意散漫に陥る生徒が多く出ます。次のように変化を持たせることで、こうした傾向を防ぐことができます。

T：What did you do last weekend?
　　I went hang-gliding.
　　Repeat, class please.
　　［Choral repetition］
Class：What did you do last weekend? I went hang-gliding.
T：Say the sentences again to yourself several times, everybody.

> [Individual repetition]
> T：This row, please. [Row practice]
> T：Yamada, Tanaka, …[Random selection]
> T：Boys ask and girls answer.; This side…,etc. [Group practice]
> T：Kobayashi, you ask and Imai, you answer. [Open pair practice]
> T：Everybody, make pairs. In each pair, one person asks and the next person answers. [Closed pair practice]

変形2　Emphatic expression
　Mim-memの作業に変化をもたせるため、速度を変えたり、教師が文の音調を平坦な調子からドラマチックに、楽しそうに、また時には怒ったふうに変えることを勧める人もいます。[5] 例えば、I am going to play the piano.の文をmim-memで生徒に言わせるときにも、「ピアノが大好きな人だったら」とか「ピアノの練習がいやでたまりません」などのように、状況を思い浮かべて言わせると単なる機械的な練習を超えて気持ちのこもった文表出になり、生徒の楽しみを誘います。

変形3　Backward buildup
　モデル文が長くなりすぎないように配慮することは大切ですが、それでもうまく言えない生徒がいる場合には、例えばI went to the cinema with my friend yesterday. の文であれば、文の最後の方から前の方にyesterday, with my friend, to the cinema with my friend yesterday, I went to the cinema with my friend yesterday のように積み重ねてゆくbackward buildupは、最後の一番言いづらい部分を自然に繰り返し練習することになるので、効果的な練習になります。

変形4　Personalised drill
　モデル文の内容を吟味し、できるだけ生徒の一人一人に合った適切な文を反復させることによって、意味のある活動が期待できます。I have been to Kyoto before.を反復させるとき、京都に行ったことがない生徒も行ったことがある生徒と一緒に反復を強いられることはないでしょうか。こんな時には、「京都に行ったことのある人は後につけて」などを付け加えて、その生徒たちに反復させたり、主語を変えてMasao and Miki have been to Kyoto before. のよ

うな文を他の生徒に言わせたりする配慮も大切です。要は、モデル文の内容が各生徒の状況に合致し、またそれを暗唱すると自己表現の練習にもなるように工夫することです。

2）Substitution drill

下の表の各スロットから指定された語句を使って次々に文を作ってゆくのがsubstitutionの伝統的な使用法でした。この方式では、生徒は教師の指示通りに英文を作るので、自分で語句を選ぶ余地は全くなく、受け身で機械的な練習に終始する危険があります。これを次のように変化させると、生徒の積極的な参加を促します。

Tom	slept for 5 hours	last night.
Bob	swam for 6 hours	last Monday.
May	worked for 30 minutes	yesterday.
Liz	drove for 8 hours	today.

変形1　自由選択方式

上の表を使う場合でも、教師が語句を指定する代わりに、生徒に自由に選ばせれば、選択の幅は限られてはいるものの、より自由な活動になります。ある生徒が、Bob slept for 30 minutes last night.の様な文を作ったら、その意外性にクラスの中で笑いが起こることもあるでしょう。このことは、それだけ仲間の作る文に他の生徒も興味を持ち、また聞いて理解したことを示すものです。これは、この活動がそれだけ意味のある活動になったことを示しています。さらに、上の表をテキストの内容に結びついた語句に入れ替えることで、意味のある、内容理解を伴うものに転移します。語句の代わりに絵を用いて同様の活動を設定すれば、一層場面にふさわしい英語を練習する機会になります。

変形2　会話方式

下のように、疑問文と応答文の組合せを作り、スロットの語句を自由に選び、下線部に自分の好きな語句を入れて会話を行うようにすれば、さらに現実的な言語活動に近づきます。

| Have you ever | written a poem?
ridden a horse?
travelled abroad?
made a cake?
broken a vase?
_____ ? |

		haven't. wrote one rode one went_____ made one broke one	last month. _____ year. a long time ago. a few weeks ago. yesterday.
No, Yes,	I		

3) Open Sentence Practice[6]

I want to____after school.の下線部に語句を自由に入れて自分の状況に合った英語を作る作業です。基本文の空欄を設定するだけですから準備はいたって簡単で、しかも様々な文型に幅広く使えるので便利です。しかし、次のような使い方をすると反復は意味の伴わない機械的な練習になってしまいます。

> T：(I want to _____ after school.と板書して)
>   下線部に自分がやりたいことを入れて文を作りなさい。
> A：I want to play tennis after schoool.
> T：Class, repeat.
> C：I want to play tennis after school.

ところが、次のようなステップを設定して使い方を工夫すると、意味のある、情報交換を行うことができる活動になります。(ここでは、未来形を例にとりました)

> 第1段階　場面設定
>   T：The summer vacation is coming soon. What are you going to do during the vacation? List 3 activities you are going to do.
> 第2段階　フレームの提示
>   T：You can use this sentence. Fill in the blank with your plan.
>   I'm going to _____ during the vacation/ this summer.（板書）

第3段階　例の提示
　T：I'm going to go fishing during the vacation.
第4段階　個人作業（この間、教師は机間巡視、生徒の質問に答える）
　T：Please write 3 sentences.
第5段階　ペア活動
　T：Now I'd like you to talk with your friends using the sentences you wrote. It goes like this.（生徒の一人を選び、次のようなやり方を実演した後、ペア活動）
　T：I'm going to go fishing during the summer vacation.
　S：Really? You're going to go fishing during the vacation.
　T：Yes, I am going to go fishing. How about you?
　S：I'm going to visit my grandmother in Kagoshima in the summer.
　T：I see. You're going to visit your grandmother in Kagoshima. それでは、ペアでやってみよう。
　　………
第6段階　クラス発表
　T：What are you going to do during the summer vacation? Any volunteer?
　B：I'm going to practice judo during the vacation.
　T：I see. You are a member of the judo club, aren't you?
　B：Yes, I am.
　T：Good.
　D：I'm going to watch the stars during the summer vacation.
　T：Good. You're interested in the stars. Do you have a telescope?
　D：Yes, I do. My parents bought one for me.
　　（このように5, 6名の生徒の発表を聞く）
第7段階　Questions and Answers（上の発表に基づいたQ-A）
　T：I'll ask questions. Let's see how well you remember. Who is going to practice judo during the vacation?
　E：B is going to practice judo.

```
T： Is it right, B?
B： Yes, that's right.
T： Good. Class, repeat.
.........
第8段階　Writing
印象に残った文をノートに書かせる。
```

4) Conversion

　平叙文⟷疑問文・否定文などの転換は、機会あるごとに十分練習を行わないとなかなか定着が困難です。しかし、次のような練習だけでは機械的な形式操作に終わってしまいます。それは下に示したような問題点があるからです。

```
1) John likes apples.
   →Does John like apples?
2) Mary went to the beach.
   →Mary didn't go to the beach.
```

　1) では、Johnがりんごが好きだと言うことを知っていればわざわざそのことについて質問するのはおかしいし、2) では、Maryが浜へ行ったことが真であれば、行かなかったことは偽であり、どちらも同時に真であることはないはずですから、このような転換の練習は、意味のない形式のみの練習であるか、極端な場合には矛盾を犯すことにもなります。1)、2) とも純粋な形式操作の練習に過ぎず、意味を考えようとすると不自然になってしまいます。
　このような欠点を克服して、自然な言語運用に近い状況のもとで転換練習を行うにはどうしたらよいでしょうか。
① 　次のように、主語や目的語を変えることで幾分不自然さは解消されます。

> 1) T：John likes apples. How about Bill?→
>   S：Does Bill like apples?　　OR
>   T：John likes apples. How about bananas?→
>   S：Does John like bananas?
> 2) T：Mary went to the beach. But Jane...→
>   S：Jane didn't go to the beach.　　OR
>   T：Mary went to the beach. But not to the mountains....
>   S：Mary didn't go to the mountains.

② テキストの内容の理解を確認する目的で、その内容に合った文、合わない文、どちらとも言えない文を用意します。生徒は、与えられた文を読み、文末のかっこの中にそれぞれ○、×、？を記入し、さらに○をつけた文は、そのままコピーし、×をつけた文はテキストと合うように否定文などに書き改め、？をつけたものは、疑問文に書き改めます。その後、確認の口頭練習をクラスで行います。このような活動の中で、何度も文の転換の練習が行われます。

変形1　状況訂正作業

　生徒自身や身近な人たち、あるいは生徒のおかれた状況を利用して、それらについて述べた文を与え、自分に合った文に変える転換作業です。例えば、次の作業は、前の晩の夜9時の家族の様子を記述した英文をそれぞれの生徒に合うように書き換えさせるものです。ここでは、過去進行形の転換が集中的に行われます。

> 　次の文を読み、あなたやあなたの家に合うものは、そのままコピーし、合わない文は否定文に変え、よく分からないものは疑問文にしてノートに書きなさい。
>   I was studying maths at 9 o'clock yesterday evening.
>   My father was eating supper.
>   My mother was washing dishes.
>   Grandfather was reading a newspaper.
>   Grandmother was watching television.

> My brother was taking a bath.
> My sister was reading a book.

変形2　絵の訂正
　次の活動は、上と類似したものです。ここでは、絵と対応するように記述文を訂正するものです。

> 次はある晩のビルの家の居間の様子を表した絵と、それを述べた文です。絵と合っていない英文がありますから、それを否定文に書き換えて、絵に合うようにしなさい。
> Father and Bill are sitting in the living room. Mother is sitting by the piano. Father is watching television. Bill isn't watching television.

Ⅱ Practice

1) Guessing game
　推測して答えを当てるゲームの中で目標文を何度も使わせる活動です。下の表は、上段コラムの4名の人が左端の国に行ったことがあるかどうかを示しています。

	Tom	Dick	Bill	John
Hong Kong	○	×	○	×
Spain	○	○	×	×
France	○	○	×	○
USA	×	×	○	○
Italy	×	○	○	○

　この表を用いて、教師がまずこの中の一人を選んで説明し、それが誰であるか当てさせます。
　T：I have been to Hong Kong. I have been to Spain. But I haven't been

to USA. I haven't been to Italy, either. I have been to France, though.
　　　Who am I?
　C：You are Tom.
　T：That's right.

同様に、教師が、I am one of them. Please ask me questions and guess who I am. と言って、生徒が教師に質問するようにすれば、speakingの練習になります。慣れた段階で、ペアに分かれて当てっこゲームを続けます。この活動は、より多くの情報を持っている人に質問することによって不足している情報を集める、information-gap fillingの要素が入っているので、生徒にとって興味深いものになります。こうした表の利点は、様々な種類の文型や文法項目を入れることができ、利用価値が高いことです。

変形1　会話形式

　上のような表を使わなくとも、推測の要素の入った活動は用意できます。

　T：ペアになりなさい。次のように話し合って、下の次のスポーツのうち相手が好きなものを当てなさい。少ない質問で多く当てた方が勝ちです。
　　Do you like ___?
　　Yes, I do./No, I don't.
　スポーツ：soccer, basketball, tennis, volleyball, skiing, baseball, golf, hockey, swimming, dancing

---

　上例の他にも様々なトピックを選ぶことができます。特定のトピックについて、相手に尋ねる項目をクラスで生徒に考えさせて、綴りを確認しながらスペリングの練習も行い、一覧表にして板書しておきます。
　この活動の利点は、多くの異なった文型、文法事項に適用できることです。上のスポーツのトピックであれば、下のような様々な構文の練習を展開することができます。
　　Do you like （playing）_____?
　　Are you fond of _____ing?
　　Would you like to _____?

Are you going to ＿＿＿＿this afternoon?

　I think you like ＿＿＿ing ＿＿＿? Is that right?

生徒はこのような文型を使い、互いに質問して相手の考えていることを当てるゲームを通して、次第に文型が定着していきます。

2）Information gap-filling activity

　ペアあるいは小グループの活動で、それぞれの参加者の間に所持する情報に差のある状況を作り、話し合ってその差を埋めてゆくものです。次の例は、その中でも単純なものです。クラスをペアに分け、A, Bを決めます。それぞれの生徒は、AあるいはBの自分の部分のカードしか与えられません。

> T：ペアに分かれて、自分のカードをよく見なさい。相手のカードを見てはいけません。それぞれのカードには空白の部分があります。相手に質問して、この空白を埋めなさい。答えが分かったら、必ずその部分にメモをとりなさい。
>
> Card A
>
> | Name | Age | Occupation | Hobbies |
> |---|---|---|---|
> | John Smith | 50 | doctor | swimming |
> | Dick ＿＿＿ | | | |
> | Alice Jones | 28 | nurse | cycling |
> | ＿＿＿ Brown | | | |
>
> Card B
>
> | Name | Age | Occupation | Hobbies |
> |---|---|---|---|
> | John ＿＿＿ | | | |
> | Dick Black | 35 | engineer | gardening |
> | ＿＿＿ Jones | | | |
> | Mary Brown | 33 | teacher | cooking |

　B：What is John's family name?

　A：It's Smith.

　B：How old is he?

> A：He is 35 years old.
>   ....
> T：(ペア活動が終わった段階で) Let's check how well you filled in your blank parts. Show your cards to each other. Compare the results.

　上のような架空の人物についての単純なインフォメーション・ギャップでも、相手から情報を得てそれを処理することに興味を持つ生徒は多く見られます。空欄を記入して、確認が済んだら、取り上げられた人物の一人を選んでまとめて書かせたり、早く終わったペアには各欄を自由に変更して、再度活動を行わせるようにします。こうすることによって、書く作業を取り入れることができるだけでなく、作業速度の個人差にも対応することができます。

Ⅲ Production
1）コミュニケーション活動

　Productionは、具体的な目標を実現するために英語を実際に用いる活動です。その1つが各種のコミュニケーションゲームです。次の活動は、与えられた情報を交換しながら、用意された表を完成させるものです。ここでは、表を正確に、素早く完成させることが最も大切な要件です。しかし、この要件を満たすには様々な比較の表現を多用することが必要になります。このように、コミュニケーション活動は、活動をうまくやり通すことが第1の目的になり、言語使用はそのための手段となります。この記録比べの活動は、副詞の比較級、最上級の学習が終わった段階で使えるように計画されています。当然、活動の間、この言語形式が多用されるでしょうが、特定の言語形式の使用よりも与えられた表の空所に正しく情報を入れることが第1の目的になります。[7]

シートA

動物の移動する速さと寿命を比べてみましょう。あなたの知っていることを相手の人と教え合って、下の表の空欄に動物名を記入しましょう。相手のシートを見てはいけません。

[速さ]

Mammals（ほ乳類）
A cheetah runs faster than a lion.
A giraffe doesn't run as fast as a wolf.
A horse runs faster than a hyena.

Birds
A wild duck flies faster than a goose.
A swallow flies slower than a stork.

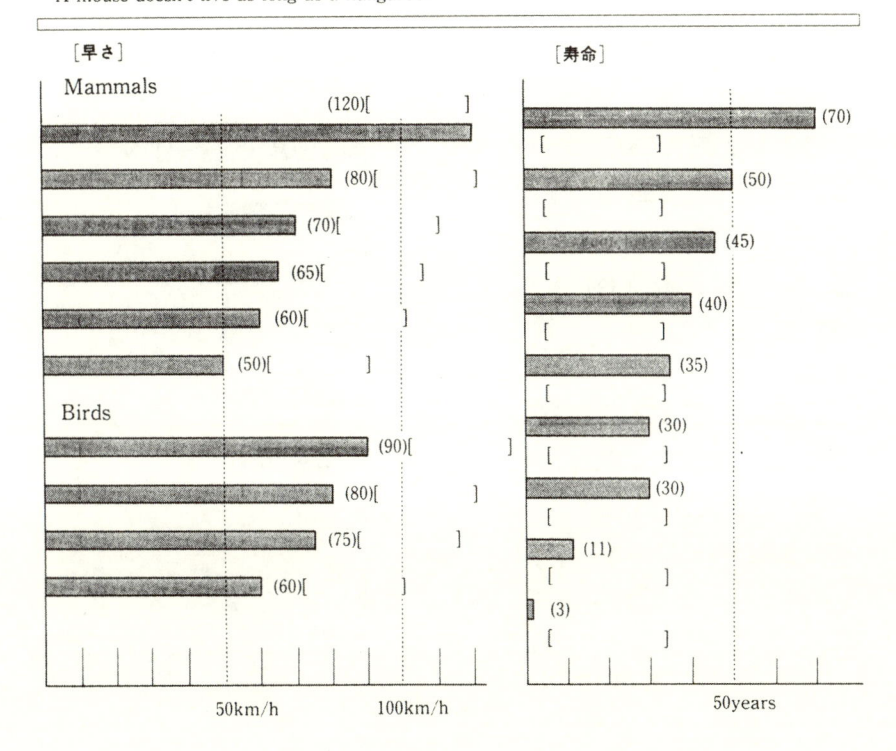

[寿命]
An elephant lives the longest.
A hippo lives longer than a bear.
A chimpanzee lives longer than a bear.
A horse lives as long as a lion.
A mouse doesn't live as long as a kangaroo.

[早さ]

Mammals
(120)[　]
(80)[　]
(70)[　]
(65)[　]
(60)[　]
(50)[　]

Birds
(90)[　]
(80)[　]
(75)[　]
(60)[　]

50km/h　　100km/h

[寿命]

(70) [　]
(50) [　]
(45) [　]
(40) [　]
(35) [　]
(30) [　]
(30) [　]
(11) [　]
(3) [　]

50years

[シートB]

動物の移動する速さと寿命を比べてみましょう。あなたの知っていることを相手の人と教え合って、下の表の空欄に動物名を記入しましょう。相手のシートを見てはいけません。

[速さ]

Mammals（ほ乳類）
A lion runs faster than a horse.
A hyena runs faster than a wolf.
A giraffe runs the slowest of the 6 animals.

Birds
A goose flies faster than a stork.
A wild duck flies faster than goose.

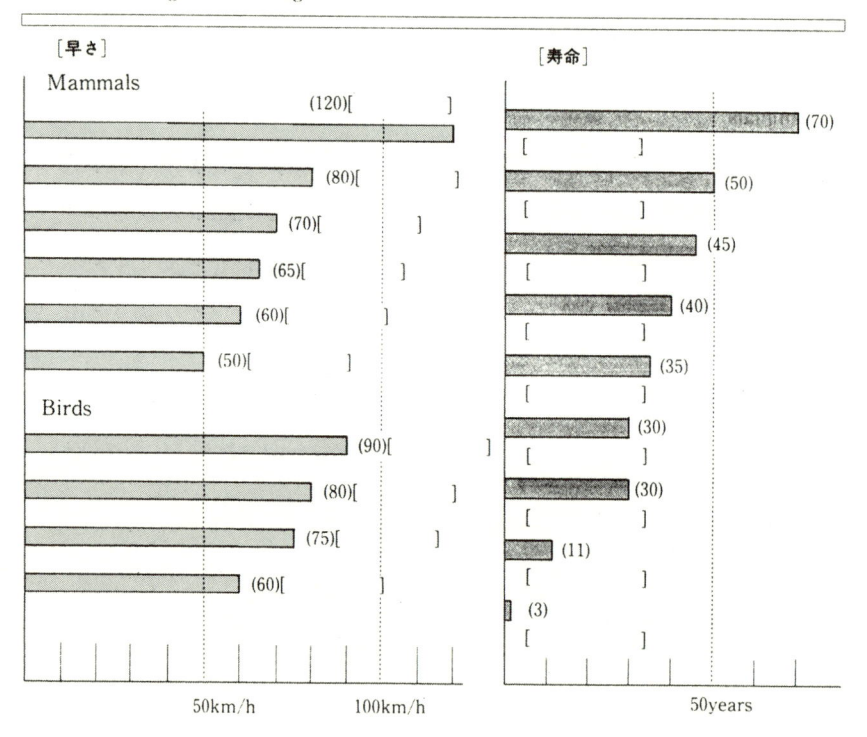

[寿命]
A rhino doesn't live as long as an elephant.
A rhino lives longer than a hippo.
A hippo lives longer than a chimpanzee.
A bear lives longer than a horse.
A lion lives longer than a kangaroo.

[早さ]

Mammals
(120)[ ]
(80)[ ]
(70)[ ]
(65)[ ]
(60)[ ]
(50)[ ]

Birds
(90)[ ]
(80)[ ]
(75)[ ]
(60)[ ]

50km/h　100km/h

[寿命]

(70) [ ]
(50) [ ]
(45) [ ]
(40) [ ]
(35) [ ]
(30) [ ]
(30) [ ]
(11) [ ]
(3) [ ]

50years

2）Interview

あらかじめ決められた視点で仲間同士で質問し合いながらお互いのことをよりよく知り合える点でインタビューは利用価値が高い活動です。次のinterviewは、昨日の行動を尋ね合い、その後でそれをまとめて書いて、報告する活動です。

第1段階

　　T：Read the following questions and answer them.

	You	Your friend
What time did you get up yesterday?	＿＿＿	＿＿＿
Did you have breakfast?	＿＿＿	＿＿＿
How did you come to school?	＿＿＿	＿＿＿
What was your first lesson?	＿＿＿	＿＿＿
What was your fourth lesson?	＿＿＿	＿＿＿
What did you do after school?	＿＿＿	＿＿＿
When did you go back home?	＿＿＿	＿＿＿
Did you study in the evening?	＿＿＿	＿＿＿
What else did you do?	＿＿＿	＿＿＿
What time did you go to bed?	＿＿＿	＿＿＿

第2段階

　　T：Ask your partner the questions and write the answers.

第3段階

　　T：Write a report of your partner as in the following example.

　Taro got up at seven. After breakfast he came to school by bicycle. His first lesson was Japanese and he studied maths in the fourth period. He played soccer after school and went back home at five. He studied in the evening and watched T.V. after supper. He went to bed at eleven o'clock.

第4段階

　T：Now find a new partner and read your report to each other.

3) Discussion[8]

1. 次の -----の中に、自分がそう思うことを自由に書きましょう。

［例］I think that 'Harry Potter' is the best movie in the world.

(1) ------------------------- is the best movie in the world.

(2) ------------------------- is the most boring book in the world.

(3) ------------------------- is the most interesting program on TV.

(4) ------------------------- is the best song in the world.

(5) ------------------------- is the best singer in the world.

2. 上にどんなことを書いたかについて、ペアで尋ね合って情報を交換し合いましょう。次に4人1組のグループをつくり、ペア・ワークと同じように情報を交換し合いましょう。どちらの結果も次のページにある表に書き入れましょう。あなたと同じ考えの場合は、□に○を、そうでない場合はグループメンバーが言ったこと（メモ）を□に書きましょう。次の例を参考にしましょう。

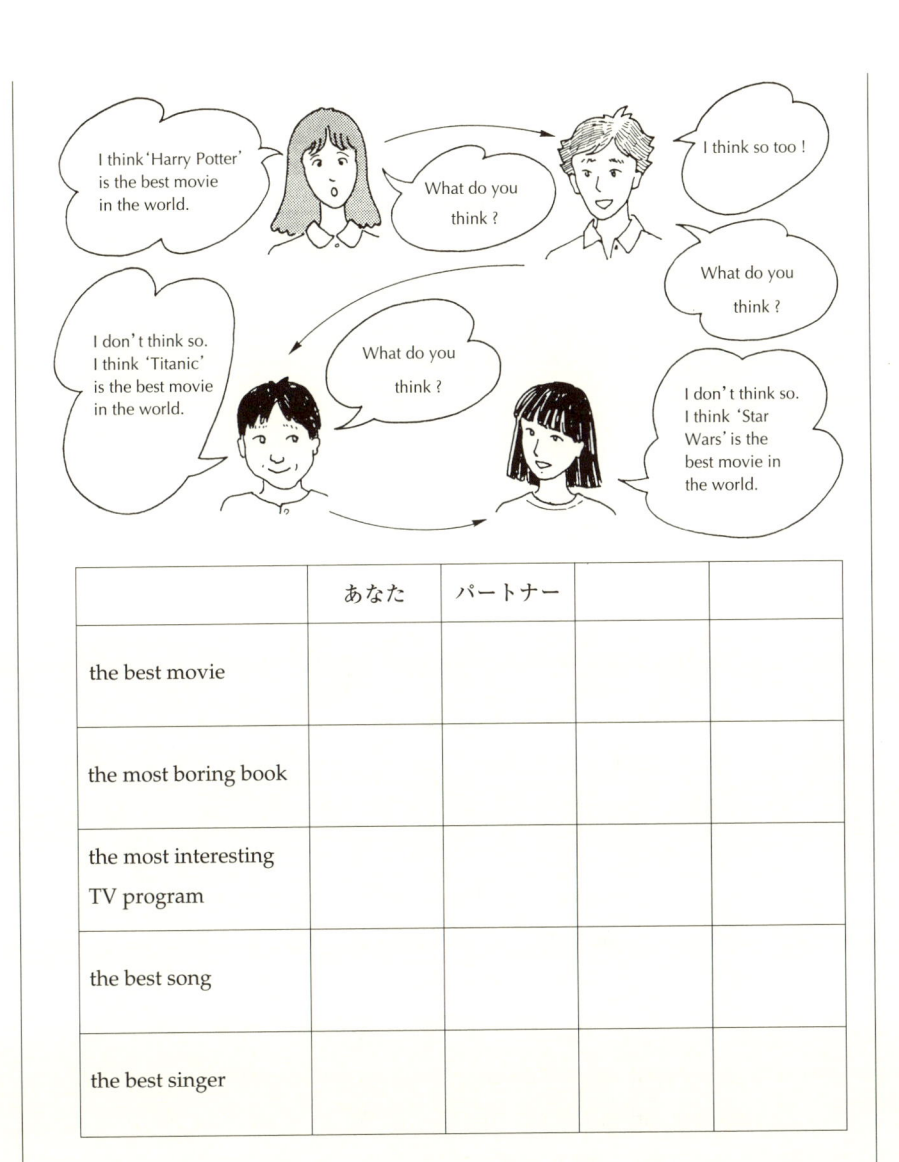

Speech bubbles:
- I think 'Harry Potter' is the best movie in the world.
- What do you think?
- I think so too!
- What do you think?
- I don't think so. I think 'Titanic' is the best movie in the world.
- What do you think?
- I don't think so. I think 'Star Wars' is the best movie in the world.

	あなた	パートナー		
the best movie				
the most boring book				
the most interesting TV program				
the best song				
the best singer				

2．Speaking指導の実際

4. 上の表をもとにして、あなたとグループメンバーのことを英文で表してみましょう。

[例] I think that 'Imagine' is the best song in the world. Michiko thinks that 'Sado-okesa' is the best song in the world.

4) Matching game

ペアあるいはグループで各自の選択したリストを比較して、自分のものと一致する仲間を捜し出す活動です。次の例は、旅行の予定を示したものです。各行は上から旅行に出かける月、行き先、宿泊ホテル、交通手段を示しています。生徒はそれぞれの行から1項目選び、自分の予定を決めます。その後、グループ内で互いに質問して、自分と同じ予定の仲間を見つけ出します。

July	August	March
Kyoto	Sapporo	Nagasaki
Prince Hotel	Tokyu Inn	Hotel Rich
plane	train	bus

A：Excuse me, but when do you plan to go on a trip?
B：In July. How about you?
A：Me, too. Where are you going?
B：I am going to Kyoto. Are you going there, too?
A：Sorry. I'm not. I must ask another friend.
B：So must I. Good bye.
A：Good bye.

自分と同じ旅程の仲間が見つかったら、"That's great! Let's go together."と言わせます。仲間が見つからなかったら互いの日程を変更して一緒に行ける仲間を探すなどの発展的な扱いが可能です。

5）Role-play

Role-playのroleは、生徒がある明確な場面で演じる役割（生徒の自分の本当の姿を出す場合も他人の役割を演じる場合もあるのだが…）を、またplayとはその役割が演じられる場面で生徒ができるだけ創意工夫し、楽しめるような活動、という意味です9。Role-playの特徴は、形式が自由であり、また場面にも多様性を持たせることができる点です。一応、ここではproductionに分類してあるものの、単純な活動はpracticeに分類するのが適当でしょう。

教科書の対話文の分担読みもrole-playにすることができます。次のような箇所を取り上げるとしたらどうなるでしょう。

> Lucy： Good morning, Miss March.
> Miss March： Hi, Lucy. You have a beautiful umbrella.
> Lucy： Oh, it isn't mine.
> Miss March： Whose umbrella is it?
> Lucy： It's my mother's. I'm using it today.

LucyとMiss Marchの名前はA, Bに変更して、カードを2枚用意し、空欄を作り、生徒にはその部分に自分の好きな語句を入れるように指示します。

> カードA
>
> A：Good morning, ＿＿＿＿.
> B：
> A：Oh, it's not mine.
> B：
> A：It's my ＿＿＿＿'s. I'm using it today.

カードB

A：
B：Hi,_____. You have _____.
A：
B：Whose _____ is it?
A：

変形1　場面指示

次のように場面だけを指定して、生徒が自由に文を作ることもできます。

カードA

You are in a new town, at the railway station. You want to go to the Palace Hotel. Stop someone and ask the way.

カードB

You are at the railway station. Help the tourist.
（略図を貼付）

変形2　役割指示

次の活動は、それぞれの役割を簡単に指示したものです。[10]

Student A

At the station
You want to get to
London by 3 o'clock.

Student B

At the station
You are a ticket clerk.
To get to London,

It is now 12. 15.
You are hungry and
would like to have
lunch, either at the
station or on the
train.
Ask the ticket clerk
about the trains to
London.

passengers must change at
Cambridge.
There is a train at
12. 30 which arrives at 2. 30
and one at 1. 15
which arrives at 3. 15.
Passengers can buy
sandwiches and drinks on
the train.

　上の活動は将来出会う実際の言語使用場面がかなり忠実に再現されているので、生徒も真剣に参加します。次の活動も役割指示の例ですが、発言の順序、内容がさらに細かく指定されています。

T：次のカードを使って会話をしましょう。Aの人は、下のメモ用紙に聞き取ったことを書きましょう。終わったら正しく書きとれたか確かめましょう。

　　カードA

B：
A： answers the phone.
B：
A： says the friend is out.
B：
A： offers to take a message.
B：
A： writes down the message.

A： says he will pass on the message.
B：

2．Speaking指導の実際

```
Memo：



```

カードB

```
B：asks for a friend.
A：
B：asks A to take a message.
A：
B：gives the message： Bill-phone, wants to talk about the
   homework, waits for the phone.
A：
B：thanks A.
```

6）Simulation

　Role-playによく似た活動にsimulationがあります。Simulationは、より複雑で、時間的にも長く、かつ明確な課題の解決に向かって、各自が与えられた役割を忠実に演じることが要求されます。普通、あらかじめ用意された資料を分析し、いくつかの可能性について検討し、最終的に結論に達する、という過程を組み込みます。次の例は、同級会の計画を立てる活動です。同級会の日時と場所を話合いで決めるのが課題です。[11]

```
第1段階：5人のグループを作るように指示し、同級会の計画を立てる作
　　　　　業を説明する。
第2段階：各グループで、別に用意された指示に基づいて、会の開催日時
　　　　　と場所を話合いで決めるように指示する。
第3段階：指示の用紙を配布する。自分のものは他人に見せないように指
　　　　　示する。
```

> Student A : You want to have lunch in a restaurant. You should think of reasons why this is the best choice.

> Student B : You want to have dinner at your home. You should think of reasons why this is the best choice.

> Student C : You want to have lunch at your home. You should think of reasons why this is the best choice.

> Student D : You want to have dinner at a restaurant. You should think of reasons why this is the best choice.

> Student E : You are undecided. You should listen to the others' ideas and then agree with the suggestions you like best.

第4段階:配布した指示をよく読み、活動に入るように指示する。

注

1. Rivers, W. M. 1983. *Communicating Naturally in a Second Language*, CUP, pp. 41-54.
2. Brumfit, C. 1980. 'Communicative Language Teaching : An Educational Perspective' in Brumfit C. & K. Johnson (eds.) 1980. *The communicative Approach to Language Teaching*, p. 183.
3. Johnson, K., 1982. *Communicative Syllabus Design*, Pergamon Press., pp. 192-200.
4. Scrivener, J. 1994. *Learning Teaching*, Heinemann, p. 119.
5. Stevick, E. W., 1982. *Teaching and Learning languages*, CUP, p. 71.
6. 米山、佐野、高橋、1981、「生き生きとした英語授業」上巻、大修館書店、pp. 54-59
7. 米山朝二他、1992、「すぐに使える英語の言語活動」ワークブックレット2、大修館書店

8．米山朝二他、上掲書 ワークブックレット3、大修館書店
9．Ladousse, G. P., 1987. *Resource Books for Teacher, Role Plays*, OUP, p. 5.
10．Gower, R, D. Phillips & S. Walters. 1995. *Teaching Practice Handbook*, Heinemann, p. 105.
11．Harmer, J., 1983, *The Practice of English Language Teaching*, Longman, p. 126.

問題
1．次のA, Bの活動を比較して、その違いを述べなさい。
　　　A. I like tea but I don't like coffee.
　　　　a) folk music/ pop music
　　　　b) cats/ dogs
　　　　c) tennis/basketball
　　　　　………
　　　B. Say true sentences about yourself：
　　　　I like tea. or I don't like tea.
　　　　What about ：a) coffee?
　　　　　　　　　　 b) cats?
　　　　　　　　　　 c) tennis?
　　　　　　　　………
2．次の項目について、友人に質問をし、できるだけ多く情報を引き出しなさい：get up?/ breakfast?/ school?/ lunch?/ afternoon?/ evening?。次に、同様のトピックに関するinformation-gapの活動を作り、指導の手順を考えなさい。
3．Matching gameの活動の原則を討議し、それを組み込んだ指導例を1例考えなさい。
4．中学校あるいは高等学校の教科書の練習問題を検討し、本章で述べた望ましいexerciseに近づけるにはどのような改良が考えられるか、その具体例を書きなさい。

Further Reading

Littlewood, W., 1983, *Communicative Language Teaching: An Introduction*, CUP.

Byrne, D., 1986, *Teaching Oral English New Edition*, Longman, pp. 34-128.

佐野、米山、多田、 1988、『基礎能力をつける英語指導法』、第3章　話すこと pp. 48 – 71、第10章　話すこと　pp. 178 – 197

Harmer, J., 2001, *The Practice of English Language Teaching* Third Edition, Longman, pp. 269-281.

Scrivener, J., 1994, *Learning Teaching*, Heinemann, pp. 59-72.

Ur, P., 1996. *A Course in Language Teaching*, CUP, pp. 120-133.

米山朝二他、 1992、『すぐに使える英語の言語活動』大修館書店

第5章
Readingの指導

指導例1

> T：Turn to page 36. Start reading from the beginning, S_A.
> S_A：In the forest ...
> T：Forest, fは下唇をかんで発音しよう。
> S_A：In the forest gorillas are very ...
> T：Very, vもfと同じように、下唇に歯を当てて、みんなで。very。
> Class：Very.
> S_A：very kind to smaller animals.
> ....
> T：Good. Put the sentences into Japanese, S_A.
> ....（音読）
> T：（音読が終わった段階で）I'll ask you some questions about the passage. Close your books and answer my questions. No.1. Are gorillas kind to smaller animals in the forest? S_B.
> S_B：Yes, they are. They are kind to smaller animals in the forests.
> T：Good. Class, repeat.
> C：Yes, they are. They are kind to smaller animals in the forests.

指導例2

> T：Do you think animals can talk?
> C：Yes./No./I don't know.（等の様々な意見が出される）
> T：animals ― talk：yes, no ?（と、板書。whale, ape, sign, bark など

の 新語を導入）それでは、本文を読んで黒板の項目の答えを見つけなさい。時間は、2分です。
Start reading.
C：（課題の解答を見つけるために本文を読む）
………
T：Many animals talk in different ways. Please fill in the blank parts of the following table.（本文の内容について、動物のtalkの方法を示す表を用意し記入させる）
………
内容が理解された後で、音読の練習に移る。

指導例1は伝統的な指導法です。ここでは、まず本文を正確に音読する練習が来て、次に本文を一文ずつ日本語に訳して意味をとり、最後に内容把握のquestions and answersが用意されます。この指導法には次のような問題点が含まれています：
① 日常のリーディングを反映していない。普通日常生活で何かを読む場合、声に出して読むことは稀である。まして、内容がよく理解されていない段階で音読をみんなの前でやらされる生徒は、意味を考える余裕はなく、一語ずつ音声化するのが精一杯である。そのために誤りも多くなる。
② リーディングはすべてを訳す必要はない。意味をとるために日本語を用いることは、ある程度は必要である。しかし、各文を全部日本語に置き換える必要はなく、またそうしたところで全体の内容が把握できるわけではない。
③ 最後のquestions-and-answersは内容理解の確認にはなっていない。それは内容をどの程度覚えているか、記憶力を試す問題である。これではreadingの問題として適切ではない。
④ 何のために読むのか目的がはっきりしていない。書かれている英文を日本語に置き換えることが目的になっていて、情報を得たり、楽しむためにする読みの本来の目的がまったくない。これでは生徒に読むことに対する強い動機づけを与えることにはならない。

指導例2は次のような手順を取ります。
① 内容について生徒との話合いを通して、おおよその予想を立てる。

② 前後関係から意味を推測することが困難な語句や表現は教師が提示し、不必要な障害は取り除く。
③ 教師は本文の概略を把握させるために適切な課題を質問の形で提示する。
④ 生徒は教師の提示した質問の答えを自分で予想して、本文にもそのように書かれているか確認するために限られた時間で本文に目を通し必要な情報を拾い上げる。
⑤ 作業結果の確認を通して本文理解を深める。
⑥ 内容についてより深い理解を求める課題を用意し、生徒はその課題の解決に向けて、再度本文を読む。
⑦ 本文の理解が確認されたら、次に本文の音読に移る。

以上が指導例2の手順です。この指導例の特徴として次の点を挙げることができます。
① 生徒に読む目的を与えている。この目的を実現するために生徒は本文を読むのだから、指導例1とは異なり、明確な問題意識があり、積極的な読みに従事する。読むことを通して必要な情報を汲み取るという日常生活の読みの活動が展開される。
② 確認の段階を設けることにより、どの生徒にも理解が保証されている。この段階で、必要に応じて本文を日本語に直させることもある。しかし、この場合の訳ははっきりとした目的があり、指導例1の訳とは質的に異なる。
③ 音読は、本文の意味が理解された段階で行われる。こうすることで意味を考えながら声に出して読むようになり、機械的な音読練習の弊害を取り除くことができる。

指導例2は、最近のreading指導の考え方を反映したものです。それでは、その理論とはどのようなものでしょうか。次にそれを調べることにしましょう。

1. Reading指導の原則

　多くの学習者にとって、英語を読む技能は、他のどのスキルよりも利用価値が高い、と言えるでしょう。それは、speakingやhearingが英語を話す人を相手として必要とするのに対し、リーディングは読み物さえあれば、場所、時間を選ばずに行えるからです。そのためにリーディングのスキルを活用する機会が多くて、その能力を永続させることが比較的容易です。

１）Readingの過程は読者の経験とテキスト判読の相互過程である。
　従来、読むことは文字や語句などを順序通りに正しく認知し、その意味を把握し、語句の意味をつなぎ合わせて文の意味を把握する、というように小さな単位を積み重ねることによって全体の意味を正確に理解する過程と見なされてきました。これをbottom-up方式と呼びます。この見方は、習慣形成理論に基づく英語教育（後に詳述）で主流を占め、リーディングは話す訓練によって養成された英語の言語習慣を補強する働きをする、と考えられていました。言い換えれば、読むことは文字を一字ずつ正確に音声化し、音声をまとめて意味として捉え、それを結び合わせて全体の内容を把握する機械的な過程と見なされていました。
　確かに、英語を習い始めたばかりの学習者は一字ずつ拾い読みをし、bottom-up方式を用います。ここでは、文字、語を正確に知覚する能力が重要になります。しかし、同じことが熟達した読み手にも言える訳ではありません。
　普通、ものを読む場合、上のbottom-up processingを用いることは稀です。むしろ、それとは逆のtop-down processingを取るのが普通です。それは、次のような段階に分けて理解することができます。
① 読み手はタイトルや挿し絵などを通して、本文にどんなことが書いてあるか予測を立て、それに関するこれまでの自分の知識（=schema）を活用し内容を予想する。
② 自分の立てた予測に基づいてテキストの中から必要な部分を利用して内容を一応理解し、さらに読み進めながら先ほどの自分の理解を新しい情報に基づいて確認したり取り消したり、あるいは修正を加えたりしてゆく。
　優れた読み手とは、テキストの中に適切な手がかりを見つけて、自らの先行

経験を頼りに適切な解釈を作り上げることができる人です。リーディングは、読み手の積極的な働きかけを要求する過程です。この意味で、読むことはまさに"psycholinguistic guessing game"です。[1] Top-down processing では、読み手の認知能力が文字という視覚上の入力に解釈を加えると考えます。この方法は、母語のリーディングだけでなく、外国語の読みでも実践可能であり、また、多くの場合、その方向を目指した指導が望ましいとも言えます。

しかし、実際のリーディングは読み手の先行経験と文字入力の知覚の両方が動員されます。即ち、top-down方式とともに必要に応じて絶えずbottom-upも同時に用いられています。場面に応じて、両方の処理方法が相互に関連し合いながらリーディングが進んでゆくと考えられます。この立場をinteractive processと呼びます。Bottom-up方式によって処理されて入ってきた情報とtop-down方式によって立てられた内容が合致する限り、テキストの満足のいく解釈ができます。2つの方式の間に不一致が生じるとき、そのギャップを埋めるためにテキストの再解釈が行われます。[2]

以上の考えは、外国語のリーディングの指導方法にも影響を与えるものです。本章冒頭の指導例2はこのinteractiveな立場に基づいた例です。しかし、英語教育の中でのリーディングの指導にこの理論を適用しようとするときに忘れてならない点があります。それは、学習には発達の段階がある、ということです。Interactive readingを終局の目標にしながらも、初心者には文字の正確で迅速な識別を重視するbottom-upの方式を十分取り入れた指導が望ましいと言えましょう。もちろん、この場合でも、学習者の持っているこれまでの経験に基づいて形成された認知能力を十分活用して、テキストから意味を作り出す働きを十分考慮した活動を随時組み入れる必要があることは言うまでもありません。

要は、学習者の学習レベルに合致するように両方の方式を適切に組み合わせてゆくことが効果的なリーディング能力という最終目標を実現する確実な方法である、ということです。

2）Readingは目的を持った活動である。

私たちが何かを読むときには必ず目的があります。この目的に合わせて様々な読み方をします。それは次の3つに大別することができます。

1．Skimming

この"すくい読み"は、テキストの概略を知る目的で行われます。本の目次

にざっと目を通してその内容を予測したり、新聞の記事を読む前に見出しに目を通したり、また、記事の概略を把握する目的で行われる読みなどがここに分類されます。いずれの場合も、短時間にテキストの概略を知る目的があります。

2．Scanning

テキストの内容のうちで自分が求めている情報を素早く見つけ出すために行われる"探し読み"です。例えば、新聞の野球の記事で、どのチームがどんな得点で勝ったなどの特定の情報を拾い上げるのがこの読み方です。ここでも、短時間に、しかも自分にとって必要な部分にのみ着目して、他の大部分は切り離して意味をとります。

3．Intensive reading

テキストの内容を子細に検討して、要点のみならず、それを支える細部にも目を配りながら読み進む"教科書読み"がこれに当たります。ここでは、当然、読みのスピードは落ちます。この中には、筆者の論点を検討し、自分の考えと対比して批判を加えるような"批判読み"（critical reading）も加えることができます。

優れた読み手は、目的に応じて様々な読み方を使い分けます。同一テキスト内でも、最初は概略を把握するためにskimming、次に必要な情報を選び出すためにscanning、さらに重要な箇所を細かく検討するintensive readingを行うように、異なった読み方を随所に取り入れることはきわめて一般的な方策です。

目的を持った読みを展開するには、何らかの課題を生徒が読む前に与えるようにします。課題はテキストの内容によって異なるものの、最も簡単な方法は、普通、読んだ後で行われるcomprehension questionを読む前に与える方法です。こうすることによって、質問はテストではなく、生徒にとって読むための目安になり、助けを得たことになります。

3）リーディングには様々なスキルが必要とされる。

目的を持った読みの活動が生徒の読もうとする意欲を高める鍵であることは事実ですが、同時に読むためにはそれを支える様々なスキルが必要です。リーディングに必要とされる主なスキルとして次の項目があります。

A．アルファベットの文字を識別すること。

> B. 文字のまとまりを語として音声化し、その意味を理解すること。
> C. 句、節、文の意味を理解すること。
> D. 文章の概要・要点を把握すること。
> E. 特定の情報を素早く見つけ出すこと。
> F. 内容を推測し、筆者の意図を理解すること。
> G. 細部を正確に理解すること。
> H. 文章全体の中で文と文の関係を理解すること。
> I. 文章の構成を理解すること。

　上のA〜Bが文字と音声、意味の結合を図り、文の構造理解を深める狙いを持つのに対し、D〜Iは必要な情報を的確に汲み取る能力の養成を意図しています。各スキルの養成に適した活動を用意することによって、bottom-upとtop-downの方式のバランスのとれた望ましいリーディングが実現されるのです。

2．Reading指導の実際

I　入門期の指導

　口頭作業で活発に授業に参加している生徒が文字を読む活動に入った途端、困難を訴えることがよくあります。これは音声と文字の媒体の違いが学習を困難なものにすることを示しています。したがって、リーディングの指導は他のスキル以上に慎重な取り扱いが要求されます。入門期とそれ以降の指導に分ける理由もそこにあります。入門期では文字の識別などbottom-upの方式が主流となります。しかし、その中にも目的のある読みの活動を含ませることによって、単に英語構造の理解を補強する以上の意味のある活動が展開されます。

1）文字の識別

> 「カードとりゲーム」
> （アルファベットの文字カードを各生徒の机上に並べ、教師の示すカードの文字を選び出す）
> 　T：A．（大文字のAのカードを示す）
> 　C：（aのカードを素早く拾い上げ、文字を見ながら）A．

　上の活動ではa, d, b; g, q; c, e, o; n, m, h等の紛らわしい文字をまとめて提示し、示差的特徴に着目させます。選んだ文字が正しいか確認すると同時に指で文字をなぞらせて発音させると書く作業も同時に行うことになり一層効果的です。

変形1　文字選び

　次の文字列を与え、同じ文字をまるで囲み、数えさせます。[3]

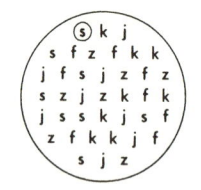

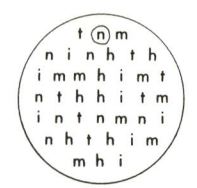

```
 ⓢ k j          t ⓝ m
s f z f k k     n i n h t
j f s j z f z   i m m h i m
s z j z k f k   n t h h i t
j s s k j s f   i n t n m n i
z f k k j f     n h t h i m
   s j z          m h i
```

変形2　文字合わせ

左の文字を右側のグループから素早く選ぶ活動です。

```
m   n m h m h m
b   h d a b d b
p   q g p b p q
```

変形3　単語作り

　単語作りを意図して上例の活動を行うこともできます。例えば、文字群の中からc, a, tを選んでカードを黒板に順次並べ最後にcatと発音し、文字のまとまりとその意味に着目させます。

　大文字の導入も上と同じ要領で行います。ここでは、NGO, NHK, PTAなどの略語を用いることによって、大文字の学習も興味のあるものになります。

変形4　綴り確認

　名前や住所は聞いただけでは不十分で、綴りまで確かめる必要が生じることがあります。次のような会話場面を設定して綴り確認を行うとより現実的な文字の練習が行えます。

```
T：What's your name, please?
S1：Hiroshi Takamatsu.
T：How do you spell it?
S1：Hiroshi. That's h-i-r-o-s-h-i. Takamatsu is t-a-k-a-m-a-t-s-u.
T：I see. Thank you. What's your address?
S1：2-3-1, one-chome, Nishi-azusa, Hinomotoshi.
T：Well, let me see. How do you spell Nishi-azusa?
    ………
```

　この作業は、生徒同士でも行うようにします。

2）文字のまとまりの把握

　カルタとりの要領で、単語カードと絵カードを用意し、どちらかのセットを生徒が、他のセットを教師が持ち次のように行います。

```
T：(犬の絵をみせる)
C：(dogのカードを手で持って) Dog.
T：(appleの絵を示す)
C：(単語カードを持って) Apple.
```

　絵にならない単語の場合は、教師の読むのを聞いて、単語カードの中から適当なものを選ばせます。教師対生徒の次には、ペアで行ったり、グループで一人が読み手になって、他の者がカード取りを競い合うようにします。

変形1　絵合わせ

　単語とそれに該当する絵を結び付ける練習です。どちらか一方の数を多くすることによって複雑な活動になります。また、単語だけでなく、前後に語句を加えると、より大きな単位の読み取りの練習ができます。

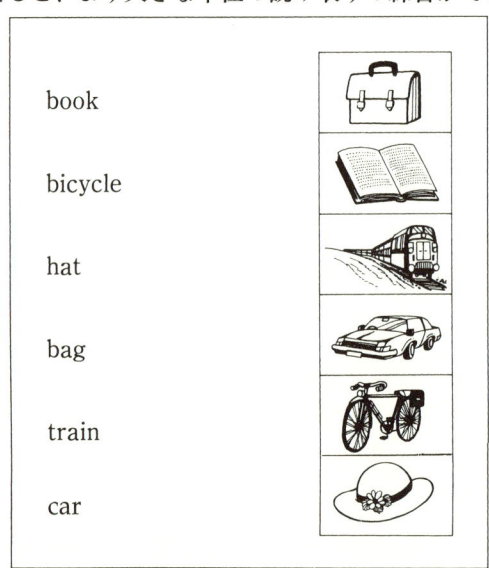

```
book

bicycle

hat

bag

train

car
```

変形2　単語認知練習

　左側の単語と同じ物を右側から見つけ出す練習です。語形の認知速度はリーディングの大切な要素ですから、この種の練習は入門期はもちろん、それ以降の段階でも頻繁に行う必要があります。次の例はかなり進んだ学習者を対象にし

ていますが、同種のものは教師の手作りでレベルに応じて簡単に用意できます。

spoon	soon	spill	spoon	spoons	snoop
throw	threw	three	through	throw	though
exact	extra	actual	exact	exam	exact
peace	pea	peas	piece	peace	pence

　語形のみならず、意味を考慮して選択する練習には、同意語、反意語を選ばせる活動があります。次は、関連語の中に一つだけ入っている"仲間外れ"を見つけ出す例です。
変形3　"Odd-word Out"

bed	sleep	sick	tired	bedroom	milk
school	pupils	dogs	teachers	boats	chalk
tree	plant	leaves	fruit	clothes	birds

3）語、句、文の読み取り
　文字のまとまりを一つの単位として捉え、その全体の意味を把握する力はリーディングの重要な基本です。このためには、まとめ読み（phrase reading）が効果的です。生徒のレベルに合わせて1行の長さを調節した読み物を用意します。各行を一気に読むように指示し、OHPを操作して行がスクリーン上に投影されるようにします。

> My father works
> for an American bank
> in Tokyo.
> He works
> from Monday to Friday.
> He goes to his office by car.
> ………

各行の長さは、生徒のレベルに応じて次第に広げてゆきます。
変形1　"Listen and Read"
　テープや教師のモデルリーディングを聞きながらテキストを目で追う作業は、最初の段階では読みのスピードをつけ、リズム感をつけるのにも有効です。また、何度も後戻りする癖を防ぐのにも役立ちます。ただ、音読は黙読よりもはるかにゆっくりですから、この活動が有効に働く時期は限られていることを忘れてはなりません。

変形2　語句認知練習
　これは、上の単語認知練習と類似した活動です。下のように、2つの句や文を並べて、左右が同じであれば右側に印をつけるようにします。これも瞬間的に語句をまとまりとして把握するための練習です。

in a day	in the day
up a tree	up a tree
all night long	all night long
read silently	read it silently
after you finish	after you finished
can't do it	can't do it

4）読んだことを利用する活動
　簡単な指示を書いたカードを示して、生徒はその指示を読んでそれに従った行動をする "Read and Do" は、TPRの指示を文字で与えるもので早い時期から行うことができます。

T：これから簡単な指示を書いたカードを見せます。読んで指示に従いなさい。
　　(Stand up. 　と書いたカードを示す)
C：(全員立ち上がる)
T：(Clap your hands. 　のカードを示す)
C：(手を叩く)
T：(以下次のカードを提示：

Jump.　Put up your hand.　Touch your hand.　Pick up your pencil.

変形1　"Read and Draw"

英文を読んでその内容に合った簡単な絵を描かせる活動です。下の車のどの座席に誰が座っているか、次の英文を読んで名前を座席に記入させます。

Helen is with Mrs. Brown.
Mary is behind Helen.
Tom is in front of Bill.
Dick is with Tom and in front of Lisa..
Lisa is in front of Carl.
Carl is with Mr. Brown.
Anne is with Mary and behind Mrs. Brown.

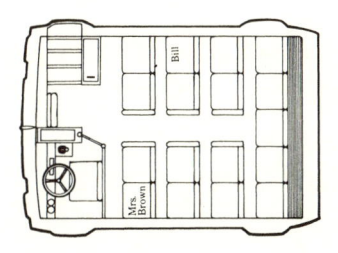

(adapted from *Tempo* 1, by Mason, M. P. and B. Bamber, Oxford Unversity Press, 1981, p. 11)

変形2　絵合わせ

絵とそれを述べた文を用意し、文に合った絵を選ぶ活動です。

I am a schoolboy.

I am twelve.

| 14 | 12 | 10 |

I live at number twenty.

[14] [16] [18] [20]

This is my girlfriend.

She lives at number fourteen.

[14] [16] [18] [20]

　この活動は、文をまとまりとして素早く読む力を養成することを狙っていますが、同時に本来の読みの目的である必要な情報を求める活動にもなっています。

Ⅱ　通常のリーディングの指導

　入門期以降のリーディングは、情報を求めて行われる通常のリーディングの技能を養成することが大きな目標となります。もちろん、生徒のレベル、ニーズに応じて強調すべき側面は異なってきます。入門期直後の生徒には、リーディングが新しく学習した文法事項を補強する働きをする部分が多くなるのに対し、中・上級学習者には的確かつ、迅速に目的に合った読みができるようにするための活動が主になります。したがって、対象とする生徒のレベルと要求に対応した指導の目標を設定する必要があります。
　普通、リーディング指導は3段階、即ちリーディングに入る前にその準備として行われるpre-reading、リーディング本来の活動であるin-reading、整理、

活用の段階であるpost-readingの3つの段階に分けられます。
1）Pre-reading
　テキストを読むための準備段階には3つの狙いがあります。
①　内容に関する一般的な話を通して、生徒の興味と関心を高め、内容を予測させること。
②　未習の語句や表現の意味を理解させて、それが本文の理解の障害にならないようにすること。その際には、全ての語句の意味を事前に教える必要はなく、文脈の中で類推のつくものや、本文の理解には障害にならないようなものはあえて取り上げるには及ばない。
③　本文を読む目的を明確にすること。このためには、本文の内容に関する話合いを通して明らかになった疑問点や不明な点、いくつかの可能性のうちのいずれが述べられているかなどを課題として与える。
　次の例は、Mikeが父親と自分の将来の進路について話している題材を読むためのpre-readingの活動です。

T：Well, everybody. When I was a child, I wanted to be a teacher. And now I am a teacher. I am happy to teach you English. What do you want to be when you grow up?

S$_A$：A nurse.

T：I see. You want to be a nurse when you grow up.

S$_A$：Yes.

T：What do you want to be when you grow up,　S$_B$?

S$_B$：A pilot.

T：I see. S$_B$ wants to be a pilot when he grows up. You must have good eyes, S$_B$. Do you have good eyes?

S$_B$：Yes, I do.

T：That's good. Well, how about Mike? What does he want to be? Let's read about Mike today and find out：

What does Mike want to be?	（板書）

2）**In-reading**

次のテキストを例にとって、読み取りの活動を考えてみましょう。このテキストは、1912年に処女航海に出た当時の世界最大の豪華客船The Titanicの悲劇を扱った教材です。これはその後半の部分であり、前半では、この船の規模、氷山に衝突して沈没に至るまでの状況が描写されています。

(p.24)

All the people had to leave the ship quickly. The women and children were the first to get into the lifeboats. But one woman was left behind. She came up to the side of the ship and shouted, "Oh, please, please make room for me. My children are down there in that boat. I must go with them!" 5

"There's no more room here," someone in the boat shouted back. Her little son and daughter heard her and began to cry, "Mother! Mother!" No one knew what to do.

(p.25)

Suddenly a young woman sitting near the poor children stood up and said, "I'll go back to the ship. I'm not married. I don't have any children."

There was no time to lose. The young woman went back to the ship, and the children's mother got into the lifeboat. Soon after that, 5 the Titanic went down under the water.

The young woman's name was Miss Evans. She was going home to Boston. No more is known about her. That night about 1,500 people lost their lives. Miss Evans was one of them.

(from *New Horizon English Course 3*)

(1) **概要把握**

　題材にふさわしい課題を選び、最初はごく大まかな内容把握から、次第に細かな部分の理解を深める課題へといくつかの段階に分けて用意します。次の例は、テキストのタイトルを選ぶことを通して、本文の概略を把握させることを狙っています。

> T：次のA～Dは、これから読むテキストの内容を示しています。どれがこの内容に最もふさわしいか、3分以内に本文を読んで選びなさい。
>
> A. Two Children and their Mother
> B. The Sinking Ship
> C. A Brave Young Woman
> D. The Lifeboats

変形1　パラグラフ対応

　これは、パラグラフの要旨を示す語句や文を順不同に並べておき、該当するパラグラフに結びつける活動です。次のようなA～Eの文がテキストのどの段落の要旨を述べているかを考えて、各段落の最初にA～Eの記号を記入させます。

> A. The children's mother got into the lifeboat.
> B. There was no more room in the boat.
> C. Miss Evans died in the ship.
> D. A woman said that she would go back to the ship.
> E. A woman wanted to get into a lifeboat.

変形2　絵合わせ

　上の1と同様に、パラグラフの要旨を示す絵を各パラグラフに対応させる活動もテキストの要点を素早く読み取る作業として効果的です。下のような絵を用意して、何番のパラグラフであるか番号を記入させます。

変形3　結論把握

　これは、本文の全体のまとまりを理解する概要把握のための作業です。上掲のテキストでは、次のように選択肢で結論をa〜eのうちから一つ選ばせることができます。

Miss Evans was	a）friendly.
	b）strange.
	c）brave.
	d）funny.
	e）interesting.

　以上のテキストの概略を把握する活動は、前述したようにskimmingと呼ばれます。ここでは、短時間に概要を捉える能力の養成を目指すのですから、あらかじめ時間を設定しておくことは大切です。さらに、この段階で重要なのは正解を得ることよりも正解に至るまでの過程、即ちcomprehensionよりもcomprehending[4]です。したがって、単に答え合わせで済ませるのでなく、間違った解答も取り上げて、それを訂正する中で正しい解釈を得るための道筋を多くの生徒に納得させるようにします。

(2)　**特定の情報の収集**

T：(質問をOHPでスクリーンに投影して) 次の質問を読んでみよう。

> No.1 Who went into the lifeboats first?
> No.2 Where was a young woman sitting in the boat?

(質問文の意味を確認してから) 1と2の答えを本文を読んで見つけなさい。時間は2分です。答が見つかったら手を上げなさい。Start reading..........
Answer question No. 1.

S_A：The women and the children did.

T：Is that right?

C：Yes.

T：Yes. That's right. Where did you find the answer? Please read that part.

S_B：The women and children were the first to get into the lifeboats.

T：Do all of you agree with *B*?

C：Yes.

T：OK. Then put that sentence into Japanese.

S_C：婦人と子供たちが救命ボートに乗り移った最初の人たちでした。

T：Thank you. They were the first to get into the lifeboats. So they got into the lifeboats first.

C：(うなずく)

T：Good. Now answer question No. 2.
　　．．．．．．．．．

T：Now let's find the answers to the next two questions. Look at the screen.

> No.1 Who was left behind and what did she want to do? Why?
> No.2 How could the children's mother go into the boat?

　　．．．．．．．．

上に続いて、3回目には次のような課題を提示します。

> No.1 Where were the woman's children?
> No.2 Was the young woman married?

　この種の活動で留意すべき点は、大きく次の2つに分けることができます。
① 1度に提示する課題の量を少なくする。焦点が絞られ、読む目的が明確になり、短時間に必要な情報を捉えるスキルが養成できる。生徒は同じテキストを読むのだが、各回とも目的が異なるため、同じ箇所を読まされているという気持ちは持たないで自然に繰り返し読むことになる。このことは、当然、1回目よりも2回目と次第に読む速度も増大することになり、リズムに乗った、スピードを伴ったリーディングスキルが身につく。
② 解答を全員で確認する。その際、必要に応じて、Where did you find the answer?と尋ね、テキストの該当箇所を指摘させ、その部分が重要な構文を含んでいたらPut that sentence into Japanese, please.のように指示して日本語訳を求めてゆく。本文の正確な読み取り作業には日本語訳を適宜取り入れることは現実的である。極端に走ると従来の訳読方式になるが、ここでの訳は課題の解決とその確認という目的を実現するための手段になっている、意味のある活動である。それは、訳すこと自体が目的と化した訳読方式とは異なる。課題と結果の確認を通して、目的に合った、しかも正確な読み取りの技術が養成される。

変形1　情報転移

　特定の情報を求めるscanningは、上例のような質問に対して口頭あるいは文字で答えるものだけではありません。本文から必要な情報を汲み取って図表を完成させるような情報転移（information transfer）を伴う活動もあります。次の例は、新聞記者のSandraと編集担当のTomが取材記事の内容を検討している対話文です。これを読んで下の空欄に記入します。[5]

SANDRA : Well, there's been a big bank robbery in Birmingham. I telephoned the police there a few minutes ago. They said that it was one of the biggest robberies ever. I asked

how much money had been stolen but they weren't sure.
TOM : Mm ... which bank was it?
SANDRA : The General, in the city centre. The police said that the robbery had taken place some time during the night.
TOM : We'd better ring them again for more details in a minute. What else is there? It said on the radio that there had been a plane crash.
SANDRA : That's right. At a place called Paramaribo...
TOM : That's in Paraguay, isn't it?
SANDRA : Actually, it's in Surinam. The crash happened at about nine o'clock our time yesterday evening. There were 135 people on board. Apparently there were no survivors...
TOM : That's terrible. Any local news?
SANDRA : A fire at the primary school in Callington early this morning. One classroom was damaged.
TOM : O.K. Anything else?
SANDRA : Yes, a Plymouth woman had triplets last night in the City Hospital. The hospital said that they were all girls and that the mother was doing fine.
TOM : That'll make a good story. But we'd better start with the bank robbery.

WHAT HAPPENED	WHEN	WHERE	COMMENT
Example: 1. A bank robbery	During the night	General Bank Birmingham	One of the biggest robberies ever
2.			

3.			
4.			

(3) **内容の推測**

　文章を正確に理解するには、活字として表されている部分を読み取るだけでなく、そこから内容を推測し、筆者の意図を理解する技術が必要です。次の例は、質問文はすべて本文に基づいて推測することによってのみ解答できる種類のものです。

> 1. Were the lifeboats crowded? (p.24, l.6)
> 2. Why did the children cry, "Mother! Mother!"? (p.24, ll.7-8)
> 3. Did the people on the boat take her into the boat? (p.24. l.8)
> 4. Was Miss Evans an American or an English woman? (p.25, ll.7-8)
> 5. How many people died with the boat? (p.25, ll. 8-9)
> （各文の後の（　）の数字はThe Titanicのテキストの該当箇所）

　内容推測は、上例の質問文の他にtrue-or-false statementsでも、Wh-questionsでも行うことができます。この活動は内容理解のテストではなく、読みを深めるための活動です。したがって、誤答や無解答の反応の中にクラス全体の読み取りを深めるきっかけが潜んでいることを常に念頭において、適切に対応することが必要です。

(4) **文と文の関係把握**

　文章は、前に出た、あるいはすでに知られている情報の全部あるいは一部を後方に引き継ぐことによって、全体のまとまりをつけます。この役割を果たすのが代名詞、代動詞、副詞などのpro-formsです。次の活動は、このような文のつながりを理解して、全体のまとまりを把握する狙いがあります。

> T：本文（上掲）のp.24、l.5のthemは何を指しますか。

> S_A：My children.
> T：Yes. Then, look at line 6 in the same page. What does 'here' refer to?
> S_B：In the boat.
> T：That's right. Now look at line 6. What does 'her' refer to?
> S_C：One woman.
> T：Yes. Please connect 'her' to one 'woman' with a line.
> 　　（同様にthat（p.25, l.5）, them（p.25, l.9）についても行う）

変形1　文機能の把握

　テキスト中の複数の文と文の意味の一貫性（coherence）を理解し、文章全体のまとまりを把握するのがこの活動です。本文中の接続詞や、接続副詞などは、文と文の関係を明示し、接続語に導かれる文の機能を理解する標識子となります。上掲のテキストを例にとれば、p.24, l.2のBut、p.25, l.5のandを本文から取り去り、これを復元させる活動はこの発話の機能に対する意識を高めるのに効果があります。

　空白部に記入させる他に、次のような使用頻度の高い語句の一覧表を用意しておき、その中から適語を選択させることもできます：

> first, second, ...then, finally,
> again, moreover, above all, also
> similarly, in the same way
> by the way, now, well
> so, therefore, in short, to sum up, as a result
> in other words, that is to say, rather,
> for example,
> on the other hand, instead, by contrast
> because, when, although, but, after, before...

変形2　接続語復元作業

　筆者にとって「明瞭だ」と判断される箇所では接続語はもともと明示されな

いのが普通です。そのような場合には、読み手は文脈から原文に現れない接続語を補ってそれぞれの文を解釈することになります。実際、上掲のテキストのp.24では、変形１で扱ったButとandの２つの接続語が使われているにすぎません。しかし、次の文に見られるように（　）の語を補うことによって、各文の機能はより明確になります。接続語復元作業は、このように文機能を把握するための優れた活動になります。

> （Because）　my children are...　(l.4)
> （Therefore）　I must go...　(l.5)
> （Then）　her son and daughter heard her...　(l.7)
> （But）　no one knew what to do.　(l.8)

　この復元作業には上掲の一覧表を利用することができます。

(5) **文単位の解釈**

　文の意味を理解させるためには、簡単な英語にパラフレーズしたり、場面を説明して理解を図ったり、絵を用いたりする他に、日本語を使う方がてっとり早く、効果的なことがあります。その場合でも、必要な箇所を意味の単位毎に英語の語順に即して意味をとるsense group readingを心がける必要があります。次の例をご覧ください。

> T：（上掲テキストをOHPでスクリーンに投影し）All the people（まで映す）誰のことですか。
> C：みんな。
> T：had to leave the ship
> S_A：船を離れなければならなかった。
> T：どんなふうに（と言って）quickly
> S_B：急いで。
> T：The women and children were the first
> S_C：婦人と子供たちが最初だった。
> T：どんなことを最初にしたんだろう to get into the lifeboats
> S_D：救命ボートに最初に乗り移った。

T：Yes. The women and children got into the lifboats first.

　日本語による置き換えが必ずしも英文の正しい解釈に結びつかないことは、無生物を主語とした名詞表現が多用されている英語特有の文をそのまま生硬な日本語に置き換える場合にしばしば実感として理解されます。同様なことは、登場人物が中学生同士の会話文を日本語に直す場合にも見られます。日本語に直させるならば、文脈にふさわしい日本語を心がけるべきでしょう。しかし、このような"翻訳作業"は他の活動とバランスを保つようにすることが大切です。

3）Post-reading
　本文を読んだ後に来る発展、整理の段階には次の4つの狙いがあります：
① 理解の確認
② 読んだ内容の活用・整理
③ 音読
④ 言語理解

　ここでは、下のテキストを例に上の1～4の活動を述べていきます。テキストは、ギリシャ神話のEchoにまつわる話のうちの最初の1ページです。

　A long, long time ago, the Greeks had interesting stories about gods, godesses, and nymphs. Here is a story about a nymph who lived in the woods. Her name was Echo. She was beautiful, but she had one fault. When she started talking, she never stopped. She talked and talked for hours, and all her friends became tired.

　Hera, the goddess of the heavens, got angry with Echo and said to her, "You talk too much. From now on, you can only repeat the last two or three words you hear." Echo was very sad and did not come out of the woods.

　(from *New Horizon English Course 3*)

(1) 理解の確認

　理解の確認のためにはquestions and answersがよく用いられます。このquestionsは次のように分類すると便利です。

① factual question：テキストの中にそのままの形で答が見いだせる事実を尋ねるもの
② inferential question：推測して答を見つけなければならない質問
③ judgemental question：生徒自身の判断を求める質問
④ evaluative questions：生徒自身の評価を求める質問

　また、形式から次のように分類できます。

① yes-no question：yes-noの答を要求するもの
② alternative question：orを含む選択疑問文
③ Wh-questions：答を自ら表出しなければならないwhで始まる疑問文

　このような質問を、題材に応じて組み合わせることによって、様々な角度から内容理解を確認することができます。この際、I don't know.／I'm not sure but...／I think....等の答を許容したり、また、生徒にも質問を出させるなどの方策を取ることによって現実的な言語運用に一歩近づいた活動が展開できます。

T：Did the Greeks have interesting stories a long time ago?
S_A：Yes, they did.
T：What kind of stories did they have?
S_B：Stories about gods, goddesses and nymphs.
T：Yes. This is a story about a god, isn't it?
S_C：No. It's a story about a nymph.
T：That's right. Did she live in the mountains?
S_D：Yes.
T：Was she quiet?
S_E：No, she wasn't.

変形1　Right/ wrong statement

　これは、教師が述べる文をテキストの内容に照らしてその正誤を判断する活動です。

> T : I'm going to say several statements about the story you've just read. If a statement is right, please say, "Right." If wrong, say, "Wrong" and say a correct statement. ………Echo was beautiful and she had no fault.
> S_A : Wrong. She had one fault.

変形2　Correction
教師の言う文の誤りを訂正する活動です。

> T : Correct my statement.……… When Echo started crying, she never stopped.
> S_A : When Echo started *talking*, she never stopped.

変形3　Expansion
教師の説明を聞き、それを拡大することによって補足する活動です。

> T : Echo talked and talked. How long?
> S_A : Echo talked and talked for hours.
> T : Yes, and what happened to her friends?
> S_B : Her friends became tired.
> T : Now put these sentences into one.
> S_C : Echo talked and talked for hours and her friends became tired.

変形4　Consequence/ reason
教師が話すことを聞いてその結果を述べたり、その理由を述べたりする活動です。

> T : Hera got angry. But why?
> S_D : Echo talked and talked for hours.
> T : That's right. Put these sentences into one.

> S_E：Hera got angry because Echo talked and talked for hours.
> T：Echo was very sad. So....
> S_F：She didn't come out of the woods.
> T：Yes. Put them into one sentence.
> S_G：Echo was very sad, so she didn't come out of the woods.

(2) 読んだ内容の活用

　テクストの種類によって異なるものの、何かを読んだら読後感を味わったり、感想を誰かに伝えたり、また調べた情報を活用したりするのが普通です。料理のレシピは料理を作るのに活用されるように編集されています。英語の授業でも、テクストの目的に合うような活用を心がけたいものです。読後感を話し合うなどの活動を短時間でも取り入れることが可能です。次の例は、本文の要約作業です。

> T：次の文を正しく並べ変えて、必要に応じて名詞は代名詞に変え、また適当な接続語を加えてテキストの要約文を作りなさい。
>
> ・Hera, the goddess, got angry and said,"You can only repeat the last two or three words you hear."
> ・Echo was beautiful but had one fault.
> ・Echo was very sad and stayed in the woods.
> ・The story is about Echo, a Greek nymph.
> ・Echo talked too much.

　要約文作りは、本文の内容理解の確認とともに、要点を書き留め将来それを活用するという目的もあり、post-readingの活動として重要なものです。ただ、いきなり要約文を作らせようとしてもなかなかうまくゆきません。最初は、上のような方策を取ることで活動を容易なものにすることができます。

変形1　Fill-in summary
　教師が用意した要約文の中に空所や選択肢を入れておき、本文の内容と合致

するように適語を挿入したり、選ばせたりするのがこの活動です。この際、必要に応じて本文を参照させるのがよいでしょう。こうすることによって、テキストの中から重要な事項を素早く拾い出すscanningが自然に行われるからです。

変形2　挿入・削除作業

教師が提示する要約文に不必要な文を混入させ、生徒にそれを取り除かせたり、逆に必要な文を抜いておき、挿入させたりして適切な要約文を完成させます。

(3) **読んだ内容の整理**

テキストの主要な部分を抜き出して、順序不同にして与え、正しい順序に並べ変える整序作業は内容整理の活動としてよく用いられます。これは、照応関係、接続詞の機能、文の意味、話の発展などを把握することを要求するので、文章構成を理解する上でも有効な活動になります。

変形1　カード合わせ

生徒をグループに分け、文を二分した次のようなカードを用意し、各グループに配布します。

カードA	カードB
A long time ago, the Greeks had interesting stories	about gods, goddesses and nymphs.
Here is a story about a nymph	who lived in the woods.
⋮	⋮

カードAはトランプのようにきって、裏を上にして重ね、机の中央におき、カードBは、その回りに表を上にして並べます。生徒は順番を決めて、カードAを一枚ずつ取り、それを読み上げてから、カードBの中からそれにマッチするカードを探し、AとBを合わせて読み上げます。正しければ、そのカードは自分の

ものになり、多く取った者が勝ちになります。全部揃ったところで上の整序作業を行います。

(4) 音読

　音読は、文字と音の連合を強め、リズムや発音の練習にもなるので、特に初心者のクラスでは多用され、それなりの意義は認められます。しかし、音読はとかく機械的で単調な作業になりがちです。これを防いで、意味のある、目的を持った音読を工夫することも大切です。

　ペア・リーディングはそのための一つの方法です。ペアの一方に下のような空所のあるテキストを、もう一方には完全なテキストを与えます。後者がテキストを音読するのを聞いて、前者が空所を埋めていきます。

| A | A long, long time ago, the Greeks had interesting stories about gods, goddesses and nymphs. Here is a story about a nymph who lived in the woods.... |

| B | A long, long (　　) ago, the (　　) had (　　) stories about (　　), goddesses and (　　). Here is a (　　) about a nymph who lived in the (　　). |

　上のペア・リーディングは、意味のある音読を目指した１つの例です。ここでは、完全なテキストを音読することによって、相手が不完全なテキストを補充してゆくのを助ける働きをします。言い換えれば、読み手と聞き手の間にあった情報のギャップが音読を通して埋められ、コミュニケーションが達成されたのです。読み手は声を出して読む明確な目的を持ち、それを実現するために自ら適切な音量とはっきりした発音、リズムで読むようになることが期待されます。

変形１　確認読み

　一方が読み、他方は教科書を閉じて聞きます。各センテンス毎に意味が分か

ったら、I see. Really. Is that so?等と相づちを打ち、はっきりしない部分ではPardon?, Read that part again, please.等と言い、再度読んでもらいます。この確認読みも上述の目的がはっきりと組み込まれています。

変形2　コーラス・リーディング

　クラス全体で声を揃えて読むコーラス・リーディングでは、範読の後をつけて読む斉読、長い文を短く切って読むセンスグループ読み、文尾から次第に前の方に進むbackward build-up等の手だてがよく用いられます。これに加えて、本文をスクリーンに投影し、一部分を紙片などで覆い、見えない部分を作り出したものを用いて音読させます。文脈や記憶を手がかりに、隠された部分を音声に再生しながら読む活動は、生徒の適度な挑戦意欲をそそることになり、効果的な音読が展開できます。マスキングには、もう一枚のシートにあらかじめ場所を決めて黒く印をつけ、それを重ねることもできます。次第に、マスキングを多くしてゆくと、同じテキストを何度も意欲的に音読させることができます。

変形3　Jigsaw reading

　同じ主題について書いてあるが異なった情報を含んだテキストを読み、お互いの情報をジグソーパズルの断片のように組み合わせて完全な情報を共有するのがこの活動の主旨です。

T：ペアを作り、AとBを決めなさい。AはカードA、BはカードBを持ち、お互いのカードを読み合って抜けている部分について質問し、埋めなさい。自分のカードを相手に見せてはいけません。

カードA

> (when?), (who?) had interesting stories about (what?). Here is a story about a nymph who lived in the woods. She was (what?) but she had one (what?). When she started talking, she never stopped. She talked and talked (how long?), and all her friends became tired.

カードB

> long, long time ago, the Greeks had interesting stories about gods, goddesses and nymphs. Here is a story about（who?）who lived（where?）. She was beautiful but she had one fault. When she started talking, she never（did what?）. She talked and talked for hours, and all her friends got（how?）

　ジグソー・リーディングには、この他にもテキストすべての内容に関する質問をすべての生徒に与えておき、テキストを何人かで分担して読んで、自分で解答できない質問はグループ内の他の生徒に尋ねることによって、必要な情報を収集する方式があります。

変形4　リーディング・カード

　教科書を何度も読む活動は、読むことに慣れて、より正確に、より敏速に読めるようになるという観点から、それなりに意味のある活動です。しかし、何度も読んでいるうちに意味を考えずに口だけ動かしているというような機械的な反復作業になりかねません。最後まで意味を考えながら行わせるために、次のリーディング・カードが有効です。

1回
Billions of years ago,　bud of life came out on　arth. Since then t
earth has produced　the wonderful living thi　we know today.

2回
Billions　s ago, a bu　fe came out　earth. Since　he earth
produced t　derful livin　gs we now

3回
Billi　f years ag　ud of life　e out on t　h. Since　he earth
produce　wonderful　g things　w today.

```
4 回
Bill      years     bud of l    e out on    th. Since    he eart
produ     wonde     ving thin   ow today
5 回
B         years     of life     out o       Since        he ea
prod      onde      ing thi     w tod.
```

　上のカードは、はがきサイズの厚めの紙を切り抜いたものです。回を重ねるにつれて穴が小さく、かつまばらになるようにします。教科書を数回読んでから、リーディング・カードに挑戦です。1回目はカードの1回の部分を教科書の行に当て、次第に下にずらして読みます。これがすらすらできるようになったら、2回に挑戦し、さらに回を経ると見える部分が少なくなり、見えない部分は文脈と記憶を頼りに補って読まなければなりません。5回にたどり着くには何度も読むことになります。反復が多い活動ですが、それぞれの段階が前よりも少しだけ難しくなるように設定されているため、生徒は最後まで意欲的に挑戦します。

(5) 言語理解

　リーディングの指導の中で、重要な文法、文型、語彙などの言語表現を集中的に練習することで言語体系の学習を行うことがあります。新しい文構造をどの段階で導入するかは、その項目の重要性、学習者のレベル、また教師の指導法によって異なります。新しい表現がいくつも出てくるテキストでは、読む前にすべてを説明することができないことがあります。また、文脈のなかで形式と機能を理解させる方が効果的な場合もあります。このような場合には、post-readingの段階で取り上げ、説明と練習の機会を設定します。語彙の指導については、次節をご覧下さい。

Ⅲ　語彙の指導

　語彙の指導は従来どちらかといえば軽んじられてきた嫌いがあります。英語学習の初期の段階では、英語の構造に習熟することが最も大切であり、語彙は

必要最低限にとどめるべきだ、という考えがこれまで支配的でした。確かに、語彙は必要に応じて自然に身につく面もあります。しかし、英語に触れる機会の少ない生徒には、授業中に語彙指導を計画的に行うことが望まれます。英語の運用能力の必要が強調される時代にあっては、語彙力の増強はとりわけ大切な目標になってきています。

　ここでは、語彙の指導を、1．語彙の導入、　2．語彙指導の基準、　3．語彙の推測、　4．語彙の練習の4段階に分けて考えることにします。

1) 語彙の導入

> 　　This is 7 o'clock news. There was a serious fire at the Ritz Hotel this afternoon. It started at 2：10 in the kitchen on the first floor. When reporters arrived at the hotel at 3：25, the first and the second floors were on fire and smoke was coming from the third- and fourth-floor windows. People were standing at the windows and yelling for help, and fire fighters were using ladders to rescue them. Some people had bad burns, and ambulences were there to take them to the hospital. While fire fighters were rescuing guests, one man jumped from a second-floor window and broke his leg. By 4：00 the fire was under control. The fire department is unsure of the cause of the fire.
>
> 　　　　　　　　　　　　　　　　　　　　　　　　（下線部が新語）

　このテキストの新語は次のように導入することができます。

ambulence…絵を見せて、This is an ambulence. Ambulences are used to take the sick and injured to a hospital. What kind of siren do they sound?

yell…同義語で言い換えて、People were inside the burning house and yelling for help. They were crying loudly for help.

rescue…同義語で言い換えて、The fire fighters came to rescue the people inside. They came to save them from the danger.

floor…場面の文脈を用いて、This school building has three floors. On the third floor are classrooms and on the second floor is the teachers' office. We are now on the third floor. How many floors does your house have?

on fire…同義語で言い換え、The house was on fire. It was burning.
bad burns…日本語で"ひどいやけど"、Some people had bad burns from the fire and were taken to a hospital.
under control…英語で説明して、The fire fighters worked very hard to put out the fire. It was put out at 4：00. The fire was under control at 4：00.
unsure…語形成の知識を利用して、He is unsure of the result of the ball game. He is not sure of the result.
cause…英語で説明して、Nobody knows why the fire broke out. Nobody knows the cause of the fire.

語彙の導入方法
上で用いた他に、次のような手法が考えられます。

視覚的方法
①写真　New York, London, The Eiffel Tower等、地名、人物など。
②掛図　家の内部、町の様子など、まとまりの強い語群。
③地図　国名、地名、河川、山、言語名など。
④図表　位置関係を示す前置詞等：

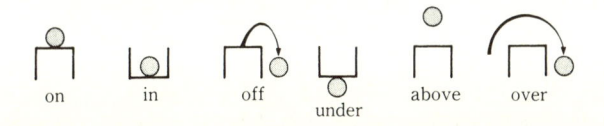

on　　in　　off　　under　　above　　over

⑤実物　携帯可能なものはできる限り実物を提示する。例えば、comb, fan, candle等は実物で容易にその意味を理解させることができるが、これを定義で理解させるのさ容易ではない。模型、あるいは線画でも同じ効果が期待できる。
⑥線画　黒板に簡単な線画を描くことによって理解させるのが可能な語彙は多数ある。各種略画辞典を参照することで楽しい英語の授業が展開できる。

⑦動作・ジェスチャー　動詞、形容詞などの多くが導入可能。目をつむって I can't see., 目を開けてI can see.等のコントラストで違いを際だたせる。

言語的方法
①同義語、反意語　start—begin; big—large等、一方が既出であれば他方は同義語として理解できる。male—female; true—false; dead—alive等の対立関係にある語も反意語として導入可能。
②コントラスト　sweet—sour; interesting—boring等の対立関係にある語は、Sugar is sweet but a lemon is sour.等のようにコントラストをなす枠の中に入れて提示する。
③定義、言い換え　ladle : large, deep spoon, with a long handle, used for serving soup等のように定義を与えたり、congregate : get together等のように易しい英語で言い換える。
④様々な関係　家族関係、度量衡、月、週、季節、序数、基数などは体系の中の他の項目との関係で意味が明瞭になる。この種の語彙の導入にはMary is Tom's sister.からTom is Mary's brother.／One inch is 2.5cm. 12 inches make one foot.等のような関係を明確にした提示を行う。
⑤語形成　語彙数が増加するにつれて語根、接辞語などの組合せに着目して新語を理解させる。
⑥文脈化　多義語の特定の語義を把握するためには文脈化する。抽象語も文脈の中でその意味がおのずと明らかになる。例えば、musicは生徒の音楽の先生が田中先生であれば、I am your English teacher. Ms Tanaka is your music teacher.のような文脈の中でその意味が明らかになる。

2 ）語彙指導の基準
　語彙の導入では上で紹介したような様々な手法を用い、日本語の相当語句を与える場合でも、文の中に入れて理解を深める手だてが大切です。学年が進むにつれて、1時間で扱う新語の数も多くなり、そのために全ての語彙項目を同じように時間をかけて導入することが時間的にも困難になってきます。また、全ての語彙項目を発表レベルまで習熟させようとするのも現実的とは言えません。どの語を、どのレベルまで教えるか、その区別をすることは、効率の面からも、また生徒の負担の面からも必要なことです。様々な語彙項目の取扱い方に

ついては次の分類を参考にしてください。[6]

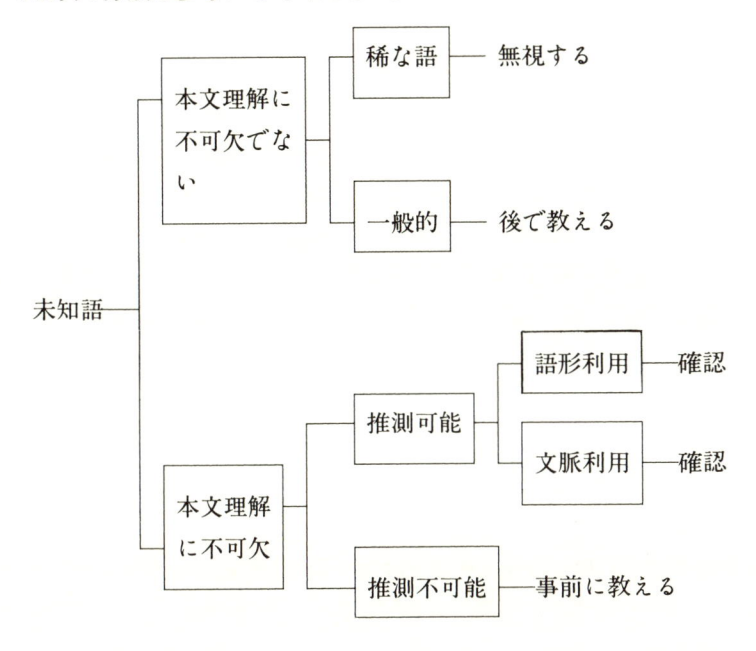

```
                        ┌─ 稀な語 ── 無視する
          ┌─ 本文理解に ─┤
          │  不可欠でない │
          │             └─ 一般的 ── 後で教える
未知語 ───┤
          │                         ┌─ 語形利用 ── 確認
          │             ┌─ 推測可能 ─┤
          │  本文理解    │           └─ 文脈利用 ── 確認
          └─ に不可欠 ──┤
                        └─ 推測不可能 ── 事前に教える
```

　どの様な種類の単語をいくつ教えたらよいかは、英語コースの目的、生徒の意欲、能力、将来の必要性などによって決定されるのであって、普遍的な基準があるわけではありません。この点で学習指導要領の語数は一応の参考になります。これをいわゆる核語彙（core vocabulary）[7]と考え、各種辞典等の語彙レベルの表示を参考にしながら、基本的な語彙を選定して行く必要があります。核語彙の指導は、教師主導タイプになるものの、それ以降の段階では、生徒の興味の対象とニーズに沿った生徒中心の学習指導が大切になります。

3）語彙の推測
　膨大な数の語彙を全て知ることは不可能なことです。外国語ではなおのことです。したがって、語彙の重要性を強調しながらも、未知の単語の意味を推測する方法を教えることも語彙指導の重要な領域です。まず、表現したい単語が分からないときに尋ねる次のような言い方を教えて、授業中にも教師に尋ねることを奨励します。

　　　It's the thing you use for＿＿.

It's where you____.
What is this called in English?
How do you say ____in English?
What's the opposite of ____?

　未知語の意味を辞書で調べることで効率的な辞書活用の方法を教えることは、英語指導の重要な活動です。それと同時に、知らない単語に出会ったら、その意味を推測して、その場を切り抜ける方策も辞書活用に劣らず大切な能力です。次のステップは語義推測の方略として参考になります。[8] この際、推測が行いやすい語を選び、他の語句の95%は既知の文脈で行う事を勧める人もいることは忘れてはなりません。

Step 1　未知語に出会ったら、その品詞を決定せよ。名詞、動詞、形容詞、それとも副詞か？
Step 2　未知語の前後の語句を見よ。
Step 3　未知語が出現する節、あるいは文を見よ。
　　　　名詞→修飾する形容詞は何か？　近くにある動詞は何か？　この名詞の機能は何か？
　　　　動詞→どんな名詞を伴っているか？　どんな副詞が修飾しているか？
　　　　形容詞→どんな名詞が伴うか？
　　　　副詞→どんな動詞を修飾しているか？
Step 4　未知語の含まれている節や文とその前後の文やパラグラフの関係を見よ。この関係を示す接続詞は何か？接続詞が示されていないときには、原因、理由、対照、時間、例示、要約などの関係のうちどれであるか？
Step 5　単語の意味を推測せよ。
Step 6　推測を確かめよ。
　　　　推測した語は未知語と同じ品詞か？
　　　　推測した語と未知語を交換し、文脈にうまく収まるか確かめよ。
　　　　未知語をいくつかの部分に分け、部分をまとめると未知語の意味になるか？

辞書で意味を確かめよ。

4）語彙の練習
(1) 語彙の分類
　既習の単語をまとめて、様々な観点で分類する活動は頻繁に用いられます。次の例は、下の単語のリストを各項目に分類するものです。

> Mammals：
> Fish：
> Birds：
> Insects：
> ………
> dolphin, human, pigeon, butterfly, elephant, trout, cheetah, rabbit, honey bee, ostrich

変形1　仲間外れ
語群の中で、他のものと異なる語を選び出す作業です。

| a | broad | tall | fat | thin | green |
| b | heavy | narrow | wide | long | short |

変形2　反意語、同義語合わせ
次の左右の欄から反意の関係の語を線で結ぶ作業です。

A	B
wide	short
long	flat
thick	narrow
bottom	thin
round	top

変形3　類義語・反意語探し

テキストの中から類義や反意の関係にある語や、感情表現、距離、天候などの限られた意味領域の語を捜し出す練習です。この活動は、授業のまとめとして利用範囲の広いものです。

(2) 綴りの確認

単語の綴りの確認は機械的な練習に陥りがちですが、次の様なちょっとした工夫が生徒の好奇心を刺激し、学習を楽しいものにしてくれます。

```
T：次のアルファベットを並び変えて単語を作りなさい。
    l s b u e o ＿＿＿＿＿＿
    c d l o u ＿＿＿＿＿＿
```

変形1　補充作業

単語の一部を空白にして補わせます。次の例は、家の中で見つけることのできる品物を選んであります。

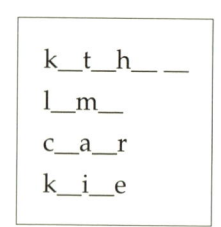

```
k_t_h_ _
l_m_
c_a_r
k_i_e
```

変形2　整序作業

与えられた文字を組み合わせてできるだけ多くの単語を作る作業です。

(3) ゲーム

語彙指導にゲームを織り込んだ活動として、Bingo, Crossword Puzzle等があります。それぞれ、単語のまとめとして随時教師が自作して与えることができます。また、生徒が問題を作成することも効果的です。

(4) 単語帳

単語カードや単語帳を用意させて語彙指導に当たることがよくあります。この場合、単語の整理を何段階かに分けて行い、語彙力を伸ばすために項目別単語帳を作らせることができます。単語数が増加するにつれて、設定する項目も

次第に細分化してゆきます。必要に応じて、単語をアルファベット順に並べ変え整理してゆきます。この間に生徒は何度も単語をコピーすることになります。この活動には、ルースリーフを用い、項目は、学校、家庭、町、自然など、意味領域を生徒と相談の上、順次変えて行きます。絵に表せるものは絵を描いて対応させたり、色彩名などは実際の色を並べて整理させるなどの方法が考えられます。それぞれの生徒の独自の工夫を奨励し、回覧するなどして、クラス全体の語彙に関する関心を高めて行きます。

注

1．Goodman, K., 1967. Reading：A Psycholinguistic Guessing Game, in Journal of the Reading Specialist 6（1967）：126-35. Reprinted in *Language and Literacy Vol.1* (ed.) Gollash, F. V. Routledge & Kegan Paul, 1982, pp.33-43.

2．Carrell, P. L.,1987. A view of written text as communicative interaction：implications for reading in a second language, in *Research in Reading in English as a Second Language*,（ed）by Devine J., Carrell, P. L., & D. E. Eskey, TESOL, p.244.

3．Johnson, K., 1983. *New for English1 Teacher's Book*, Nelson, p.45.

4．Clarke, M. A., and S. Silberstein, 1977, Toward a realization of psycholinguistic principles in the ESL reading class, *Language Learning*, 27／1, p.152.

5．Carton-Sprenger, Jupp, T. C. & P. Prowse, 1980. *Exchanges*, Heinemann, p.57.

6．Willis, E., 1980. *Teaching English through English*, Longman, 1980. p.114.

7．Carter, R. & M. McCarthy, 1988. *Vocabulary and Language Teaching*, Longman, p.161.

8．Nation, ISP., 2001. *Vocabulary Learning in Another Language*, CUP, pp.257-262.

問題

1．'Read and Do'の活動を語句、構文を教科書から選んで、1題作りなさい。また、その指導手順を詳しく述べなさい。

２．適当なテキストを選び、接続語復元作業（p.149）を作りなさい。
３．Post-readingの理解の確認の活動でinferential question, judgemental question, evaluative questionを用意しなさい。
４．本文中のEchoの文書を用いて、fill-in summary、挿入・削除作業を作りなさい。
５．Post-readingの活動として、文法・文型の練習活動を作りなさい。
６．教科書の一時間分のテキストを選び、類義語、反意語さがしの指導案を立てなさい。

Further Reading

Alderson, J. C. 2000. *Assessing Reading*, CUP.

Nuttall, C. 1996. *Teaching Reading Skills New Edition*, Heinemann.

Hedge, T. 2000. *Teaching and Learning in the Language Classroom*, OUP, Chap.6. Reading pp.187-225.

Williams, E. 1984. *Reading in the Langauge Classroom*, Macmillan.

Grellet, F., 1981. Developing Reading Skills, CUP.

Gairns R. and S. Redman, 1986. *Working with Words*, CUP.

Carter, R. and M. McCarthy, 1988. *Vocabulary and Language Teaching*, Longman.

Nation, ISP., 2001. *Vocabulary Learning in Another Language*, CUP.

第6章
Writingの指導

指導例1

1．空所に適当な語句を補い、日本語とほぼ同じ意味を表す文にしなさい。
  (1) 私は彼と初めて会った日のことを忘れることができません。
      I cannot forget the day ＿＿＿＿＿＿＿＿＿＿＿＿＿＿＿＿＿＿．

  (2) あそこがわたしたちが子供のころよく遊んだ公園です。
      That is the park ＿＿＿＿＿＿＿＿＿＿＿＿＿＿＿＿＿＿．

2．英語に直しなさい。
  (1) 父は毎朝早く、犬を連れて散歩したものです。
  (2) 彼女は毎晩寝る前に、数ページ小説を読んだものです。
  (3) 東京にいたころ、彼はよく私のところへ遊びに来たものです。

指導例2

T：クラスの仲間に手紙を書いてみましょう。1列めの人は4列めの人と、2列め人は5列めの人に、3列めの人は6列めの人と手紙をやり取りしましょう。手紙は、次の形で書き、相手の列の人全員に出しましょう。

                                                June 23, 20＿

  Dear ＿＿＿，
      I like your （pencil case）. Where did you buy it?

```
                                                    Yours,
                                                    _____
```

```
                                              June 23, 20__

  Dear ____,
      Thank you very much for your note. I bought my (pencil
  case) at (Daiwa Department Store). It cost me (¥500). I
  like it because (it is large and strong). By the way, I like
  your (new cap). Where did you buy it?

                                                    Yours,
                                                    _____
```

　指導例1は、伝統的な英作文の課題としてよく用いられる練習題です。1は、関係副詞の用法を、2はused toを用いた英文を作る課題です。いずれも特定の文法事項に焦点を合わせ、英語の文法項目を書く作業を通して定着させるのが主な狙いとなっています。文構造の理解と定着が最重要の目標であるため、それにふさわしい例文が選ばれ、その結果各文の関連は考えられていません。これは文法の学習を書くことを通して行う文レベルの練習です。さらに、当面の目標構文を正確に用いることが目標ですから、その中に盛り込む内容はすべて事前に与えられ、生徒が自分の言いたいことを表現する余地はまったくありません。この意味では、指導例1は特定の言語形式に習熟することを狙った活動です。

　このような作業がライティングのある段階では必要とされることは明らかです。たとえ最終的にはコミュニケーションのためのライティングの能力養成が目標であっても、それを実現するには、適切な語句、正確な構文を使って文を文字に書き表す能力はどのみち養成しなければなりません。こうした基盤がしっかりしていなければ、意図した情報を的確に伝えることはできないでしょう。

しかし、このような作業に終始しているとライティングに関して誤った見方を植え付けることにもなります。ライティングは、けっして与えられた日本語を英語に置き換える作業ではありません。それは、書き手が相手に伝えたい情報を持っていて、その相手に直接口頭で伝えることができないような場合に使われる活動です。すなわち、ライティングは目的と内容を伴った、文字を通したコミュニケーションです。

　コミュニケーションとしてのライティング活動は、初級者を対象にした英語の授業とは無縁のものでしょうか。確かに、英語の基礎を学習してしまった中・上級の学習者を対象にしたクラスでは容易に行えます。しかし、初級者でもやれないことはありません。

　指導例2は、コミュニケーションとしてのライティングの活動例です。この活動は初級者を対象にしており、文法項目に関して言えば、動詞の過去形の練習に主眼がおかれています。しかし、ここではライティング本来の活動が組み込まれています。手紙の形式をとることによって、書く目的と読み手が明確になっており、書くことを通して情報の交換が行われています。さらに、受け取った手紙を読んでから返事を書くのですから、リーディングのスキルと自然な形で組み合わされ、活動に連続性が生まれてきます。　指導例2は、特定の言語項目に焦点を合わせた活動に実際の言語運用の要素を組み合わすことができることを示していると言えるでしょう。　何人もの級友に類似した手紙を書くことによって、目標とする構文も自然のうちに反復練習されている点も注目してよいでしょう。

1．Writing指導の原則

　ライティングは、話すことと同様に発信型（productive）の言語活動であり、文字を媒体とする受信型（receptive）のリーディングと区別されます。ライティングと話すことは文字と音声という媒体が違うことは明らかですが、両者の違いはそれだけではありません。ライティングは話し言葉を文字化した"written speech"ではありません。両者には次のような違いがあります。
1．ライティングは話すことと同じように、普通読み手を念頭においてなされる。しかし、話しかける相手の場合とは違い、読み手の反応を直接確かめながら書くことはできない。
2．多くの場合、時間的にも、場所的にも書き手は読み手から離れている。
3．私信のようにあらかじめ読み手を特定できることはあるが、不特定の多数の読み手を対象に書く場合もある。したがって、読み手は書かれたものだけに基づいて情報を入手できるのだから、書き手は相手に誤解を与えないように、できるだけ明確で、それ自体で完結した、まとまりのある文章を書く必要がある。
4．話すことは、"いま、ここ"の場面と密接に結びついているために、いちいち指示を明確にせずに、"that thing over there"のように言うだけで十分な場合が多くあるが、ライティングではより厳密な表現が要求される。
5．話すときには、相手の言葉や表情などによる反応が次に何をどんなふうに話すかを決める上で大きな助けになるのに対し、ライティングでは、読み手のたえまないフィードバックは期待できない。言い換えれば、ライティングは文字によるコミュニケーションを最初から最後まで自分の力で行わなければならない孤独な作業である。
6．話す際には、語形や統語などの他にも、強勢、音調、スピード、表情、身振りなどの助けを借りることができるのに対し、ライティングで使えるのはそのうちのごく一部である。
7．母語を話すことは、ほとんどの人にとって自然に習得される能力であるのに対し、書くことは意識的に努力してはじめて学習される能力である。外国語でのライティングの習得には、大きな努力が要求される。

以上の特徴からライティングが学習者にとって困難を伴うスキルであることは明らかです。だとすれば、ライティングの指導は、それを必要とする一部の学習者に限定し、また指導の開始時期も大幅に遅らせたらよいとする考えが浮上してきても当然です。しかし、教室でのライティングには、読み手に対してある目的のために必要な情報を文字で伝えるというライティング本来の機能を獲得する狙いのほかにも、次のような教授上の意義があります。

１．学習スタイルの個人差に対応できる。聞いて理解することは苦手だが、文字に書いて理解することが得意な生徒にとって、ライティングは学習の大きな助けになる。

２．多くの媒体を使った学習はより効果的である。一般的に、聞くだけよりも、聞いたことを文字で確かめ、自分でも書いてみる、というように用いる媒体が多くなるにつれて学習は一層定着し易くなる、と考えられる。ライティングは、このように授業を多彩なものにするのに役立つ。

３．授業で学習した要点を書き留めることによって、家庭学習や復習の助けになるので、ライティングは学習の補強としての価値がある。

　以上のように、ライティングは口頭で学習したことを補強する上で重要な意味を持っているのですから、他のスキルとのバランスをとりながら早い時期から指導してゆく必要があります。そのためにはどんな手だてと手順が必要でしょうか。次に、それを考えてみましょう。

2．Writing指導の手順

1．ライティングの下位スキル

　ライティング指導の手順を設定する際には、どの様なサブスキルがライティングに関わってくるかを把握する必要があります。概略、次のような要素を挙げることができます。

```
1．書記法――語のレベル
    handwriting
    綴り
    句読点
2．文構造――文のレベル
    語形
    統語法
3．文章構成――パラグラフのレベル
    内容
    構成
```

　1．の書記法は、英語のライティングの基本的な仕組みです。2．の文構造は、主語と述語動詞の一致、格関係を示す代名詞の変化等を表すための正しい語形や語を英語の規則に従って正しく配列して書き表すスキルです。3．の文章構成は、読み手に伝えたい内容を整理してまとめ、目的に応じて適切な順序に並べ、意図が的確に読み手に理解されるように書くスキルを指します。

　以上の要素を十分に練習することがライティングの能力を養成する上で大切です。これらの要素は、基本的なものから発展的なものに配列されているようですが、決してこの順序に従う必要はなく、また、そうすることはかえって効果的な指導を損なう危険さえあります。ライティング本来の目的を実現するための活動は、生徒のライティング能力が低い段階からでも十分取り入れることができます。また、そうすることが生徒の意欲を高めることにもなります。要は、生徒の要求に対応する適切な活動を準備することであり、上の一覧は、順序と

言うよりは、用意したライティングの活動がどのような狙いを持っているかを判断し、生徒のレベルに対応した適切な活動を与える指針に活用すべきものです。

2．ライティング指導の留意点

(1) fluencyとaccuracy　ライティングの指導に際し、日常生活で行われるライティングを反映した活動、すなわちコミュニケーションとしてのライティング指導を重視することが必要です。綴りや語形、文構成などの言語形式を正確に使える技術は、実際のライティング作業の中で効果的に習得されることが多いと言えます。もちろん、このfluencyとaccuracyの両面のいずれもが効果的なライティング技能の習得には必要です。両者がバランスを保つように、心がけることが大切になります。

(2) ライティングの種類　生徒がライティングをどんな場面でどんな目的で行うかを調べて、それを反映した活動を設定できれば、ライティングに対する強い動機づけを作りだすことができます。次の一覧表は、Hedge, T., 1988, *Writing*[1]のtypes of writingを参考に学校のライティング指導で設定できるタイプをまとめたものです。

Personal writing
　　日記・日誌、買い物リスト、備忘メモ、住所録、レシピなど
Social writing
　　友人・知人など宛の手紙、クリスマスカードや年賀状、招待状、道案内などの指示、礼状など
Public writing
　　各種書式の記入、質問状、要請文、苦情の手紙、願書、など
Study writing
　　読書中・授業中のメモ、要約、活動の報告、エッセー、感想文など
Institutional writing
　　案内・通知、広告、ポスター、指示、履歴書など
Creative writing
　　詩、歌、自伝、スキットなど

3．Writing指導の実際

1）語のレベル
(1) handwriting, 綴り

> Editing
> 次の文章は、文字や行がふぞろいで、読みにくくなっています。
> 読みやすくなるように、きれいに清書しましょう。
>
> It's Sunday morning.
> Mr. Davis is washing the car.
> Nancy is playing with Dandy.
> Mrs. Davis is cooking in the kitchen.
> Jane and Mike are helping her.

　単語や文を正確に何度もコピーすることは、文字や綴りを覚え、ライティングの基礎を固める上で大切な作業です。このために特に入門期からしばらくの間は、習った箇所を復習として何回かコピーする課題を毎時間課し、定期的にノートを点検してやる必要があります。しかし、コピーイングは機械的で単調な作業になりやすく、このためにコピーの回数が増えるにつれてかえって間違いが多くなってしまうことがあります。したがって、コピーイングの作業をできるだけ意味と目的を持ったものにしてゆくことが要求されます。上の活動はそのための一例です。これは、教科書の本文を複写し、それを適当に切ってさらに張り合わせたものです。その際、意図的に紙片をずらしたため上のように見にくくなっています。生徒は、前後関係や単語の全体から正確に本文を再現し、コピーするなかで積極的に意味を考えます。

変形1　絵合わせ

　絵とそれを記述した文を数文用意します。文のなかに内容が絵と違ったものも入れておきます。生徒は、絵と文を比べ正しい文だけをコピーします。また、数枚の絵とそれぞれの絵を記述する文を順序をバラバラにして別に用意するこ

ともできます。ここでは、生徒は絵と文を結び付けると同時に、順序も考えてそれぞれの絵を記述する文章を完成させることになります。

変形2　綴り練習

　英単語も漢字の練習と同様に十分な練習が必要です。単語の一部をap_leのように抜いてその部分を記入して、全体を書かせたり、文字をdgoのように与えてdogに直させる活動は特に入門期には効果的です。この場合、必要に応じ絵も用意し、次のように絵と文字を対応させれば活動は一層容易になります。

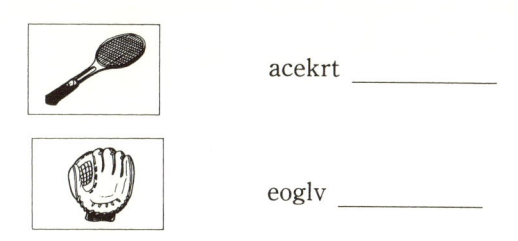

　　　　　　　　　　acekrt ＿＿＿＿＿

　　　　　　　　　　eoglv ＿＿＿＿＿

　同様の活動は、語の代わりに文を絵に対応させ、文に空白部分を作り、絵に合う語句を書き込ませて行うこともできます。

変形3　単語分類

　1時間で扱った単語を何度もコピーすることに加え、1課毎に出てきた語句を品詞別に分類して整理し、さらに数課毎にそれをアルファベット順に並べ換えて再整理し、名詞などの数の多いものは項目を細分して、sports, food, belongings, furnitureなどの項目に書き込みます。こうすることで、生徒自身の手になる"lexicon"が次第に充実してゆきます。作業のなかで何度も同じ単語をコピーすることなり、それが綴りの反復学習を実現します。以上の"単語分類"は、単語を何度もコピーする作業を意味のある活動にする上で役立ちます。

変形4　文字練習

　文字の練習は、大文字、小文字、ブロック体、筆記体と種類が多いためこれらをすべて短期間に習得させることは困難であり、また混乱を引き起こすこともあります。ブロック体と筆記体はどちらも同じ程度まで習熟する必要はなく、前者が正確に、早く書ければ十分でしょう。もちろん、生徒の能力と興味の程度により、筆記体を教えることができればそれに越したことはないのですが、文字の練習だけに時間を費やすのは考えものです。大文字よりも小文字を先に

教えることは文字の使用頻度を考慮に入れれば当然なことです。その際にも、アルファベットの順序ではなく、文字の形と書き順でいくつかのグループに分類し指導する方が効果的です。次の分類は小文字の指導の参考になるでしょう[2]。

```
第1段階
    導入（直線）        i  l
第2段階
    一筆（ぎざぎざ）    v  w
第3段階
    一筆（直線）        n  m  h
第4段階
    一筆（直線と丸）    b  p  r
第5段階
    一筆（丸）          o  a  e
第6段階
    一筆（丸と直線）    c  d  g  q
第7段階
    一筆（直線、丸）    u  s  z
第8段階
    二筆（直線と丸）    f  j  t
第9段階
    二筆（直線）        x  y  z
```

　文字の練習が機械的なものになることはある程度避けられないことです。しかし、生徒同士でお互いの名前、住所などを尋ね合う活動を通し、自然な形で文字の練習に取り組むなどの方策を随時取り入れてゆくことによって、目的のある活動を展開できる場合があります。

(2) 句読点

　ピリオド、コンマ、感嘆符号などのほかに、固有名詞を大文字で始めることもライティングの指導のなかに入ってきます。平叙文と疑問文を与えて適当な符号を付けさせる練習に加え、次のようにまとまりのある文章を読んで句読点

をつけて正しい英文を完成させる作業も与えます。

> my name is junko tanaka im a junior high school student i have a sister her name is midori i have an american friend his name is mike

2) 文のレベル
(1) 原文復元練習

> 次の語句の前後に必要な語句を入れ、適当な形に変えて、意味の通る正しい英文を作りなさい。なお、斜線は語句の境界を示します。
> Singapore/big/Awajishima/Japan//third/busiest/port/world//small/park/mouth/Singapore River//see/statue//head/lion/tail/fish//symbol/city//people/enjoy/take/walk/park//
> (二重斜線は文の終わりを示す。)

(原文)

　Singapore is as big as Awajishima in Japan. It has the third busiest port in the world. There is a small park at the mouth of the Singapore River. You can see a statue there. It has the head of a lion and the tail of a fish. It is the symbol of the city. People enjoy taking a walk in the park.

(*ONE WORLD English Course 2*)

　上の原文の課を学習した後で上例のような語句を与え、原文を復元させます。"Dehydrated Sentences" とも呼ばれるこの活動は、省略されている語句を補いながら適当な語形も文脈の中で決定する作業を伴うので、語形の練習だけでなく総合的なライティングの活動にもなっています。省略の範囲は、生徒のレベルに応じ、適宜手を加えて適切なものにします。

変形1　視点変換練習
　主語と述語動詞の一致や動詞の活用、形容詞、副詞などの比較変化などを正確に書く能力もライティングの大切な一部です。"視点変換"の次例は、視点を変えて文章を書き改めることを通して、文脈の中で語形変化に習熟することを狙った活動です。

次の George が自分や両親のことを紹介している文を読んで、君の立場で書き直してみましょう。

I like sports. I play tennis after school every day. I also swim every Sunday. My parents are interested in sports, too. Father likes baseball and Mother plays volleyball.

George _____

(2) 転換・置換作業

次の各絵の説明を読んで例にならって説明の誤りを直し、書き直しなさい。

例 Mary is playing badminton.
1. Dick is reading a letter.
2. John and Peter are washing the dishes.
3. Lucy is playing tennis.
4. James is writing a letter.
5. Jane and Ellen are cooking dinner.

```
         *  *  *
例  Mary isn't playing badminton. She is playing tennis.
1._____
  .........
```

上の活動は"conversion"の例です。平叙文を疑問文、否定文に転換する練習は、口頭練習のみならず、ライティングでも十分に行う必要があります。このタイプの練習は、しかし、言葉の形式操作が重視され、そのために意味が無視されたり、平叙文と否定文の間に矛盾が生じたりすることもあります。したがって、上のように転換練習を自然な言語活動に近づける工夫が望まれます。

変形1　教科書密着型

前節 (p.179) にあったSingaporeのテキストを扱う場合には、次のような例題が考えられます。

次の文のなかには、本文に合っているものも、合っていないものも含まれています。合っているものは（　　）に○を記入しそのままコピーし、合っていないものは（　　）に×を記入して否定文に書き直し、さらに本文の内容に合うように書き改め、どちらとも言えない文は（　　）に？を記入して疑問文に直しなさい。

1. Singapore is larger than Awajishima. （　　）
2. It has the busiest port in the world. （　　）
3. There is a park at the mouth of the Singapore River. （　　）
4. It is large. （　　）
5. There is a zoo there. （　　）
6. The statue has the head of a tiger. （　　）
7. It has the tail of a fish. （　　）
8. The people in Singapore like the statue very much. （　　）
9. It is very hot all the year round in Singapore. （　　）
10. It rains a lot there. （　　）

変形 2 "Substitution"

　Conversionと同じく文の構造に習熟することを狙った活動です。それぞれのコラムから1項目ずつ選んで意味の通った文をできるだけ多く書くよう指示し、その数をグループやペアで競わせます。

Jane Paul My friends The birds	have has	just already	cooked washed eaten read written made		the car. the letter. dinner. the food. the news. the trees. the rain. the forest.
			come heard flown talked	from about into	

変形 3　整序活動

　語句を正しい順序に並べて文を作る"整序活動"は、語順の定着に有効であり、かつ容易に準備できるので便利です。例えば、前節（p.175）にあったSingaporeの文章を使ってまとまりのある文章を語順を並べ変えて作る活動は、単文の整序より意味のあるライティングの作業になります。

Singapore/Awajishima/Japan/big/as/as/in/is//
it/port/world/in/the/the/has/buisiest/third//
Singapore/River/mouth/park/a/the/the/small/is/there/at/of//
lion/fish/head/tail/it/the/the/a/a/of/of/has/and//
symbol/city/the/the/of/is/it//
park/people/walk/a/the/enjoy/taking//

　この他に、特に重要だと考えられる文の一部に限った整序は、関係詞、接続

詞などを用いた長い、複雑な文の場合に適しています。

　与えられた日本語を英語に直す、いわゆる和文英訳は、ライティングの指導のもっとも一般的な手法の1つです。これについては、指導例1とその解説をご覧ください。

変形4　"Following a model"

　これは、あるトピックを決めることによって自然に特定の言語項目を集中的に使用したモデルを示し、それにならって自分の立場を文章化することによって、書く力を伸ばそうとする活動です。次の例は、夏休みの計画について述べたモデル文の下線部を自由に書き換えることによって、自分の計画をまとめる練習です。

　　　　My plan for the summer vacation
　In this summer vacation I want to do many things. First, I want to go camping with my friends. We are planning to spend several days at the camping site of Madarao Plateau. We like to climb mountains. And it is at the foot of Mt. Hiuchi. We want to climb that mountain. Next, I am going to take part in the summer intensive training of the tennis club, which I belong to. I would like to train for the inter-high school match in the autumn. Lastly, I want to read a lot of books. I would like to read a long novel like "Yoakemae" by Toson Shimazaki this summer.

　ここでは、不定詞を含む構文が夏休みの計画というトピックと関連して多用されています。

3）パラグラフのレベル

(1)　文章構成

　次の (a) 〜 (e) の文を正しい順序に並べ変えて、まとまりのある文章に書き直しなさい。
　(a) It will give her more time to wash all the clothes so she's very

happy now.
(b) John and Mary have six children.
(c) It takes Mary three hours to clean it.
(d) They live in a large apartment house.
(e) Luckily she was given a vacuum cleaner for her birthday this morning.

　上の"Reordering"は、与えられた文を並べ変えて、まとまりのあるテクストを構成する課題です。ライティングに関しては、与えられた文をコピーするだけで単純な作業ですが、内容を正確に把握するリーディングの能力が要求されるので、このような活動を通して、次第にライティングにおける文章構成能力が養成されます。順序を変えるだけでなく、論理関係を示す連結詞を適当な場所に挿入して、よりまとまりのあるテクスト構成の練習にすることもできます。

変形1　"Parallel writing"

　モデルの文章にならって、与えられた項目や、自らの事柄などを用いて文章を書く作業です。

（モデル文）
　New York is a port in the U.S.A. It is situated on the east coast, on the estuary of the River Hudson, which flows into the Atlantic Ocean. The population is eight million. The distance from Washington, D.C. is two hundred and fifty miles.

次の項目を用いて、上のモデル文にならって、文章を書きなさい。
Niigata - Japan - northeast coast - River Shinano - Japan Sea - five hundred thousand - Tokyo - three hundred and fifty km

(2) 情報転移

次の図表は、米の生産過程を表しています。この図表を参考にして、下の絵の順序を並べ変え、（　）の中に番号を記入しなさい。最後に、絵とその注を参考にして生産過程を英語で書きなさい。

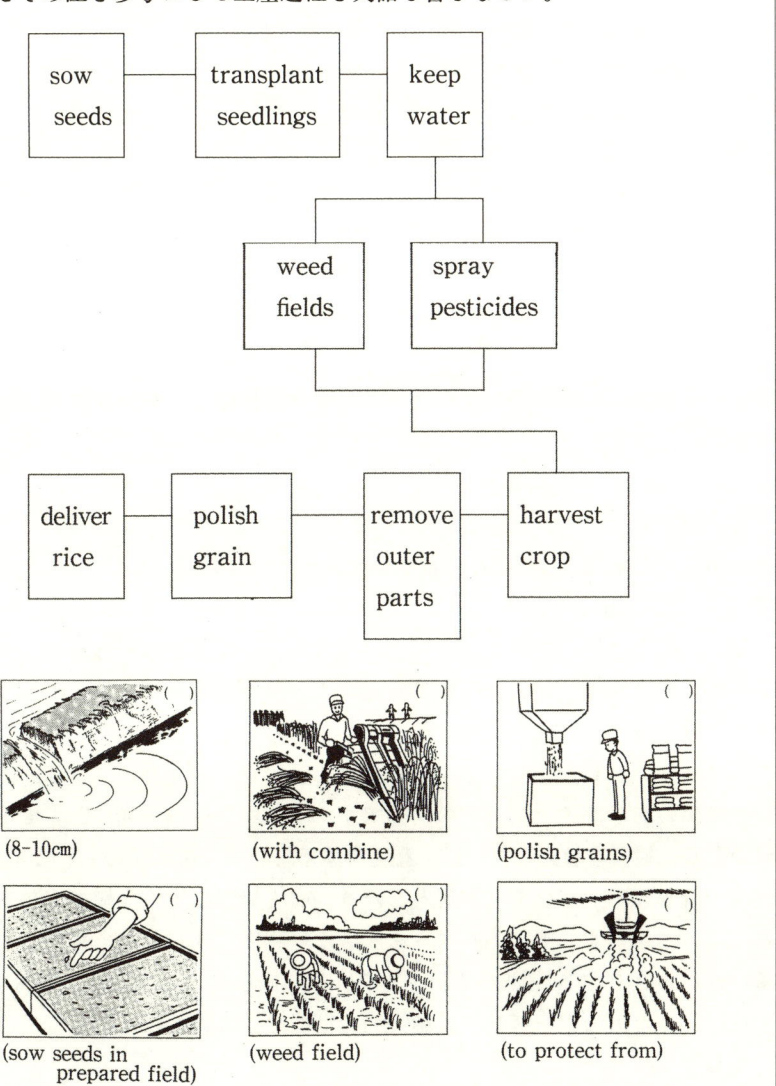

```
┌──────────┐   ┌──────────────┐   ┌──────────┐
│   sow    │──▶│  transplant  │──▶│   keep   │
│  seeds   │   │  seedlings   │   │  water   │
└──────────┘   └──────────────┘   └──────────┘
                                        │
                    ┌───────────────────┴───────────┐
                    ▼                               ▼
              ┌──────────┐                   ┌──────────────┐
              │   weed   │                   │    spray     │
              │  fields  │                   │  pesticides  │
              └──────────┘                   └──────────────┘
                    │                               │
                    └───────────────┬───────────────┘
                                    │
┌──────────┐   ┌──────────┐   ┌──────────┐   ┌──────────┐
│ deliver  │◀──│  polish  │◀──│  remove  │◀──│ harvest  │
│   rice   │   │  grain   │   │  outer   │   │   crop   │
│          │   │          │   │  parts   │   │          │
└──────────┘   └──────────┘   └──────────┘   └──────────┘
```

| (8-10cm) | (with combine) | (polish grains) |
| (sow seeds in prepared field) | (weed field) | (to protect from) |

(prepared field 20〜50days)

次の語句を使い順序をはっきりさせなさい。
First, When, During the growing season, During the growing stage, and, When it is ripe, Then, Finally

　上の情報転移（information tranfer）は、絵や図表などの非言語的な情報を用いて、それを文字化して表現する活動です。この種のライティングは、日常生活で頻繁に行われます。読んだり聞いたりしたことの要点をメモに書き留めたりすることはその一例です。旅行の経路と日時を記入した地図を見て手紙に書き直したり、新聞のできるまでの過程の図示を文章化するような活動は、その過程を簡略にしたり詳しくすることにより、異なったレベルの生徒に適した活動にすることができます。

変形1　"Summary writing"
　リーディング（R）の結果の要点をまとめて書く（W）という、R→Wの情報転移の活動です。この詳細は、前章Readingの指導をご覧ください。

変形2　"Dictation"
　聞いたこと（H）を書く（W）という点で、やはり情報転移を促すライティングです。これは、どこでも容易に行うことができる上に、生徒の方は単に音声を文字に直す以外にも様々な能力を動員する必要に迫られるので総合的な学習になるという利点があります。この点で、授業の一環として積極的に取り入れる価値のあるライティングの活動です。その際には、生徒にとって難解な語句などは、綴りを教えたり、言い替えをするなどの配慮が求められます。また、教師が読むスピードをあまり落としたり、文を極端に短く区切ってしまうことも避けるべきです。英語のリズムを崩さない程度にスピードを維持し、意味の単位がはっきりする範囲のまとまりを一気に読むようにすることが大切です。生徒が書くためのポーズは、教師が同じ箇所を2度書く程度と心得ておけばよいでしょう。

一般に、ディクテーションは3段階に分けて行います。最初は、普通の早さで終わりまで読んで、生徒には内容を聞き取るよう指示します。2回目は、上に述べたような方法で、生徒に書かせます。3回目は、1回目と同じように読み、生徒は書き取れなかった部分を書いたり、間違いを訂正したりします。

　ディクテーションには、全文を書かせる上のような方式の他に、重要な部分を空白にしておいてその部分のみを書かせる"Spot dictation"があります。この部分ディクテーションは、大切な部分に焦点を当てることができる上に、時間の節約にもなります。また、読む速度を落とさず、しかもある程度の長さのものを教師が読み、生徒は聞きながらメモを取り、それに基づいて内容を再生する方式は"Dicto-compo"[3]と呼ばれ、進んだ段階の学習者に適した活動です。

4）まとまりのある文章

　読むことを通してリーディング・スキルが向上するのと同じく、書くことを通してライティング・スキルの向上が期待できます。生徒が興味を持つ課題を設定し、モデルの提示、作業手順の説明などの適切な援助を与えることで興味深い活動になります。生徒が書いている段階で適切な指導を行うprocess writingの指導は、書いた結果について評価したり、コメントを与えるというproduct writingの指導よりも効果的なことが報告されています。

　ライティングが様々な機会に、異なった目的のために行われる活動です。買い物メモなどは自分のために行う活動ですが、多くの場合自分以外の読む人を念頭においてなされます。それぞれの目的に合ったpost-writingの活動を設定すると意義深い英語学習が実現できるでしょう。例えば、"The cooking/house chore I know how to do well"のトピックで自分の得意なことを紹介する活動では、提出されたものをまとめて、みんなで読んで感想を書くなどの活動を設定することで、ライティングの目的は生かされることになります。

　このようなライティングはコンピュータを用いて行うことで、ライティング中の指導、書いた後の活動のいずれもより効果的に展開できます。

注

1．Hedge, T., 1988. *Writing*, Oxford, p.96.
2．Dunn, O., 1984. *English with Young Learners*、Macmillan, p.45.

3. Bowen, J. D., Madsen, H., Hilferty, A. 1985. *TESOL Techniques and Procedures*, Newbury House, p.272.

問題
1. コピーの練習課題として絵合わせの活動を1題作りなさい。
2. Summary writing の活動を作りなさい。
3. Dictationの文章を選び、グループで模擬授業をやりなさい。結果を採点し、採点方法について話し合いなさい。
4. ライティングの訂正の方法を調べなさい。
5. 自由英作文の指導の手順を考えなさい。

Further Reading
Brookes, A. & P. Grundy, 1998. *Beginning to Write*, CUP.
Hedge, T., 1988. *Writing*, OUP.
Hedge, T. 2000. *Teaching and Learning in the Language Classroom*, OUP, pp.299-334.
Raimes, A., 1983. *Techniques in Teaching Writing*, OUP.
佐野・米山・多田・1988、『基礎能力をつける英語指導法』、pp.124-141, pp.227-242

第7章
総合活動

指導例1

```
復習    前時の教科書の音読 ──── Reading（R）
        基本文の反復練習 ──── Speaking（S）
        小テスト ──── Writing（W）
本時の学習
        新教材の導入 ──── Listening（L）
        練習 ──── S
        本文の読み ──── R
        Questions and Answers ──── L,S
        まとめ ──── R,W,S
```

指導例2

1. Animalsの主題について生徒と話し合う。eg, Where do elephants live?/ What do they eat?/ How long do they live? ──── S,L
2. Elephantsに関するテキストを読み、1.の問いの答えを見つける。──── R,S

> Elephants live in Africa and Asia. They have four legs and a tail. They are very big and very strong. They are intelligent, too. They have a trunk and some of them have tusks. They eat leaves, grass and fruit. They sometimes live for seventy years.

3. 生徒同士で、1.の質問の答えがいくつできたか、またテキストの内容から新たに分かったことを話し合う。──── S,L

> 4. ペア活動。　動物を1種類想定し、互いに質問し合い、答えを書き留める。
>   e.g. Where does it live?／What does it eat?／What are its characteristics?／What is its size?／How long do they live?
>   ——L,S,W
> 5. 2.のテキストにならって、4.のメモを文章にまとめて書く。——W

　指導例1は、ごく一般的な1時間の授業過程です。右端の略号は、それぞれの活動に用いられる主なスキルです。4つのスキルが網羅されていることがわかります。1時間の授業のいずれかの段階で4技能が用いられていれば、全体として総合的な活動をなしていると見なすのがこの指導例の考え方です。できるだけ多くのスキルを用いることには次のような利点があります。
① 　学習タイプの個人差によりよく対応できる。
② 　様々な媒体を通して英語に触れることにより、学習が促進される。
③ 　生徒が、将来どのような形で英語を必要とするか予測することはできない。したがって、教室で　は4技能の基礎をもらさずに教えておく必要がある。

　右端の略号がR-S-Wのように連続していることから、様々なスキルの連続は明らかですが、しかし、それは学習活動の配列順序を反映しているにすぎません。それは、目的のある言語使用から必然的に生まれた、自然な言語運用を反映した順序とは言えません。

　指導例2は4技能が網羅されているのは指導例1と同じです。しかし、ここではスキルの連続にはっきりとした現実的な理由があります。1.の話合いの中で問題となった点についてその解答を求めるため2.の活動が展開されます。3.は、2.で読んだ結果を確かめるために、また4.では、3.の発展として問題の解決を求め話し合い、最後にその結果をまとめて書いてみる活動が設定されています。この指導は、さらにお互いの書いたものを比較して（R）修正し（W）、その結果をクラスやグループで発表し（S, L）、それを聞いて表にまとめてみる（L, W）、のように発展することが可能です。

1. 総合活動指導の原則

　総合的な言語活動のもっとも大きな特色は、活動が日常生活で見られるような現実的な目的を持っていることです。その目的を実現するために有効なスキルを動員するという観点で多くのスキルが用いられるのです。このような活動は、タスク（task）と呼ばれます[1]。タスクの定義は一定していないが次のような特徴を備えていると考えてよいでしょう。
① コミュニケーションの目的で英語を用いて何らかの成果を達成するように構成されてる。
② 目的は様々で、規模も大小様々であるが、どのタスクでも言語練習以外の現実的な目標を達成する目標志向性（goal-oriented）を示す。
③ 多くの場合、目標は限られた時間内で達成するように指示される。
④ 言語形式の練習よりも適切な文脈の中でのタスク解決のためのメッセージの授受が活動の中心になる。
⑤ 普通、教科書本文の読解活動はタスクには分類しない。しかし、類似した別のテキスト読んで、両者の違いを見つけるような活動はタスクと呼ぶ。このように教科書の内容に密着した、単純で短いタスクに対して、これまでに身につけた英語力を自在に使って、ALTに自分の村や町の特色を説明してやるといった数時間に及ぶ活動は大規模なタスクは、プロジェクトと呼ぶこともある。以上のように、多様性がタスクの特色である。生徒のレベルと授業の目的に合わせて適切なものを選ぶことが重要である。
⑥ 準備段階、本段階、検討段階、発展段階のように活動に発展性がある。このことで、特定の言語形式を反復して使用し、自然に習熟し、正確さを高めることが可能になる。また、それぞれの段階に合った言語使用が自然に身につく。

　授業中の活動に上のタスクの特徴を組み入れることは決して困難なことではありません。指導の実際で確かめてみましょう。中・高のいずれのレベルでも、また教科書を中心にした活動、生徒の関心のあるトピックを中心にした活動のいずれも可能です。

2．総合活動指導の実際

1）中学校レベル(1)

　お互いの一日の生活を話し合い、仲間のことをより良く理解するのがこの活動の狙いです。相手とのQ＆Aを通して、疑問文と応答文の理解と発表能力の向上を目指します。教科書の本文と組み合わせたタスクです。

(1) 準備

　Q＆Aを通して、この活動の動機付けを行い、その中で新しい語句、構文を導入し、練習する。——L,S

> T：(家から学校に出かける絵を示して) I leave for school at 7：45. What time do you leave for school?
> S_A：At 8：00.
> T：What time do you leave for school, B?
> S_B：At 7：30.
> T：I see. B leaves for school at 7：30. I walk to school.（動作で）C walks to school, too.
> S_C：(うなずく)
> T：Do you walk to school, D?
> S_D：No, I don't.
> T：Do you come to school by bicycle?（動作で）
> S_D：Yes, I do.
> T：I see. D comes to school by bicycle. Do you come to school by bicycle, E?
> S_E：No, I don't.
> T：Do you come to school by bus?
> S_E：No, I don't.
> T：How do you come to school then?
> S_E：Walk.
> T：I see. You walk to school. How many students walk to school?

> Raise your hands, please.

(2) **Reading**

　Mikeについて書かれた文章を読んで、自分の立場と比較する。——R,W

> T：KenとKenの姉の登校の様子を読んで自分のと比べてみよう。
>
> | | Ken | Kenの姉 | 自分 |
> |---|---|---|---|
> | 家を出る時刻 | | | |
> | 交通手段 | | | |
> | 始業時刻 | | | |
>
> ［テキスト］
> Mike：What time do you leave for school, Ken?
> Ken：I leave for school at eight.
> Mike：How do you go to school?
> Ken：I walk to school.
> Mike：How about your sister?
> Ken：She goes by bus. She leaves at seven forty-five. Her school starts at eight thirty.

(3) **確認**

　上の表が正しく記入できたかをペアで確認する。——R,L,S
　（Q&Aは、必要に応じて練習してからこの活動に入る。）

(4) **"My Daily Life"**

　毎日の生活を表にまとめる。——W

> T:次の円グラフに右側の活動のリストの中から選んで自分の毎日の日程を書き込みなさい。[2]
>
> ＜get up: breakfast: lunch: dinner: leave for school: study at school: juku: club activity: TV: homework: bath: go to bed: sleep＞

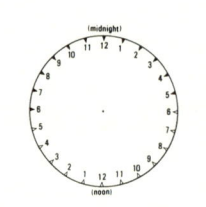

(5) **比較**

自分の表を見て相手と1日の日程について話し合い、もう1枚の円グラフに記入する。——S,L,W

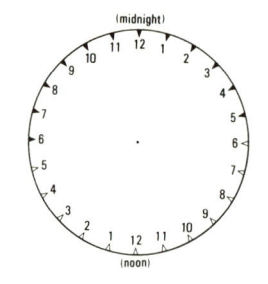

(6) **"My Partner's Life"**

(5)のグラフに基づいて、相手の1日をまとめて書く。——W

2) 中学校レベル(2)

(1) **準備**

次のQ&Aを通してトピックについて生徒の関心を高め、未習語の導入も行う。——L,S

> T:("The Statue of Liberty" の写真を見せて) What is this? Do you know?
>
> C:Yes, 自由の女神, etc.

> T： Yes, that's right. It's the Statue of Liberty in English. Where is it?
> C： It's in America.
> T： Yes, it's in New York. But where is it in New York?
> C： ...（Tは上の疑問文を板書）
> T： Some country gave it to America. Which country gave it to America?
> C： England did.（上の疑問文を板書）
> T： No, it didn't. When did that country give it?
> C： ...（上の疑問文を板書）
> T： Who designed it?
> C： ...（上の疑問文を板書）
> T： How tall is it?
> C： 30m, 40m, 50m,..etc.（上の疑問文を板書）
> T： Who was the model of the statue?
> C： ...（上の疑問文を板書）

(2) **Reading**
　(1)の疑問点の解決をreadingを通して行う。── R
　［テキスト］

> Masao is staying with Mr. Green in New York. They will visit the Statue of Liberty. They must go there by boat. The Statue of Liberty is on a small island in the Bay of Hudson. France gave it to America in 1886. That was for America's one hundredth birthday.
>
> 　A French man, F.A.Bartholdi, designed it. His mother was the model of the Statue. It is 46 meters tall and you can climb up the steps inside to reach the top part of the Statue. It holds up a torch in the right hand and has a book of laws in its left hand.

(3) **確認**
　(2)で得た答えを、ペアでＱ＆Ａを通して確認。── S,L

(4) **発展**

同じ主題に関して書かれた文章を読んで新たな情報を得る。ペアのそれぞれの成員に異なった内容の読物を与え、ジグソーリーディングを行う。── R, W

［テキストA］

> Tamotsu is visiting Paris. He will go to the Eiffel Tower. It is quite an old structure. It was built for the exposition in 1889. It is one of the symbols of Paris and is visited by more than 300,000 tourists every year. However, when it was built, it was disliked by lots of French people. It is 500m high and was the tallest tower in the world for many years. You can go up to the top of the tower in a very large elevator. It can carry more than 100 people at one time.
>
> The view from the high point of the Tower is just wonderful.

［テキストB］

> Miyako is visiting China on her school trip. She will visit the Great Wall of China. It is 2,400km long, the longest wall in the World, and about 7.6m high on average. The wall is 3.7m wide at the top, so 5 horses can walk side by side. It was originally built more than 2,000 years ago and rebuilt about 500 years ago. It was built to protect China from a people in the North.

T：それぞれのテキストを読んで次の表の空欄に必要な事項を記入しなさい。

	［テキストA］	［テキストB］
Name		
Where		
When		
By whom		
For what		
Others		

(5) 情報交換
　相手の持っている情報をQ&Aを通して求め、上の空欄に記入する。

> T：表の空欄を埋めるにはどんな質問をしたらよいでしょう。（質問がうまくできるように練習を行ってから、実際の活動に移らせる。）──L,S,W

(6) まとめ
　(4)の表に記入した情報を文章化してまとめる。──W

> T：相手から教えてもらって表に記入した内容を、自分で読んだテキストを参考にして、文章にまとめなさい。

(7) 確認
　(6)の課題がうまくできたか、パートナーのテキストと比較する。──R

3）高等学校レベル(1)
(1) 準備
　前時の復習を兼ねて本時のテキストについてのQ＆Aを行い、関心を高める。
　──L,S

> T：In our last class we read about how animals sleep. Can animals sleep in any position anywhere?
> C：No, they can't.
> T：That's right. What animals sleep upside down?
> S_A：Some bats and birds do.
> T：Do goats like soft mats when they sleep?
> S_B：No, they don't.
> T：Where do they sleep?
> S_C：They sleep on a stump or a rock.
> T：Do you sleep alone in your room?
> C：Yes.

> T：Do you like to sleep near another person?
> C：Yes...No...
> T：I see. Some of you like to sleep near another person and others like to sleep alone in their own room. That's the same with animals. <u>What animals like to sleep together?</u>（下線部板書。以下同様）
> C：...
> T：Well, let's find the examples in the text.
> <u>Why do some animals sleep in groups?</u>
> S_B：敵から身を守る……
> T：Yes, to protect themselves against enemies...<u>for protection</u>. Can you think of any other reason?
> C：...
> T：Let's find another reason in the text.

(2) 新しい表現の導入 ── L, R

新出語彙のbowl, species, scatter, tangle, conserveは、それぞれ文脈の中でQ&Aを通して導入し、板書の上、発音練習。

（例）We eat rice from a bowl./ There are many species of butterflies./ There are many species of fish./ We sleep in futon to conserve body heat.

テキストの脚注の語は発音練習。

(3) **Reading 1**

> T：Now read the text quickly and find the answers to the two questions on the blackboard. The time limit is 3 minutes....Stop reading.
> ［テキスト］[3]
>
> > You may not like to sleep near another person. Some animals are like that. They can't go to sleep if they are crowded. Others never settle down at night alone. They need company.

> At night some species of swifts cling to the inside of a chimney in great masses like swarming bees. And certain snakes tangle like spaghetti in a bowl and sleep in balls.
>
> Animals sleep in groups for several reasons. When whole families and even large groups sleep in the same bed, they conserve body heat and keep warm.
>
> Others sleep in groups for protetion. Animals that depend on running for protection, such as partridges, sleep in a circle on the ground with their heads turned outward. In this way they are ready to scatter at an instant's warning and run as fast as they can.

species[spíːʃiːz], swift(s)「アマツバメ」、bowl[boul], partridges[páːrtridʒ(iz)]

(4) 確認
ペアになってＱ＆Ａで上の問題の答えを確認し、その後、教師によるＱ＆Ａで再度確認し、必要に応じて本文のパラフレーズ、日本語訳を通して理解を深める。── L,S,R

(5) Reading 2
次の表を用意して配布し、本文を読み表に記入させる。── R,W

names	how they sleep	reason
swifts		
snakes		
partridges		

(6) 確認
ペア活動で、交互に次のＱ＆Ａを行い、確認し、その後、教師が確認し、必要に応じて本文のパラフレーズ、日本語訳を通して理解を深める。── L,S,R

```
A : How do ___ sleep?
B : They sleep _____.
A : Why do they sleep in that way?
B : They sleep that way _____.
```

(7) **発展**

本文復元作業

Step1　グループに分かれ、机の中央に下のA群のカードを裏返しにして重ね、B群のカードは表にしてA群のカードの廻りに見やすいようにおく。生徒は順番に1枚ずつAのカードを取り、読み上げ、Bのカードの中から適当なものを選び、2枚をつなぎ合わせ再度読み、他の生徒の確認を求める。── R,L,S

A群

At night some species of swifts cling to the inside of a chimney

And certain snakes tangle together like spaghetti in a bowl

When whole families and even large groups sleep in the same bed,

Animals that depend on running for protection, such as partridges, sleep in a circle on the ground

In this way they are ready to scatter at an instant's warning

B群

> in great masses like swarming bees.

> and sleep in balls.

> they conserve body heat and keep warm.

> with their heads turned outward.

> and run as fast as they can.

Step2　上の活動が終了した段階で、次のカードを与え、整序活動を行う。
── R,L,S

> Animals sleep in groups for several reasons.

> Others sleep in groups for protection.

Step3　復元ができた文章をノートに清書する。── W

4）高等学校レベル(2)

Etiquette for using communication systems

1．There are several systems of communication in the table. Which ones do you use? How often do you use them? When did you use them last? Who did you communicate with? What did you communicate about? Fill in the table.

	How often	When	To whom	About what
Regular telephone				
Mobile telephone				
Answering machine				
Fax				
e-mail				

2．総合活動指導の実際

2. Talk with students in your group about the results and compare them. Take notes while you talk in your group.
3. What did you find? Any surprising fact? Write down what you have found, summarise it in a report and then present it to the whole class.
4. Mobile telephones are very popular among young people. Indeed, they are very convenient. But sometimes they cause trouble both with users and other people. Have you had any problems when you or your friends use mobile telephones?
5. Talk in your group and make a summary in a report.
6. The following are five ways to improve your mobile manners. These recommendations are provided by a telephone company in Britain. Read each manner and give your response. Which one(s) do you agree or disagree with? Do you think they are important points? Do you have any other recommendations?

Mobile Manners

01. Switch It off

Phones ringing or people chatting on their mobiles can be distracting, particularly at the cinema, theatre, or in a restaurant. To be on the safe side we recommend turning off your mobile whenever you take off your coat!

02. Switch It to silent!

Take that urgent call quietly when you switch you ring tone to silent. If you keep your eye on the screen you'll see the incoming call, and can find a quiet spot to answer the call.

03. Switch It to a private corner

When answering a call on the train, try to find a quiet spot to avoid disturbing other passengers. You don't need to irritate anyone by shouting down the phone!

04. Switch It to messaging

Even when your phone is off you're not out of touch. With voice

> mail and text messaging you can pick up your messages at your convenience.
> 05. Switch It to better time
> Is it a convenient time to call? Try to check with your colleague or partner as soon as they answer. If not, arrange a better time to call.

5. Fill in the chart according to what you think of each suggestion and compare your result with your friends.

	sensible	important	observed
01			
02			
03			
04			
05			

8. Discuss the result in your group. Propose any other recommendations.

注

1. Willis, J., 1996. *A Framework for Task-Based Learning*, Longman, pp. 23-37.
2. Matthews, A. et. al. 1985. *At the Chalkface*, Arnold, p. 132.
3. 福田陸太郎他、*The Senior English One*, Obunsha, pp. 113-114.

問題

1. 総合活動の特色は何ですか。
2. 本書で紹介されているものの他にどんな活動が考えられますか。
3. テキストの題材にとらわれないで総合活動を1題作り、グループで実際にやってみてその結果を話し合いなさい。

Further Reading

Matthews, A., et. al., 1985. *At the Chalkface*, Arnold, pp. 72-75, pp. 126-142.

Byrne, D., 1986. *Teaching Oral English New Edition*, Longman, pp. 130-137.
Nunan, D., 1989. *Designing Tasks for the Communicative Classroom*, CUP.
Willis, J., 1996. *A Framework for Task-Based Learning*, Longman.
佐野・米山・多田, 1988, 『基礎能力をつける英語指導法』大修館書店 pp. 142-160, pp. 243-25.

第8章 早期英語教育

指導例1

T：これから英語を言ってから動作をします。注意して見ましょう。何度もやりますからすぐ慣れます。

Take out a pencil and paper.
Write your name on the paper with the pencil.
Draw 5 small circles with your pencil.
Open your box of crayons.
Colour two circles red.
Colour one circle black.
Colour one circle green.
Colour two circles pink.
Draw three more circles.
Colour the first circle yellow.
Colour the second circle blue.
Colour the third circle grey.
Put the crayons in the box.
Now do as I say.
  …
今度は、英語で言いますから、よく聞いて言われたとおりにして下さい。
  …

指導例2

> T：ビンゴゲームをやりましょう。（板書しておいた次の単語を指して）皆さんがよく知っている体の部分の語です。後について言ってみよう。
> eye, nose, mouth, hair, cheek, eyelash, eyebrow, chin, ear, hand, arm, elbow, wrist, neck, shoulder, hand, finger, thumb, foot, feet, leg, toes, heel, back
> ビンゴの紙に25の四角があります。真ん中にあるFREEは何も書きません。黒板の単語を1つずつ四角の中に書き入れなさい。どこにどの語を書いてもかまいません。
> これから1つずつ単語を読みます。自分のカードに書いた同じ語を○で囲みなさい。○が縦、横、斜めのいずれでも5つ1列に並んだら大きな声でビンゴと言って下さい。最初にできた人が勝ちです。FREEは○1つに数えてください。
> mouth（と言って、mouthのフラッシュカードを示す。）
> ……
> S：Bingo!
> T：Great! You're the winner. Let's continue.

　指導例1は、聞いて理解することが中心になった活動です。crayon, first, second, thirdがここでは新しく出てきた語です。色彩名はすでに導入済みですがこの活動を通してさらにそれに慣れることを狙っています。小学生の低学年の子どもたちに英語を教える場合には、英語の音声に十分触れてその意味が容易に理解できるようにすることがまず求められます。それはまた、場面に密着して楽しいメッセージを含んでいなければなりません。さらに、ただ聞くだけでなく、自ら積極的に反応する活動であることが子どもの注意を引きつける要因になります。

　指導例2は、文字を導入しています。Simon says等のゲームを通して、子どもたちは体の部分の名称を聞いたり話したりできるようになっています。小学生はリスニング、スピーキングの活動を通して、英語の音声に慣れ、スピーディーに情報処理ができることを最優先すべきです。しかし、高学年になれば文

字を導入することで学習が定着し、また深まることが期待されます。文字に対し関心を示す子どもも多くなり、自分でも書いてみたいという意欲を示すようになります。このような子どもたちにはライティングの初歩を教えることは十分意義のあることです。文字の導入は急ぎすぎては逆効果です。慎重に、丁寧に行う必要があります。指導例2は、板書した単語を何度も声を出して読み、指で綴りを書かせるなどの準備を行う段階を設定します。また、子どもたちがカードに単語を書き入れている間は、個人指導の絶好の機会です。

1．指導の原則

　英語教育の原則の多くは年齢に関係ありません。中学生の教室で好まれる活動の多くは小学生にも好まれます。中学生と小学生の違いは程度の違いです。前章で扱った様々なスキルの指導の原則は早期英語教育でも適用されます。しかし、個々の学習者に個人差があり、それに対応した適切な指導が必要なように、年齢が異なれば様々な観点で考慮すべき力点の置き所が異なってきます。

1）授業を多くのセクションで構成し、各セクションは短くする。
　年少者は一般的に言って、注意持続時間が短く、1つの活動に集中できる時間は長くありません。1つの活動の時間を5分程度に抑え、10分が最長と考えるのがよいでしょう。このことは、1時間の授業を多くのセクションで構成することを意味します。各セクションの活動をテンポよく、リズムに乗って行うことで、子どもたちは楽しく学習に参加します。

2）説明よりも実演と体験で理解させる。
　日本語による文法の説明は極力避け、'いま、ここ'という子どもたちに密着した場面のなかで身振り、しぐさ、表情を交え、英語で話しかけます。抽象的な規則の説明は、子どもたちには通用しません。五官を通した直接的な経験こそ、最良の学習手段です。全身を使って学習に参加することで、理解が深まり、学ぶ喜びを実感するのです。

3）十分聞かせて理解を深めることを最優先する。
　音声中心の英語教育を他の年齢層の学習者よりも一層強調します。その中でも、聞くことで理解を図る活動を多く取り入れることが、特に低学年の場合には望まれます。母語習得の過程では'沈黙期'（silent period）が生後長期間にわたって続きます。同様の期間が外国語習得にも観察され、その期間は年齢が低い程長期に及ぶとも言われています。2）で述べた留意点を十分組み入れて、子どもたちが一緒になって参加できるような、楽しい語りかけを多く取り入れることが原則になります。

話すことを早い段階から強要することは学習の妨げにさえなりかねません。指導例1にあるように、教師の指示に従って体を動かし、ゲームに参加するなかで英語の体系が徐々に習得されているのです。この体系が学習者のなかで充実してくれば、強要しなくとも自然に話すようになります。

4）文字の導入を適切な時期に行う。
　早すぎる段階で文字を導入することは危険です。しかし、小学校では文字の指導は行わないことを原則にすべきではありません。英語の音体系に慣れ、スピードに乗って理解し、発表できるようになるに従い、使われる英語も複雑になり、また長くなります。このような段階では、子どもたちは、日本語で英語の音声を書き留めて記憶に留めようとします。この時期は文字の導入の好機です。

5）学習量を少なくする。
　学習量を小分けにして1度に提示する分量を少なくします。また、反復の回数を増やし、復習で何度も再学習の機会を与えます。もちろん、この場合もまったく同じことを行うのではなく、少しずつ変化を持たせることを心がけます。少しの変化でも、子どもたちには新しい学習と映ることが多くあります。

2. 指導の実際

1）歌

> T：Mulberry Bush[1]の歌を聴いて覚えましょう。（2，3回聞いた後で、下の歌詞を板書して、発音練習と歌詞の説明）
> This is the way we wash our face
> Wash our face,
> Wash our face.
> This is the way we wash our face,
> So early in the morning.
> 　1行ずつ後について歌いましょう。
> C：歌う。（繰り返し、次第に反復を長くして）
> T：身振りをつけて歌いましょう。（動作を示す）
> C：身振りをつけて歌う。
>
> ♪ This is the way we wash our face, wash our face, wash our face.
> ♪ This is the way we wash our face, So ear-ly in the morn-ing.

Mulberry Bushの歌は体の部分、日常的な動作を表す語の学習に適しています。動作を入れて何度も行いみんな歌えるように指導します。何時間かに分けて、次の歌詞を適宜教えます。

This is the way we wash our face / brush our teeth / comb our hair / eat our breakfast / dress ourselves / walk to school / write our words / read a book / play on the swings

　子どもたちのレベルと興味に合わせて適切な歌を選びます。また、高学年では歌詞を与え、文字を読む練習を行い、記憶の助けにします。

変形1　ライム（rhyme）

詩や韻文は、ことばの響きとリズムに引きつけられて、こどもたちは楽しんで何度も口ずさみます。動作を加えて行うとよいでしょう。

Jelly on a plate[2]
T：（食べ物の名称を復習し、jelly, sausageを教えてから次のrhymeを強勢の部分を強調して動作を加えて朗読する）

●　　●　　　●　　　●
Jelly on a plate, jelly on a plate
●　　　●
Wibble wobble, wibble wobble
●　　●
Jelly on a plate.
●　　●　●　　　　●
Sausages in a pan, sausages in a pan
●　　●
Turn them over, turn them over,
●　　●
Sausages in a pan.

変形2　チャンツ

チャンツは英語のリズムとイントネーションに合わせて手拍子や楽器なども用いて英語を言う活動です。

T：強く言う部分に気をつけて聞きましょう。（次のテープを再生する）

A：Hi！
B：Hi！
A：Hello！
B：Hello！
A：How are you?

> B：Fine. / So-so. / Not very well.
> A：How are you?
> B：I'm fine, thank you.
> A：How are you today?
> B：I'm fine, thank you, and you?

手拍子と足踏みで体でリズムを取りましょう。
テープに合わせて挨拶を言ってみましょう。
A, Bの2つのグループに分かれて言ってみましょう。

2）スキット、ロール・プレイ

> Shopping
> T：買い物をしましょう。ALTのMr Smithがpet shopの店員で私がお客です。よく見てください。
> T：Good morning.
> ALT：Good morning. May I help you?
> T：Yes. I want a dog.
> ALT：A big one or a small one?
> T：I like a small dog.
> ALT：This is nice.
> T：How much is it?
> ALT：It's 20 dollars.
> T：That's very expensive.
> ALT：OK, then 15 dollars.
> T：Here you are.
> ALT：Thank you. Good bye.
> T：Good bye.
> T：それでは、お客になって言ってみましょう。
> C：(教師の後についてrepeatし、慣れたらペアでロール・プレイ)

3．ストーリー・テリング

> Why do rabbits have long ears?[3]
> T：（クラスを6グループに分けて）rabbitは昔は耳が長くなかった。どうして長くなったのでしょう。A long time ago, rabbits' ears were not long. Do you know why they have got long ears?（ジェスチャーを多く入れて話す）
> Once upon time the king of the animals decided to give all the animals names. He said, 'You are a lion.'（1つのグループを指さす）
> （以下略）

　絵、お面などを用意し、しぐさを多く交えて行います。話は「ウサギとカメ」のような、子どもたちがよく知っているものでもかまいません。話の中に反復が自然に生じ、子どもたちが一緒に掛け声をかけるような参加を促す要素があるのが望ましいでしょう。（なお、第5章　リスニングの指導を参照）

4．ゲーム

> Body clocks[4]
> T：（2つのグループに分けて、大きな輪を作らせ）しぐさで時間を示そう。
> Class：What time is it?
> T：It's 9 o'clock.
> Class：（右手を上に、左手を横にして）It's 9 o'clock.
> T：Good.
> Class：What time is it?
> （以下略）

　上の例は体を使ったゲームです。「福笑い」も同じ種類の、人気のあるゲームです。

変形1　雑誌めくり[5]

　クラスを4人のチームに分け、写真のたくさん入った雑誌やカタログを1部ずつ用意し、各チームに配布します。教師の出す指示（例えば、Find a girl wearing a red sweater.）に合った絵を早く見つけたチームが1ポイント得ます。5ポイント獲得したチームが勝ちです。

変形2　伝言ゲーム

　食物、衣服、動物などの既習語のカードをチーム数＋1だけ用意します。クラスを2～3の同数のチームに分け、各チームの前に同じカードを同じ順序に重ねておき、もう1セットは離れたところにおきます。各チームは、間を十分開けて1列に並び、最初の人がカードをめくり単語を確認してから2番目の人の所に行きその単語を小さな声で伝え、その人の所に座ります。列の最後の人は聞いた単語のカードを急いで取りに行き、最初にとった人が1ポイント得点を貰います。得点の多いチームが勝ちです。

5．工作

招待状作成

T：We're going to have a sports day soon. Let's make an invitation card. When is the sports day?

S：On Friday.

T：Yes. It's on Friday. When does it start?

S：At 9 o'clock.

T：Yes. At 9 o'clock.（見本を板書して日時を入れた招待状を作らせる。必要であれば、日時を空欄にしたものを教師が用意してコピーを配布して記入させる）

変形1　ぬり絵

　教師の指示を聞いてぬりえに色を塗る作業は正確な聞き取りの活動として有効です。単純なようですが、選ぶ題材によってかなり高度なものにすることも可能です。

6．ことば遊び

> 早口ことば
> T：Listen carefully.（最初はゆっくり、次第に早く何度も繰り返す）
> 　　Peter Piper picked a peck of pickled pepper.（板書して1語ごとに反復させ、次第に長くして慣れさせる）
> Class：Peter Piper picked a peck of pickled pepper.

変形1　音とリズム

英語特有の音声やリズムを子どもの耳は鋭敏に聞き取り、楽しみながら自らも口ずさみます。次の詩には 'r' の音がたくさん入っているので、音声練習にもなります。

> Windy nights by Rodney Bennett
>
> Rumbling in the chimneys,
> Ratttling at the doors,
> Round the roofs and round the roads
> The rude wind roars,
> Ranging through the darkness,
> Racing through the trees,
> Racing off again across
> The great grey seas.

まず、録音テープを何度も聞いて、音の響きを楽しんだ後、詩が導入されます。コピーを配布し、OHPでも提示して、意味の理解を図ります。この際、風の動きを絵で示すと理解の助けになります。強勢部分を示し、テープを流して理解を促します。今度は1行ずつ教師やテープの後について繰り返します。[6]

3. 指導上の留意点

　年少者を対象にした小学校で行われる英語指導は、教育課程の中の位置づけや教育内容など未解決の問題が山積しています。ここでは、その中でも特に問題となる点に絞り考察することにします。

1）授業形態
　通常の1単位時間の他に多様な形態が考えられます。
① ショート・タイム　10〜20分の時間を設定して行う授業です。校内放送で市販のビデオや放送番組を流したり、ALTなどによる外国語の生活・文化の紹介は英語に触れるよい機会です。担任の教師が単独で行う場合でも、時間が短いことで、それほど負担に感じないで授業が行える利点があります。もちろん、この場合には、どの教室でも充実した活動が展開できるように学校全体で学年毎の指導計画を作成して教師の研修を積み重ねることが求められます。
② ロング・タイム　ゲストを招いて行う国際交流活動やクリスマスパーティーなどの行事では通常の時間を2時間まとめたりすることもあります。
③ 1授業単位　児童の発達段階、学習経験、扱う題材により授業構成は一様ではありません。しかし、指導の原則で述べた点を踏まえた授業を構成することが大切です。次の例は3，4年生の英語を習い始めたクラスを想定しています。

Warm-up	2分	挨拶
Review 1	3分	英語の歌 Old MacDonald
Review 2	5分	Questions & Answers 毎時間行っている次の問いに答えさせる： （絵を指しながら）What is this/that?, What are these/those?, What do you have on your desk?, When do you get up?　など
Practice 1	10分	数の言い方を文字で確認する 　1．Ten Little Teddy Bearsを歌う 　　（Ten Little Indian Boys の替え歌）

			2．フラッシュカードで1～10の文字を示し、反復練習
			3．1～5の数を書いたカードを配布。1．の歌を歌いながら歩き回る。歌が終わったところで隣の人とペアになる。お互いの数字を合計する。教師が2, 3, のように数字を言い、合計数がその数になったペアは挙手をする。
Practice 2	10分	How many pockets do you have?の問いに答える。グループで1番多く持っている人が勝ちとする。下線部に次の語句を用いる： buttons, pencils, erasers, pens	
Guessing game	10分	1．知っている動物の名前を言わせる。eg., dog, cat, penguin, ...（復習） 2．教師が言う色の動物を言わせる, eg., brown=bear, kangaroo, gray=elephant, black and white= panda, penguin 3．gray, fourのように色と足の数を言って、該当する動物を言わせる。	
Consolidation	5分	1．フラッシュカードで数の文字を読む。 2．Ten Little Teddy Bearsを歌う。	

2）指導計画

① 目標の設定　体験を通して英語を聞いたり話したりする基礎を身につけることに加えて、日本語文化圏とは異なった文化に接することで異文化を積極的に理解する態度を養うことも重要な目標になります。各学年の目標は、全体の目標に学年を追って迫るように関連づけて設定します。

② 指導内容　理解、発表別の語句、文をリストアップし、どんな活動の中で用いるかを示した一覧表を学年毎に準備します。

③ 年間指導計画　月・週ごとの指導計画を各学年に準備します。次はある学校の6年生の指導計画の1部です。[7]

月	題材名	活動の概略	主な言語材料
4	Friendly greetings	・月日の言い方を知って、カードゲームを通してその表現に親しむ ・日にちの言い方を知り、練習する	first, second, third, … -What day is it today? -May 24th.
5〜6	Where is the park?	・学区内にある建物（病院、郵便局、図書館等）の名前が言える ・道の尋ね方を練習する ・道を尋ね、教える練習をする ・グループで練習する ・体育館で町を再現して活動する	hospital, station, park, post office -Where's the ~? -Go straight. -Turn left/right. -Two blocks. -You're welcome. -It's on the left.
7〜9	Welcome to our school	・学校紹介に必要な会話について話し合う ・ALTや先生に聞いて練習する ・学校案内の計画を立てる ・役割を決め、学校紹介ができる	principal's room, meeting room, nurse's room, music room -Come with me. -Go upstairs/downstairs.
		以下略	

3）ティーム・ティーチング

　英語教育専攻の教師やALTとのティーム・ティーチングの機会が多くなっています。前者との協力は問題ありませんが、後者と組んだ授業は最初は意志疎通がうまくいかない場合もあります。どんな点に注意したらよいかについては、第2章　授業の構成のティーム・ティーチングを参照。

注

1. Claire, E. 2000.『やさしい英語教室活動集77』Pearson Education Japan.
2. Vanessa, R. & S. M. Ward, 1997. *Very Young Learners*, OUP. p. 70.
3. Vanessa, R. & S. M. Ward , 1997. *op. cit.* p. 155.
4. Lewis, G., 1999., *Games for children*, OUP, p. 43.
5. Lewis, G. 1999. *op. cit.* p. 64.
6. Vaughan-Rees, M.1994, *Rhythm and Rhythm*, Macmillan, p. 118.
7. 和田　稔監修、2000、『小学校英語A to Z Vol.4』開隆堂、p. 108.

問題

1. よく知っている話を選び、ストーリーテリングの活動を作りなさい。その際、理解の助けになる絵や動作を使うこと。
2. 下のFurther readingを参考にして、歌の指導方法を調べ、実際に仲間とやってみなさい。
3. TPRの手法を用いて、中学年レベルの指導を考えなさい。

Further Reading

Claire, E. 2000.『やさしい英語教室活動集77』Pearson Education Japan.
Vanessa, R. & S. M. Ward, 1997. *Very Young Learners*, OUP.
Lewis, G., 1999., *Games for children*, OUP.
Grundy, P. ,1994. *Beginners*, OUP.
Phillips, S., 1999., *Drama with Children*, OUP.
Phillips, D., et. al., 1999., *Projects with Young Learners*, OUP.
伊藤嘉一編著、2000、『小学校英語レディゴー』ぎょうせい.
文部科学省著、2001、『小学校英語活動実践の手引き』開隆堂.
樋口忠彦他編、1997、『小学校からの外国語教育』研究社出版.

第9章 評価

例1

> 1．次の英文を日本語に訳しなさい。
>   （教科書あるいは他のソースからとった英文……略）
> 2．次の文を英文に直しなさい。
>   1．この部屋をきれいにしておくことは君の責任だ。
>   2．困ったのは、われわれがみんなお金を十分持っていないことだった。
> 3．次の文の空所に下の（a）〜（d）を入れて文を完成させたいのですが、ひとつだけ不適切のものがあります。その記号を書きなさい。
>   1．The teacher _____ me what to do.
>   (a) told (b) explained to (c) suggested to (d) said
>   2．He's eating a big _____ because he's hungry.
>   (a) food (b) sandwich (c) meal (d) dinner

例2

> 1．次のBillの部分を読み、Janeがどんなことを言うか想像して書きなさい。
> Bill：Hello. This is Bill.
> Jane：_____
> Bill：No, I'm not.
> Jane：_____
> Bill：Yes, I am.
> Jane：_____
> Bill：Yes, let's.

テストは、その形式によって次のように分類することができます。
〈例1〉
1. 2. 主観テスト（subjective test）…採点が採点者の判断で変わることが多い。
3. 客観テスト（objective test）…正解が客観的に判定できる。
1. 2. 総合テスト（integrative test）…それぞれreading, writingの能力を見るテストで、この場合、綴り、語彙、文法などの能力を総合的に判断する。
3. 項目別テスト（discrete point test）…文法、語彙の特定の項目を取り上げてテストする。
〈例2〉
　機能テスト（functional test）…例1の2.の問題が文レベルであるのに対し、より大きな文脈で英語を用いる能力を判定しようとしている。ここでは文法的に正確であるだけでなく、場面にふさわしい（appropriate）応答が求められる。例1の2.の文の構造の理解発表を試す構造テスト（structural test）と対比される。
　項目別テストは、音声・文字綴り、語彙、語彙形態、文法、言語運用などのどの項目を4技能のどのスキルに関してテストするのかによっても細分することができます。
　どのような項目を出題するかは、何をどんなふうに教えたかによって決まります。したがって、テスト問題の善し悪しはそれ自体で判断できません。しかし、よいテストは次のような条件を満たす必要があります。
①妥当性（validity）　調べようとする点を的確に調べることができるテストは妥当性が高いテストです。また、特にアチーブメントテストは、一定期間に生徒が学習した内容がどの程度定着したかを調べるのが目的なので、テスト内容が学習内容を忠実に反映していなければなりません。加えて、テスト形式にも授業中の活動を大幅に取り入れていることが必要です。
②実行可能性（feasibility）　妥当性は、良いテストの大切な条件ですが、設備や時間の制約を無視したのでは、それは"絵に描いた餅"にすぎません。したがって、学校で利用できる施設を使って、特別の訓練を受けない英語の教師がテストの一定の時間内に実施できる必要があります。しかし、feasibilityだけを追い求めていては、テストしやすい項目だけに偏り、妥当性に欠けたテストに

なってしまいます。両者を満たす努力が大切です。Speakingのような実施するのが困難なスキルは、授業中の生徒の反応を随時記録しておいて、評価の一部に加えるような工夫が必要になります。

③**信頼性（reliability）**　　主観テストにはいくつかの問題点がありますが、中でも採点者間だけでなく、同一の採点者でも異なった時間に採点すると違う結果が生じてしまい、採点が一定しないことを挙げることがきます。採点にこうしたばらつきが多く生じるテストは信頼性が低く、良いテストとは言えません。主観テストの信頼性を高める工夫については後で述べることにします。

　以下、生徒の学習の様子や結果を測定し、それを生徒にフィードバックし、今後の学習の参考にするために行う評価を扱います。テストにはこれ以外にも次のような多くの目的があり、それぞれの目的によって次のような分類が一般的に行われています。

A.　aptitude test…英語学習に対する適性を予測する目的で行われるテスト
B.　placement test…能力別のクラス編成など、受検者の分類が目的
C.　diagnostic test…学習結果のどの部分に問題があるか診断する
D.　proficiency test…特定の作業（たとえば、銀行の外国為替業務など）に必要な英語能力を調べる
E.　achievemnt test…一定の期間に学習した内容をどの程度理解したり、発表できるかを調べる

1. 評価の原則

1）評価の種類

　学習者の学習状況を把握し、指導上の手がかりを得たり、適切な助言を学習者に与えるために行われるのが評価（assessment）です。テストは評価の有力な方法ですが評価と同一視することは誤りです。テストは特別な時間を設定して、手順を明確にして行なわれる公正で信頼性の高い調査方法であり、これは正式な評価（formal assessment）と呼ぶことができます。しかし、評価はテスト以外にも授業中に観察などによって随時行われています。これは日常評価（informal assessment）です。さらに、生徒が自らの学習を振り返り、これからの取り組みに生かす自己評価（self assessment）は、学習の主体者としての生徒による生徒のための評価という点で重要な評価です。

1．日常評価（Informal assessment）

　日常評価の多くは観察によって行われます。教師は授業中に生徒の様子を観察し、学習状況をたえず直感的に評価し、学習が問題なく進んでいるか、どんな問題を抱えているかなどを把握し、それに対処しています。しかし、この日常評価を効果的に行うためには観察を整理して組織的に行う必要があります。即ち、評価の対象を絞り、評価の観点を明確にし、評価の結果を指導と最終的な評定に生かすことです。

　日常評価は観察以外にも生徒のライティングなどの各種提出物・宿題やクイズ・ディクテーションなどの結果も含みます。さらに、評価の対象は4技能を含む英語の学習と成果に限らず、意欲・態度などの非言語的な側面も含んでいます。

2．自己評価（Self assessment）

　自己評価は、学習の大切な一部です。自分の学習状況を考え、よくやっているか、またどんなことが問題になっているかを自らが確認することで次の学習目標が明確になります。これは、独習に限らず教室内の学習にも当てはまることです。自己評価はこのように生徒が自分のために行うことですが、その結果は教師にも指導上の重要な情報を提供してくれます。積極的に、意識的にそして頻繁に生徒が学習を振り返り、その様子を自ら確認し、評価し、次の学習に

反映させることができるような体制を整えることが大切です。
3．形成的評価と総括的評価

評価は、多くの場合生徒の学力を測定し評定を与える資料に用いられます。このような評価は総括的評価（summative evaluation）と呼ばれ、achievement testはその代表例です。生徒の成績は教師の指導を反映しているのですから、テストの結果は教師の指導を反省する最も良い資料となります。個々の生徒の結果を子細に検討し、学習状況をたえずチェックし、それに基づいて次の指導の方策を決めることは効果的な指導には不可決です。このような目的で、学習過程の途中で行われる評価を形成的評価（formative evaluation）と呼びます。

2）テストの作成手順

ここでは、achievement testの作成手順を解説します。
1．テストの範囲

一定期間に教えたことがテストの範囲になることは自明のことす。しかし、教えたことをすべてテストすることはできません。何をどれだけテスト項目として取り上げるかと言う選択が必要になります。その際考慮すべき点は、授業で重点的に取り扱った事項がテストに反映するようにすることです。逆に言えば、授業中に軽く触れただけの事項がテスト問題のかなりの部分を占めるようであってはなりません。

口頭作業が重視されている場合には、当然テストにもそれに関した問題を含める必要があります。しかし、多くの場合、個々の生徒を対象にしたspeaking testは実施が困難です。この解決策として、日常評価を併用することが必要です。

2．テスト形式

テスト形式はテスト項目が何を調べるかによって決まります。リーディングのテストで解答を込み入った英語で書かせるような形式は、読む能力よりも書く能力を測定することになってしまいます。この場合には、選択肢を用意したり、絵、図表を選ばせるなどの方法で、できるだけ他の要因が混入しないよう配慮します。問題自体が複雑すぎると解答方法が分からずに実力を発揮できない生徒が出てしまいます。問題はできるだけ単純にして、指示も分かりやすい

ものにします。事前に同僚、それも他教科の教師に指示を読んでもらうのもよいでしょう。さらに、客観テストを多くすることは望ましいものの、主観テストに頼る必要が生じることがあります。両者の割合や主観テストの採点の基準などもしっかり決めておくようにします。

　選択形式では、適切な選択肢を用意することが大切です。正答だけが他と異質であったり、異なった品詞の選択肢が混入したりすると選択肢の意味がなくなります。

3．テストの分量

　最終的な分量は教師の経験による他ありませんが、初めは少し多めに作っておきます。聞き取りのテストを入れる場合には、準備に要する時間もテスト時間に入れておくようにします。

4．配点

　授業中に時間をかけて教えた重要な事項に多くの配点を与えるようにします。個々の項目の点数もそれに要する時間、重要度などを勘案して決めます。

2．評価の実際

1）アチーブメントテスト
1．リスニング・テスト

> 次の会話はどの絵について行われていますか。番号を○で囲みなさい。
> A : Where has our cat gone?
> B : Well. She was sleeping in front of the chair just now.

上の問題は、該当する絵を選ばせることによって聞き取り能力を調べようとするものです。選択肢が絵になっているので、純粋に聞き取りの力が測定できます。上のような絵を用いた形式に加え、次のような文字を用いた選択肢があります。

> （テープ　Jane is as tall as Ann.）
> A. Jane is taller.
> B. Ann is taller.
> C. They are the same height

変形1　穴埋め方式
　台本の一部を空白にしたものを掲げ、読まれるのを聞いて、空所に適語を書き入れさせます。

変形2　True-false test
　解答欄に内容に関するいくつかの文を用意し、正しいものはTを、間違っているものはFを選ばせます。

変形3　Note taking

聞いた内容の要点をメモに書き留める形式です。あらかじめどんな要点を聞き取れば良いか基準を明確にしておき、採点は、それに沿って行います。

2．スピーキング・テスト

> Did you get up early this morning?
> （Response）
> What time did you get up?
> （Response）
> Do you get up so early every morning?
> （Response）
> What did you do after you got up?
> （Response）
> Did you take rice and miso soup or bread and butter for breakfast?
> （Response）
> What else did you eat?
> （Response）
> How do you come to school?
> （Response）

上のinterview形式のテストではwh-question, or-question, yes-no questionを平均して用いて質問し、内容の面では一つのトピックに話をまとめ、さらに質問者が知らない情報を尋ねることによって自然な会話に近付けるようにします。

変形1　Role-play

教師と生徒で役割劇を演じ、speakingの力を測定します。買物、駅で切符を買う、道を尋ねるなど、場面と役割を決めて行います。

変形2　絵の描写

一枚あるいは連続した数枚の絵を見せてそれについて時間を決めて自由に話させます。絵について教師が質問し、生徒に答えさせる形式も可能です。

変形3　音読
　書かれたテキストの音読を通して、間接的にspeakingの力を推定するテストです。音読の前に短時間であっても、文章に目を通させてから行います。既習のテキストを用いても行えますが、別の材料を用いる場合には、言語材料の程度を下げるなどの配慮が望まれます。あらかじめ、測定の基準を定め、それに基づいて評価します。

変形4　文の反復
　教師の読み上げる文をそのまま反復するのを聞いてスピーキングの力を測定しようとするテストです。

3．リーディング・テスト

次の英文を読んで下の問題に答えなさい

　Is your handwriting large or small? Are your letters tall or short? The answers to these questions can tell interesting things about you.

　Now write a sentence in English on a piece of blank paper. After finishing writing, use a ruler to draw a line under the small letters and another line on top of them.

　Are there big loops in your top zone? This means you have a lot of dreams and ideas. Large loops in the bottom zone mean you like to perform for other people. Does your handwriting stay in the middle zone? You are a careful person and you work well with other people.

　Which way do your letters slant? Do they slant to the right? This means you like other people and you like to try new things. If they slant to the left, it means you are quiet and you don't want to be the same as other people. Some people's letters don't slant; they just go up and down. They are good workers and don't get angry easily.

1) 下の図の(1)～(5)の各部分を示す適語を（　　）に書きなさい。

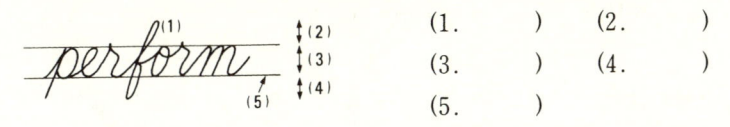

(1.　　　)　(2.　　　)
(3.　　　)　(4.　　　)
(5.　　　)

2) 次の書体の人はどんな職業に適していますか。下の職業の中から適当なものを選び、（　）の中に番号を書き入れなさい。

friendly (　)　　*enjoy* (　)　　*handwriting* (　)

1. writer　2. actor　3. office worker

3) 次の書体の人は、下のどの人物に当てはまりますか。番号を（　）に記しなさい。

letters (　)　　*listen* (　)　　*quiet* (　)

1. He is very fond of listening to music. His favourite music is Irish folk song played on the harp. He does not often go out with his friends.

2. He likes all kinds of sports. As a schoolboy he used to play soccer and then he joined the tennis club. Recenlty he is thinking of trying surfing.

3. He likes talking with his friends. Sometimes when they start quarrelling, he always remains calm. They made a large model ship for the open day of their school. Everybody says it was he who worked the hardest on that project.

　上の問題は、"information transfer"（p.186参照）の手法を取り入れたものです。書かれたものを読んで、図表、絵などの非言語的な媒体に移し換える作業が問題になっています。地図の記入、工程図の完成、絵の選択などがこの目的のために利用できます。

変形1　選択肢形式

　上の例文を用いれば次のような問題が考えられます。

A person who slants his letters to the right is ｛a. an adventurous one., b. a careful one., c. an interesing one.｝

a～cの選択肢のうち、上の例文の内容と合致するものを選ぶ問題です。

変形2　True-false 形式
上の例文では次のような問題ができます。

> 1. If your letters have big circles in the upper part, you are thought to be careful in trying any new things. （T/F）
> 2. The style of handwriting is a clue to understanding one's personality. （T/F）

本文の内容に合っていたらT, 違っていたらFを選ばせるものです。

変形3　整序形式
順序をバラバラにした文を正しい順序に並べかえる問題です。全文の順序を問う場合と、部分的な整序を求める形式があります。文章の中の何箇所かの文を抜いておき、リストの中から適当な文を選ばせることもできます。文の代わりにパラグラフの順序を正しく並べかえる問題もこれと同趣旨です。整序形式は、文章の構成を念頭において総合的に内容を解釈する力を測定するのに適しています。したがって、記述文でも対話文でも用いることができます。しかし、文章の構成が緊密で、論理的な発展が明確なものや、時間経過がはっきり現れた文章を選ぶことが大切です。

変形4　Cloze形式
文章中の語句を部分的に空白にしておき、前後の文脈の助けを借りて正しい語句を復元します。復元の程度で総合的な読解力を測定しようとするのがcloze testの狙いです。空白部分は5〜7語おきにするのが普通です。上の例文を利用するならば、最初の数行はそのままにして、3行目から空白部分を次のように作ります。

> (　) write a sentence in English on (　) piece of blank paper. After (　) writing, use a ruler to draw (　) line under the small letters and (　) line ....

Cloze testは、目的に合わせてその形式を修正することができます。一定間隔に空白を設定する代わりに、時制の一致や動詞の態などの特定の部分に焦点

を当てた形式や、記入すべき語句を選択させたり、さらに原型を適当な形に直させる方法などがあります。

採点方法には、原文の語句をそのまま復元できた場合のみを正解とする方式と意味的に正しいものも正解とする方式があります。後者の方法がより高い正答率を生じることは容易に想像できます。しかし、この場合には許容範囲をあらかじめ決めておくなどの準備が必要です。

C-testはCloze testの変形版です。数語毎に空欄を作る代わりに、1語おきに語の半分だけ与えて、残りを空所にして記入させます。記入部分の数を増やし、採点も客観的に行える利点があります。

変形5　自由書き込み方式

本文の内容に合うように問題の一部を空白にして自由に解答を書かせる方法です。下の例は、上の例文を利用したものです。

> If you write letters with large loops in the bottom zone, perhaps you can succeed _____.

変形6　日本語訳

読解力の測定に訳を用いることが手っとり早いことは事実です。全訳だけでなく、部分訳や字数を制限した要約、要点を箇条書きにする、などの方式を用いることができます。ただ、テストの形式は生徒の学習に対する構えに強い余波効果を及ぼすことを忘れてはなりません。テストに日本語訳がかなりの割合で出されることが分かれば、授業中に全文の訳を求めるようになることは自然の成行きです。望ましい学習習慣の形成に役立つようなテスト形式を工夫する必要があります。

4．ライティング・テスト

次の手紙を読んで、Janeに返事を書きなさい。

> Dear_____,
>
> 　I am going to have a party on Thursday evening next week. Would you like to come at about 7? I would be very happy if

> you could come.
>
> Yours,
Jane

> Dear Jane,
>
>
>
>
>

　明確な状況のもとで、決まった形式に従ってまとまりのある内容を書く能力を調べようとするのが上のテストです。これは、guided writing の一例です。この他に文章の一部だけを空白にしておくこともできます。絵や図表、流れ図などに示された情報を文章にまとめて書かせる情報転移（information transfer）もこの中に入ります。

変形1　空所補充方式

> Jane hasn't been abroad and ____ ____ Mary.

　空所に適語を補充するこの形式は、句読点、語句の綴り、語彙、統語など幅広い範囲の項目をカバーできます。

変形2　ディクテーション

　ディクテーションの狙いや実施方法はすでに前に述べたところです。（第6章 Writingの指導参照）採点方法として、語数によりあらかじめ総点を決めておき、書けなかった単語あるいは余分に書いた単語1語について1点ずつ減点してゆくやり方があります。語句の綴りの誤りを原点の対象にするか否かは、テストの目的によって決まります。原点の総点を2分したり、逆に2倍したりして、必要に応じて比率を変え、評価の点数を決定します。

変形3　文転換

会話体で書かれたテキストを記述文に直したり、物語文をその現場に居合わせた人物の目を通して書き換えたり、ある出来事の記述文を読んで、その中の当事者の視点で書き換えるなどの方法が用いられます。次は、会話に基づいてDawnの陳述文として書き換える課題です。

Policeman：Now can you tell us about your adventure this afternoon, Dawn?

Dawn：Yes, of course.

Policeman：What time was it?

Dawn：About ten past four.

Policeman：And where were you?

Dawn：In the butcher's shop.

Policeman：And what happened?

Dawn：A man tried to take the money.

Policeman：Where was the money.

Dawn：In a cupboard in the back room.

Policeman：Can you describe the man for us? Was he tall or short?

Dawn：Tall. About 1.80 m, I think.

Policeman：And what colour was his hair?

Dawn：Fair.

Policeman：And his eyes?

Dawn：Blue.

Policeman：How old was he?

Dawn：Young... about 25 or 26.

Policeman：And what about his clothes? Can you describe them?

Dawn：Yes... a big black jacket, old blue jeans, and boots, black boots.

Policeman：Thank you for all your help, Dawn.

上の会話を読んで、Dawnの話をまとめて書きなさい。最初は次の文で始め、会話の順序に従って書きなさい。

It was about ten past four. I was...

(*Time for ENGLISH Book 1*, by Vincent, M., F. David &, K. Cripwell, Collins, 1984, p. 137)

変形4　和文英訳

　日本文を英語に直す形式はWritingの問題として頻繁に用いられ、それなりの意味があります。実施の際には、事前に採点基準を細かく検討しておく必要があります。単文を英語に直す形式の他にも、まとまりのある文章の所々を英語に直したり、要点を英語で書かせるなどの方式も考えられます。さらに、日本文の代わりに絵や図表を与えて、その内容について英語で記述するなどの形式を用いることによって、いわゆる英作文のテストも受検者の実際的な書く力を調べることがより容易になります。

5．文法テスト

次の文の空白の部分に入る語句の語順を記号で書きなさい。
1. wonder ___ ___ ___ ___ ___ .
　(a) have, (b) what, (c) doing, (d) been, (e) they
2. Do you know a boy in this class ___ ___ ___ ___ ___ ___ while he was working?
　(a) arm　(b) had　(c) broken　(d) whose　(e) his　(f) father

語順を問う上のような整序問題は文法の問題として頻繁に用いられます。

変形1　補充形式

空白部分に適語を記入する問題です。

1. Mike would often catch colds when young. But recently he has gotten very strong. Since last year he ___ ___ ___ a cold.
2. Ken is studying. He began studying three hours ago. He _____ for three hours.

変形2　語形変化

　(　)内の語を適当な形に変える問題です。

> 1. It's a long time since I _____ (write) to you last time. I hope you _____ _____ (be) well.
> 2. Jane _____ _____ _____ (do) her homework since she got home.

変形3　転換形式

　平叙文を疑問文、否定文に、また単純過去形を現在完了形に転換する問題は文法問題としてごく一般的です。さらに、パラフレーズ関係の中で一方を他方と同義になるように書き換える問題も同様です。次の例は、この書換えを意図した問題の典型とも言えるものです。

> 1. Mary can sing better than you.
>   → You cannot_____.
> 2. This camera is too expensive for me to buy.
>   → This camera is so expensive that_____.

　この種の形式は、適用範囲が広くかつ使いやすいために多用される傾向にあります。しかし、この種の転換は、実際の言語使用の場面で生じることはごく稀であり、そのために、言語使用からかけ離れた形式操作になりがちです。

変形4　選択肢形式

　この形式のテストもほとんどあらゆる文法項目の問題に適用できる利用価値の高いものです。たとえば次の項目にこの形式の問題が適用できます。

> 時制、助動詞、Be, have動詞、付加疑問、Wh-疑問文、関係詞、接続詞、副詞、前置詞、形容詞、代名詞、決定詞、動名詞、形容詞の順序、副詞の位置、話法

2）日常評価

1．言語的側面

　4技能と語彙、文法のいずれもが評価の対象になります。このうち、スピー

キングの日常評価は、正式のテストでは実施困難なことが多いので、日常評価で行います。ペア・集団活動で観察を通して評価を行います。その際、次のような評価基準を作っておくとよいでしょう。[1]

スピーキング評価基準

Fluency　　/5
5　課題をうまく行い、すらすらと話した。
4　課題をかなりうまく行い、少し口ごもることがった。
3　どうにか課題を行ったが、話の間にポーズがかなりあった。
2　課題をうまく行えなかった。頻繁に口ごもった。
1　応答がまったくできなかった。

Accuracy　　/5
5　これまで学習した構文を正しく用い、発音は正確。
4　少し間違いがあるが、これまで学習した構文を使い、発音はかなり明瞭。
3　これまで学習した構文のいくつかを使い、間違いはあるがかなり意味は通る。発音は理解できる。
2　限られた構文と語彙のみを用い、間違いが多い。発音は貧弱。
1　ほとんど理解不可能

ライティングの評価は生徒の作文、宿題等が対象になります。スピーキングの場合と同様にあらかじめ評価基準を立てておきます。評価には多大な時間が必要なので、対象を絞る工夫も必要になります。

リスニングの評価は、録音教材の場合には問いの解答を挙手で確認することでクラス全体の理解度を測ることができます。また、解答用紙に記入したものを回収して理解度を調べることもできます。

リーディングの評価はリスニングの場合と同様に行えるが、リーディングの量と能力の関連が強いことを考えると、教科書以外の読み物を多く読ませたいものです。その際には次のようなリーディング記録を用意して、記入の上、提出させるようにします。

```
┌─────────────────────────────────────────────────────┐
│              リーディング記録用紙                      │
│   氏名 _____  学年・級 _____        │
│   題名 _____              │
│   著者 _____              │
│   話のあらすじ _____     │
│   _____           │
│   感想 _____      │
│   _____           │
└─────────────────────────────────────────────────────┘
```

2. 態度的側面

　学習に積極的に参加し、英語で理解し、発表しようと努力することは高いコミュニケーション能力の実現に大きな意味を持っています。したがって、意欲、態度などの非言語的な面も評価の対象として重要です。しかし、教師の主観的な判断が混入しやすいので、評価の観点、基準を明確にしておくことは言語的側面の評価よりも一層大切です。関心・意欲・態度、協調性、自主性、学習習慣などが主な観点です。

<u>関心・意欲・態度の評価観点</u>

積極的	___	___	___	___	消極的
しばしば自分の考えを述べる	___	___	___	___	自分の考えを述べない
興味を示す	___	___	___	___	興味を示さない
仲間と協力する	___	___	___	___	協力しない
仲間の考えを受け入れる	___	___	___	___	受け入れない

<u>協調性の評価観点</u>

集団の中で問題を起こさない	___	___	___	___	問題を起こす
仲間と協力する	___	___	___	___	協力しない
集団体制を受け入れる	___	___	___	___	受け入れない
他人の作業を受け入れる	___	___	___	___	受け入れない

学習習慣

学習を整然と行う	___ ___ ___ ___ ___	行わない
学習計画を立てる	___ ___ ___ ___ ___	立てない
真剣に取り組む	___ ___ ___ ___ ___	取り組まない
自分で訂正する	___ ___ ___ ___ ___	しない

3）自己評価
1．長期的評価

　学年、学期の最初と最後に学習の取り組みを振り返り、自己評価し、また新しい学年、学期の目安を立てることで自らの学習に対する自覚を新たにすることは自立する学習者を養成する意味でも重要なことです。

　　　　　学習自己評価

氏名 _____

1．英語学習は
　　難しかった ___ ___ ___ ___ ___ ___ 易しかった

2．次の項目でいちばん易しいもの(1)から、もっとも難しいもの(7)に順に番号を記入しなさい。

　　speaking　　_____　　　　_____/10
　　listening　　_____　　　　_____/10
　　writing　　　_____　　　　_____/10
　　reading　　　_____　　　　_____/10
　　grammar　　　_____　　　　_____/10
　　vocabulary　 _____　　　　_____/10
　　pronunciation _____　　　　_____/10

3．上の各項目について10点満点で何点をつけるか。下線上に記入しなさい。

2．短期的評価

　活動、授業、課、ユニットなどの単位で学習を振り返ることで行う自己評価です。次の例は、教科書にすでに組み込まれたSelf-Checkです。[2]

---

1. Write down five new words you learned in this unit.
   _____ _____ _____ _____ _____

2. Write down three new sentences or questions you learned.
   _____
   _____
   _____

3. Review the language skills you practiced in this unit. Check your answers.
   CAN YOU
   Talk about occupations?　☐ yes　　☐ a little　　☐ not yet
   Give an example：_____
   Talk about likes and dislikes?　☐ yes　　☐ a little　　☐ not yet
   Give an example：_____

4. What areas need more practice? How can you get more practice?
   _____
   _____
   _____

5. Vocabulary check. Check the words you know.
   （語彙リスト省略）

注

1．Harris, M. & P. McCann, 1994, *Assessment*, Heinemann, p. 44
2．Nunan, D., 1995, *Atlas 2*, Heinle & Heinle, p. 40

問題

1．聞き取りテストのNote-takingの問題を1題作りなさい。
2．Speaking testのrole-play形式の問題を1題作りなさい。次に、グループ

に分かれ、一人が試験官、もう一人が受験生になり、他の人は採点官になって模擬テストを行いなさい。その後、採点の結果を総合して、テストの結果について討議しなさい。
3．Speaking testの「絵の描写」形式の問題を1題作り、上の2の要領で実施しなさい。
4．Reading testの整序問題を1題作りなさい。
5．Cloze testを作って実施し、2通りの方法で採点し、その相関を調べなさい。
6．選択肢形式の文法問題を異なった項目について2、3題作りなさい。

Further Reading

Bachman, L. F. & A. S. Palmer, 1996. *Language Testing in Practice*, OUP.（邦訳　大友賢二・ランドルフ・スラッシャー監訳、『言語テスト作成法』大修館書店）

Weir, C. J., 1994., *Understanding & Developing Language Tests*, Prentice-Hall.

Brown, J. D., 1996., *Testing in Language Program*, Prentice-Hall.（邦訳　和田稔訳、『言語テストの基礎知識』大修館書店）

Genesee, F. & J. A. Upshur, 1996. *Classroom-based Evaluation in Second Language Education*, CUP.

Alderson, J. C., C. Claphan & D. Wall, 1995, *Language Test Construction and Evaluation*, CUP.

Harris, M. & P. McCann, 1994, *Assessment*, Heinemann.

松沢伸二 2002『英語教師のための新しい評価法』大修館書店

第10章
言語とその指導

　これまでの章で英語教育の実際を述べてきました。本章と次章では、それらの背景をなしている理論面の基本を学びます。理論を学ぶことによって、指導技術に自信を持てるようになり、またそれを自ら改善する糸口になるからです。もちろん、理論的な知識のみでは優れた実践は期待できません。英語指導には教師の絶え間ない経験の積み重ねが不可欠です。しかし、経験は理論に裏打ちされたとき、一般性のある、永続的な指導法に発展し、自分一人だけでなく他の多くの教師の共有財産となってゆくのです。理論を知ることは指導の技術（arts）を科学（science）に変える転機ともなり得るのです。ここでは、言語・言語理論、また次章では、言語習得・学習者の観点から述べてゆくことにします。

1．言語・言語理論

　英語という言葉を教えるのが英語教師の職務ですから、言葉の仕組みの基礎を知ることは自分が何を教えるのかを確認することになります。言語の特徴をBrown,H.D.（2000：5）は8点にまとめています。ここでもこの枠を利用することにします。[1]

1） Language is systematic and generative.

　人の言語は組織的（systematic）です。それは、次のようないくつものレベルに分けて考えることができます。

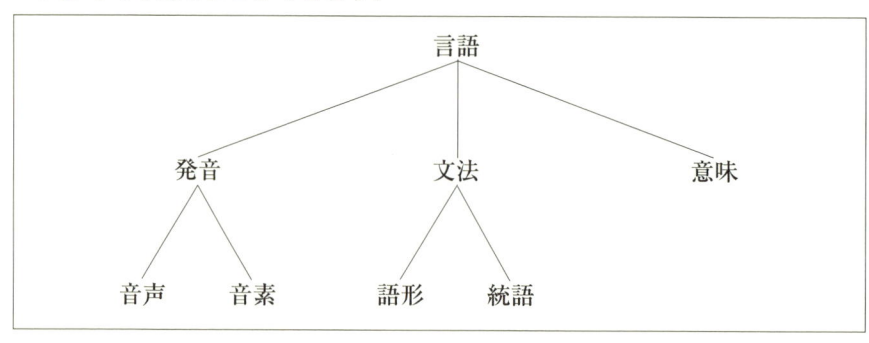

```
                    言語
         ┌───────────┼───────────┐
        発音         文法        意味
       ┌─┴─┐      ┌─┴─┐
      音声 音素    語形 統語
```

　音声と音素　　一人の人をとっても、その人の発する音声は無限に変化します。詳しく観察すれば、「ア」の音でも、口の開け具合、舌の位置などにより一様ではなく、たえず変化しています。しかし、このような細かな違いは、それが意味に変化をもたらさないかぎり無視します。その結果、口を大きく開けて発音した「ア」も、小さめに開けて発音した「ア」も同じ音声として識別します。しかし、「イ」と発音すると「ア」とは異なった音と知覚されます。このような「ア」と「イ」は意味の識別に用いられる音声で、音素（phoneme）と呼ばれ、どの言語でもその数はごく少数に限られています。例えば、英語は子音24、母音7の計31の音素で構成されています。

　形態素　　音素を組み合わせて、意味のあるまとまりである形態素(morpheme)を作ります。/k/, /t/, /æ/, /s/の4つの音素を組み合わせると、/ækt/, /tæk/, /kæt/, /æt/, /sæt/, /sæk/, /æsk/, /æks/, /æs/, /tæsk/, /kæsk/な

どの多数の意味のある単位、即ち、形態素が生まれます。形態素はこの例のように、単独で語（word）をなすことがある一方で、unpleasantnessの場合には、|un| |pleasant| |ness|の複数の形態素で語が形成されています。

　統語　　語が一定の順序に配列されて、句（phrase）、節（clause）、文（sentence）が生成されます。語の配列、即ち統語（syntax）は、限られた数の統語規則（syntactic rules）に支配されていて、勝手な配列は許されません。この少数の規則を使って、無限の文を作り出す（generate）ことが出来る点に人の言語の最も際だった特色があります。この特徴を言語の創造性（linguistic creativity）と呼びます。

　特定の語、句、文などの言語形式（form）がどんな意味（meaning）を持っているか、また、形式が変わると意味がどのように変わるかを知ることはことばを使う上で不可欠な知識です。

　強勢とイントネーション　　話し言葉では、importをIMportと初めの部分に強勢（stress）を置けば名詞、imPORTと後半に強勢を置けば動詞になることはよく知られています。Is this your pencil?という文のyourに強勢を置くか、あるいはpencilのpen-に置くかによって伝える意味が変わってきます。さらに、音調の高低を組み合わせて様々な意味の違いや感情、態度を伝えることもできます。このような音調の組合せをイントネーションと呼びます。

　大切な点は、どの言語も僅かな音素から出来ており、それを組み合わせると意味が生じる、限られた数の規則で無限の数の文を作り出す効率の良い組織になっていると言うことです。

　英語教育に持つ意味

　　英語学習では、いわゆる基本文、語彙項目を数多く学び、それらを練習を通して習慣化しなければならないことは自明のことです。しかし、それだけでは決して十分ではありません。基本文を構成する規則を学び、規則の適用によって、無数の、文法にかなった文を瞬時に作り出せるようになる必要もあります。そのためには、規則を単なる知識としてでなく、それをほとんど無意識のうちに操作できるようにする必要があります。さらに、自分の作った文がどんな意味を持っているかにも注意を払う必要があります。言い換えれば、言語運用の場面で規則を活用する練習を積む必要があります。

2）**Language is a set of arbitrary symbols.**
　"犬"という動物を日本語ではイヌと呼び、英語ではdogと呼ぶのは別に特別な理由があるからではなく、たまたま、それぞれの言語を用いる社会でそのような音声をこの動物に与えたからにすぎません。このような特徴を言語記号の恣意性（arbitrariness）と呼びます。英語がS+V+Oの語順を取るのに対し、日本語ではS+O+Vの語順になるのもやはり同様です。

> 英語教育に持つ意味
> 　日本語とは異なった体系の英語を学習することによって、生徒はものの見方とその表し方が言語によって異なるということに気づきます。彼らは、言語の相対性を無意識のうちに身につけ、次第に外国語とそれを話す人々を客観的に見ることができるようになります。英語教育は、英語を用いるスキルを養成することを通して、生徒に新たな認識方法を与えます

3）**Those symbols are primarily vocal, but may also be visual.**
　話し言葉（spoken language）を持たない言語はないが、全ての言語が書き言葉（written language）を持っているとは限らない。また、話し言葉は自然に習得されるの対し、書き言葉は普通意識的に学習した結果身につく。このことから、話し言葉が言語の自然な姿であり、書き言葉はそれを文字に転写した二義的なものである、とこれまで多くの言語学者から指摘されてきました。

> 英語教育に持つ意味
> 　一般的に、英語学習の最初の段階では音声重視が強調されてきています。しかし、話し言葉と書き言葉のどちらを優先させるかは学習者のレベル、年齢、学習の目的など様々な要因により異なります。音声重視の授業でも必要に応じて文字情報を併せ与えることで、より的確な理解が得られることも多くあります。他方、リーディング主体の授業であっても、内容についての討議を通して、言語スキルの全般的な発達が期待できます。

4）**The symbols have conventionalized meanings to which they refer.**
　言語記号はそれ自体が意味を持っているのでなく、慣例によって意味が決ま

ってきます。この点はすでに２）で述べたところです。英語のbrother、sisterがそれぞれ日本語の兄・弟、姉・妹を包含しているだけでなく、相対的な年齢差が無視されている点などは、この点を明確に示している例です。

> **英語教育に持つ意味**
>
> 　授業中に英語の語彙項目を日本語に置き換えるだけでは不十分なばかりか、誤解を与えることになりかねません。できるかぎり自然な文脈で語の持つ意味を理解させ、多くの異なった場面で接することで、意味の輪郭を次第に理解できるようにする指導が大切です。

5）Language is used for communication.

　言葉には様々な働きがあるものの、とりわけ重要なのはコミュニケーションを実現する働きです。英語教育の重要な目的も学習者に英語を用いて外国人と意志の疎通を図る能力を養成する点にあります。話し言葉によるコミュニケーションには話し手と聞き手が関与し、普通、両者の間に情報のやり取りが絶えず行われます。話す内容も形式も相手の反応に応じて即座に、適切に表出しなければなりません。それは、相手と自分の関係、場面、目的によっても変わってきます。このことは、そこで使われる言葉が文法的に正しい（grammatically correct）ばかりか、その場にふさわしい（appropriate）ものでなければならないことを意味しています。コミュニケーションを実現するためには文法能力（grammatical competence）に加え、情報伝達能力（communicative competence）が要求されるのです。コミュニケーション能力の定義として、Canale and Swain（1980）、またそれを改訂したCanale（1983：7-8）のほか、その後発表されたBachman（1990）もよく知られています。次に両者の考えを要約します。

Canale（1983）[2]の4要素理論

　情報伝達能力は次の4能力から構成されている：

A．文法能力（grammatical competence）　　語彙、語形成、文形成、発音、綴りなどの言語体系を正確に操作する能力。文法能力は情報伝達能力の重要な基礎であり、これが不十分である限り的確で迅速な情報の授受は望めないし、またその後の学習の向上も期待できない。したがって、特に学習の初期の段階

では英語教育の最終的な狙いが何であれ、文法能力は重要な基礎能力の一部をなす。

B. 社会言語学的能力（sociolinguistic competence）　場面、目的、話し手と聞き手の関係などの要因に応じて適切な言語形式と内容の言葉を使う能力。状況にふさわしい言語使用ができるということはA.の文法能力に劣らず大切な能力である。もっとも、どのようにこの能力を養成するかという点を明らかにしない限り問題の解決にならない。生徒の発話を絶えず訂正するのではかえって英語学習の意欲を挫くことになってしまう。

C. ディスコース能力（discourse competence）　いくつもの文を適切に組み合わせてまとまりのある内容を伝えたり、文脈から話し手の意図を的確に判断する能力。この能力はcohesion（結束性）とcoherence（首尾一貫性）に分けられる。前者は、接続詞、同一指示、置き換え、省略、反復形、比較、語彙関係などの言語の形式上の手がかりを用いてテキストのまとまりをつけることを指す。後者は、意味上のまとまり、内容が全体として首尾一貫している状態を指す。普通、ディスコースはcohesionとcoherenceの性質を備えている。しかし、次の会話例はcohesionを欠いているもののcoherenceの性質を持っている[3]。

　　A：That's the telephone.
　　B：I'm in the bath.
　　A：OK.

この会話にはcohesionを作る手がかりが認められないが、Aの最初の発話をBに対して電話に出るようにとの要請と解釈し、Bの発話をそれができない弁明と解釈し、Aの最後の発話をBの弁明を承認したものと考えるならば、一見したところまとまりのない会話も内容の面ではつながりがあり、全体として首尾一貫したテキストを構成していることに気付く。このような内容上のまとまりをcoherenceと呼ぶ。

　コミュニケーションに際し、一文ずつ意味を解釈するのではなく、全体の文脈の中でその内容、相手の意図を理解し、また、相手が理解しやすいような形で言葉を用いる能力が必要である。この点で、ディスコース能力は、英語学習者にとってきわめて重要な意味を持つ。この能力の養成のためには、組織的な指導に加え、授業中に英語による情報交換をできるだけ多く行い、生徒を英語

が実際に用いられる場面に浸らせることが大切である。このような経験を通して、様々な文脈の中で意味を推測し、解釈する能力が自然に習得される。

D. ストラテジー能力（strategic competence）　　コミュニケーションがうまくできない時や、より効果的に行うために用いられる様々な方策に関する能力。特定の表現が思い浮かばないときにはそれに近い別の言い廻しを用いたり、相手の話が理解できないときには聞き返す。言い換えれば、上のA.からC.の能力の不備を補うのがこの能力である。

多くの学習者にとって、ネイティブ・スピーカーのような情報伝達能力を身につけることはできない。程度の差はあっても、外国語として英語を用いるときには大部分の人にとって、何等かの障害を感じるのが普通である。この障害を回避して相手との意志疎通を図ることができるようにするストラテジー能力は、上のA.～C.の能力に劣らず重視する必要がある。ことに、中・高校生に英語を指導する際には、言いたいことを何とか相手に伝えることは、文法的な正しさよりも優先することを強調し、生徒のこの努力を認め、具体的な方法を実際の会話の中で示してやることが大切になる。

Bachman（1990）[4]の3要素理論

Bachmanは彼の理論をCommunicative language ability（CLA）と呼んでいる。この理論は、言語能力（linguistic competence）、ストラテジー能力（strategic competence）、心理生理機構（psychophysiological mechanism）の3要素から構成されている。言語能力は言語コミュニケーションに際し用いられる能力で、構成能力（organizational competence）と語用論能力（pragmatic competence）からできている。前者はCanaleの理論のgramamtical competence, discourse competenceが、また後者はsociolinguisitc competenceに加え、illocutionary competenceを含む。ストラテジー能力は、実際の言語コミュニケーションの場面で自分の所持する知識を使って言語能力を構成する諸能力を実行に移す能力である。心理生理機構は、文字や音声としてことばを用いる際に働く神経的、心理的過程を指す。この3要素と言語使用者の背景的一般知識及び言語使用場面の関係をBachmanは次のように図示している。[5]

```
         KNOWLEDGE STRUCTURES          LANGUAGE COMPETENCE
         Knowledge of the world          Knowledge of language

                          ↘           ↙
                        STRATEGIC
                        COMPETENCE

                             ↕
                    PSYCHOPHYSIOLOGICAL
                        MECHANISMS

                             ↕
                        CONTEXT OF
                        SITUATION
```

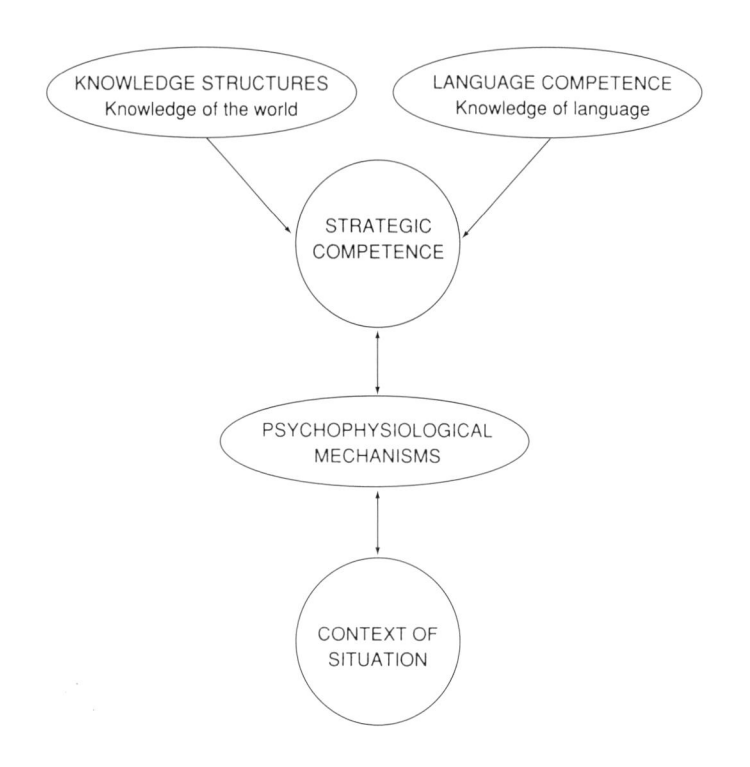

英語教育に持つ意味

　Canaleは、まず第1に、上のA.－D.の全ての領域を網羅する形で授業を展開すること、次に、生徒の必要とする言語運用に対応した指導を行うこと、第3に、授業の中に意味のある現実的な言語交渉の場を設けることを挙げています。十分首肯できる指摘です。従来、文法能力が重視されるあまり、他の項目が軽視され、そのために、学習者の学習意欲を損ない、また、社会的にも学校の英語教育に対して厳しい批判が浴びせられてきたことは周知のことです。総合的な言語運用能力の養成に力を注ぎながら、学習者のレベル、学習目的に応じて、上の4つの構成要素のバランスのとれた指導が大切です

　Bachmanの理論では、言語使用の場面の中で社会一般の知識も用いながらコミュニケーションの目的で実際に言語能力が実行される過程を重視し

ています。コミュニケーションの構成要素の練習よりも、実際のコミュニケーション活動に学習者を従事させることの必要性を強調していると解釈できるでしょう。

6) Language operates in a speech community or culture.

　言語は抽象的な記号体系であるが、同時にそれが使われている社会を反映しているものであり、その社会の文化と切り離すことができません。言語は文化の中に深く包含され、その重要な一部になっています。言語が人々の思考様式をコントロールする、と言う主張さえなされたことがあります。Sapir-Whorf Hypothesisと呼ばれるこの言語的決定論は字句通りに受け入れることはできないと言うのが最近の定説ですが[6]、言語がその社会、文化と密接な関係にあることは周知のことです。

　英語教育に持つ意味

　英語教育の目的の1つに英語を通して外国の文化を理解することを挙げることができます。この目的は、単に新しい表現形式を暗記して操作できるようにするだけでは実現できません。そのような教え方では異文化の理解を深めるどころか、誤解を助長することにもなりかねません。英語を通して、生活習慣、考え方の多様性の理解を深めることは、これからの英語教育にはこれまでにも増して大切な目標となっていくことでしょう。

7) Language is essentially human, althoguh possibly not limited to humans.

　人の言語と類似した特徴を持ったコミュニケーションの方式が蜜蜂や類人猿にも認められます。しかし、本来意味を持っていない少数の音を組み合わせて意味を伝える多重構造、限られた規則で無限の文を生み出す創造性、言語記号の恣意性などの特徴を全て備えた、高度に発達した方式は人の言語だけに見られるものです。[7]言葉の習得がもっとも人間的な営みだと言われる所以もここにあります。

　英語教育に持つ意味

　英語教育は、日本語以外に英語の能力を養成することで、学習者の人間

1．言語・言語理論

としての成長に大きく寄与します。したがって、英語教育はすべての生徒に対して十分に施され、どの生徒も基本的な英語運用能力を身につけるように組織されなければなりません。

8) Language is acquired by all people in much the same way---language and language learning both have unviersal characteristics.

　子供は特別な障害がないかぎり、生まれ育った環境とは関係なく、その社会で使われている言葉をほぼ同じ速度と順序で獲得します。もちろん、いきなり成人が用いる言語体系を獲得するのではありません。最初は1語文から出発し、2語文、さらに複雑な文を表出するようになります。基本的な文法項目は3.5歳頃には修得され、さらに各文法項目の修得順序にも一般的な規則性のあることが報告されています。

　特に注目すべき点は、母語習得に際し、周囲の人々（caretaker）が決して用いないような文法、語形を、自ら作りだしたと考えざるを得ないような形で自発的に作り出し、それを次第に変化させてゆく過程です。次の表は動詞の過去時制の推移を示しています。

第1段階	broke, brought, played
第2段階	*breaked, *bringed, played
第3段階	broke, brought, played
*は標準形でないことを示す	

　最初の段階では、broke, brought, playedのように強形、弱形が、あたかも成人の用いるような形で使われます。ところが、次の段階ではそれが*breaked, *bringed, *playedのようにすべて規則変化で活用されるようになり、この状態がかなりの期間続いた後、再び強形、弱形への再分化が観察されるようになります。上の表はこのような推移を示しています。*breakedのような形は周囲の人々から言語入力として得たものではありません。むしろ、子どもが動詞の過去形には-edを付けるとする規則を設定し、その規則をすべての動詞に過剰に適用した（overgeneralization）結果、第2段階の例が生じたのであり、第3段階はこの規則に修正を施し成人のそれに合致した状態を示すと考えるのが適切

でしょう。このような事象は子どもの言語発達の他の多くの局面でも観察されることです。

　短期間のうちに言語の複雑な規則体系をどの子どもも獲得すると言う事実は、言語体系が刺激－反応の反復を通して習慣化され、身につくと言う習慣形成理論では説明できないことです。むしろ、人の言語の核となる部分は普遍的であり、この部分は子どもが生まれながら言語能力として持っていると解釈するのが合理論的です。人の言語に共通する普遍性、つまり普遍文法（Universal Grammar）を子どもは生得的に持っており、自分の生まれ育った社会の特定の言語の特徴となる周辺的な部分を学習することによって、言語能力を内在化していく、と生成変形文法の立場の人たちは主張します。

　もちろん、上の考えは、たとえそれが有力であったとしても、それは１つの仮説です。言語修得に関する研究は他のさまざまな研究領域に劣らず急速に進展しているものの、人の言語修得のメカニズムの解明にはまだ長い年月が必要とされることでしょう。

英語教育に持つ意味

　母語習得の特徴を外国語学習にそのまま持ちこんでよいのか否かは、難しい問題です。思春期以前の学習者は言語習得に必要な能力を維持していて、それを外国語学習にも適用するが、それ以降はこの能力は次第に衰え、知識を吸収し理解する一般的な学習能力が使われるとする立場がある一方で、言語習得能力は年齢に関係なく備わっていて、好ましい学習環境が与えられればこの能力を用いて外国語習得が可能であるとする説もあります。

　以上、ヒトの言葉の特徴を英語教育と関連させながら手短に概括してきました。８項目の特徴のどの部分を重要と見るかによって、英語教育の様子は様々に変化します。例えば、どの領域をどの段階で強調するか、どんな項目を取り上げ、どのように配列するかというシラバス（syllabus）にも多様なタイプが存在することになります。次に、このシラバスを検討することにします。

1. 言語・言語理論

2．指導内容と配列順序

1）構造中心のシラバス（Structural syllabus）

英語の指導項目の単位として現在形、過去形などの文法項目やS+V+O+Cなどの文型を取り上げ、文法・文型を中心に配列する教材編成は構造中心のシラバスであり、わが国のみならずこれまで多くの地域で採用されてきました。その背後には次のような主張がありました：
日本語と英語の比較に基づいて日本人に学習困難だと予想される英語の構造を重点的に取り上げ、それらを構造上の複雑さ、規則性、使用頻度などの基準で配列したシラバスに従って、一つ一つ教えていけば学習者は短期間に英語の基本的な構造をマスターできる。

言語形式を重視するこのシラバスは、言語の形式面の分析によって言語の特徴を明らかにしようとした構造言語学の立場を色濃く反映しているものです。教師は言語項目を1つずつ教え、それをまとめて体系化し、それを運用する統合的なプロセスは学習者に任されているため、このような方式を統合的方式（synthetic approach）[8]と呼ぶこともあります。

構造を重視するあまり、それによって表される意味や機能は軽視され、その結果、教室でかなり正確に操作できるまで学習した個々の言語項目でも、教室外の実際の場面で用いる段階になると期待通りに行かない、と言う状況がしばしば指摘されてきました。一言で言えば、言語操作の能力が言語運用能力に転化しないという批判でした。この批判に答えようとしたシラバスが次に述べる場面中心のシラバスです。

2）場面中心のシラバス（Situational syllabus）

学習内容は、学習者の目的に応じて異なります。将来学習者が英語を用いる場面を想定して、それに密着した内容が望ましい。そのために、彼らが遭遇することが予想される場面を指導の単位に据えようとするのが場面中心のシラバスです。この立場は、言語はそれが用いられる場面によってその意味、働きが生じ、文の意味も文脈によって規定されるとする言語機能を重視する言語観を反映したものです。

具体的な言語使用場面、例えばAt the station, at the supermarketなどが指導の単位になります。各場面には、そこで典型的に用いられる言語交渉の実例が盛り込まれます。学習者は、このような場面の中で用いられる表現を学ぶことによって、将来類似した場面でそれらを使えるようになることが期待されます。具体的な場面の中で英語を学ぶことで、学習者は確かに学習に対する強い動機づけを得るでしょう。しかし、例えば"At the post office"を1つの指導単位として設定した場合には、様々な文型、文法事項、語彙項目をひとまとめにして教えることになります。その結果、学習者は多くの項目の整理がつかず、混乱を起こしたり、不消化に終わることになりがちです。また、与えられた表現を暗記する、その場限りの学習になり、その結果、将来の発展が期待できなくなります。

　このシラバスは、特定の場面では必ず一定の表現が用いられるという考えに基づいています。しかし、この考えでは言語の創造性は無視されます。実際、郵便局では切手を買ったり、小包を送ったりするだけではありません。友人に会って話を交わすことも、お金を忘れていって郵便局員に事情を説明して出直すこともあります。場面と密接な関係を持ちながら、必要とすることを自由に表現できることが前節で触れたように、人のことばの最も際立った特徴です。このような能力を厳密に場面中心のシラバスでは養成することはできません。

　場面中心のシラバスにはもう一つの問題点があります。言語には様々な異なった場面で共通して用いられるような機能があります。例えば、相手に何かを依頼する機能は、場面が異なっても頻繁に用いられます。このような機能を各場面で毎回扱うのでは指導の効率の面から無駄が多いと言わざるをえません。それでは、学習者にとって重要な言語機能を取り出して、それを指導の単位に据えたらどうでしょうか。それが次に述べるシラバスです。

3）概念・機能中心のシラバス（Notional-functional syllabus）

　学習者が英語を何のために使うか、またその際にどんな内容を伝えようとするかという言語使用の目的と内容を予想し、その中の重要なものを取り上げて指導の中心事項として配列するのが概念・機能中心のシラバスです。機能とは言葉を用いる際の目的を指します。That's John's car.と言う発話は、単に事実の確認のために用いられることもありますが、Johnの車に間違って乗ろうとし

た仲間に、"That's not your car; it's John's."と警告するために用いられることも、さらにある会合の主賓であるJohnの乗った車が到着したのを見て、ドアを開けてほしいと依頼するために用いられることもあります。このような、確認、警告、依頼などが機能です。1つの発話でも、その使用場面が異なれば、様々な異なった機能を帯びてきます。言い換えれば、言語形式と言語機能は必ずしも一致しているとは言えません。機能は発話場面によって明確になります。

コミュニケーションのために英語を用いる場合、機能だけ表現できても十分でありません。Will you ....?と言う依頼の表現は、........の部分にさまざまな内容が挿入されてはじめて何のためにどんなことを伝えようとしているかが理解されるのです。この........に入る内容が概念に相当します。

概念・機能中心のシラバスは、まず学習者が必要とする概念・機能を選択し、配列し、最後にそれを表現するための表現形式を設定します。この点を上の構造中心のシラバスと対比して示せば次のようになります。

```
機能・概念中心のシラバス
    機能      概念        →       具体的な表現
  例（依頼） （買いもの）          (Will you go shopping?)


  構造中心のシラバス
    文法/文型  語彙        →       具体的な表現
  例（未来形）(go shopping)         (Will you go shopping?)
```

概念・機能中心のシラバスは、最も基本的な概念・機能をまず最初に提示し、表現形式も最初の段階では構造的に最も単純なものを選びます。"紹介"という機能では次のような順序が考えられます。

```
第1サイクル        This is...
第2サイクル        May I introduce ...?
第3サイクル        I'd like you to meet....
第4サイクル        Allow me to introduce you....
```

このように、教材配列は直線的ではなくサイクルをなして、同じ機能が何度も提示されることになります。このような教材編成は学習者の最も必要とする情報伝達能力を短期間に、効率よく養成することを可能にします。
　このシラバスは、言語学習の目的は単に文法的に正しい文を作り出すだけでなく、相互の意図を的確に伝え理解し合う能力の養成にある、とする情報伝達能力の養成に主眼をおいており、時代の要請を反映したものになっています。この立場は、もう一方では、言語の機能面を探ることによって、言葉の特質を究明しようとする社会言語学の影響を強く受けています。
　しかし、コミュニケーション能力の指導を目指して開発されたこのシラバスにも次のような問題点があります：
① 　意味を中心にまとめられた教材は、いくつもの異質の構造が同時に提示され、このため特に初心者は混乱しやすい。
② 　概念・機能は言語構造とは異り、お互いの関連性が希薄であり、規則のような生成力も持っていないために、その場限りの学習になりがちである。
③ 　学習者が英語をマスターするにはどのみち、英語の構造を理解し、それを操作できるようになる必要がある。その際、良く整理された形で規則を提示する方が理解を促進することは十分うなずけることだ。とすれば、特に初心者を対象にした指導では従来の構造中心のシラバスの利点を十分活かす工夫が必要となる。それに対して、英語の基本的な構造をすでに学習し運用力の向上を目指す学習者には、概念・機能中心のシラバスが有効に作用するであろう。
④ 　英語の学習に明確な目的を持っている学習者はともかく、中・高校生などの一般の学習者は、将来どんな場面で何のために英語を用いるかについて予測するのは困難である。
　以上の問題点を考慮に入れるとき、概念・機能中心のシラバスは構造中心のシラバスに取って代わるものと言うよりは、むしろそれを補充し、充実する働きをすると考えるのがわが国の一般的な学習者を対象にした場合には適切でしょう。

4）手続き中心のシラバス（Procedural Syllabus）

　これまで述べてきたシラバスが、学習者に獲得させたい項目、言い換えれば学習の結果をその項目として構成されてきたのに対し、手続き中心のシラバス

は学習目標ではなく、そこに到るまでの間に教室で展開される活動を中心に構成されています。そのため、これは課題中心のシラバス（Task-based syllabus）とも呼ばれます。例えば、教師の指示に従って地図を描く、計画に基づいて時刻表の中から適切な列車を選ぶ、類似点や相違点を見つけるために与えられた図を比較する、などの課題が指導の単位になります。そして、この課題を中心に指導項目が配列されます。このようなシラバスは、言葉を学ぶ現実的な目的を与えるので、言語項目それ自体の学習を意図した従来のシラバスよりも効果的である、と主張されます。この背景には、言語運用に必要な言語能力は無意識の内に内在化されるだけでなく、そのような形で内在化された規則は意識的に学習された言語についての知識よりはるかに重要である、とする理念があります。現実的な課題の解決のために必要に迫られて言葉を理解し、使用することが結局言葉の規則の習得のための近道であるとするこの考え方は、従来の言語学習理論とは対照的であり、それだけ衝撃的な意味を持っています。

　インドのバンガロアで行われたこの理論に基づく実証的な英語教育の実験とその基盤にあるシラバスは、よく知られています。[9]

　以上の他にも、最近では語彙の習得を重視した語彙シラバス（lexical syllabus）が注目されています。[10] どのタイプのシラバスが最も優れているかとする立場よりは、学習者のレベル、学習の目的、学習者を取り巻く環境によってどれがうまく機能するか、そして、それぞれを排他的な関係でみるよりは、相補的な働きをすると考えることが大切です。この意味では、優れたシラバスは多くの要素から構成された'multi-strand syllabus'[11]だ、と言うこともできるでしょう。

[注]

1．Brown, H.D., 2000. *Principles of Language Learning and Teaching* 4th edition, Prentice Hall, p. 4.
2．Canale, M., 1983. From communictive competence to communicative pedagogy, in Richards and Schmidt, 1983, *Language and Communication*, Longman.
3．Widdowson, H. G., 1978. *Teaching Language as Communication*, OUP,

p. 29.
4．Bachman, L. F., 1990. *Fundamental Considerations in Language Testing*, OUP, pp. 81-110.
5．Bachman, L. F., 1990. *op. cit.* p. 85.
6．Carroll, J. B., Linguistic Relativity and Language Learning, in *Readings for Applied Linguistics*, (Eds.) by Allen, J. P. B. & S. Pit Corder, 1973, OUP, pp. 126-144.
7．Crystal, D., 1987. *The Cambridge Encylopedia of Language*, CUP, p. 119.
8．Wilkins, D., 1976. *Notional Syllabuses*, OUP, p. 13.
9．Prabhu, N. S., 1987. *Second Langua Pedagogy*, OUP.
10．Lewis, M., 1993, *The Lexical Approach*, LTP, pp. 105-114.
11．Ur, P., 1996. *A Course in Language Teaching*, CUP, p. 178.

問題
1．人の言語の創造性は芸術などの分野で言う創造性とどんな点で異なりますか。
2．次の1～5の文の順序を変えてまとまりのあるテキストを作ってみましょう。
　　1. However, nobody had seen one for months.
　　2. He thought he saw a shape in the bushes.
　　3. Mark had told him about the foxes.
　　4. John looked out of the window.
　　5. Could it be a fox?
3．ストラテジー能力を養成するには具体的にはどの様な指導が考えられますか。
4．言語形式と機能は、普通は一対一の対応をしていません。次の表の（　　）の中に、Aは文法形式を、またBは機能名を記入しなさい。

(A)

Function	Sentence forms	Realization
	( )	Please finish that letter, Miss Jones.
	( )	Perhaps it would be best if you finished that letter.
Ordering		
	( )	We do expect you to finish that letter.
	( )	You must finish that letter, I'm afraid.
	( )	You should have no difficulty in finishing that letter.

(B)

Sentence form	Realization	Function
	Give me some water.	( )
	Release me now.	( )
Imperative	Buy Canada Savings Bonds	( )
	Don't go in there	( )
	Try this on.	( )

(adapted from Yalden, 1983, *The Communicative Syllabus*: *Evolution, Design & Implementation*, Pergamon, p. 50)

Further Reading

Brown, H. D., 2000. *Principles of Language Learning and Teaching* 4th edition, Prentice Hall.

Yule, G., 1996. *The study of language* 2nd edition, CUP., pp. 19-150.

Brown, S. & S. Attardo, 2000. *Understanding Language, Structure, Interaction and Variation*, Michigan, pp. 13-86.

Widdowson, H. G., 1978. *Teaching Language as Communication*, OUP.

Bachman, L. F., 1990. *Fundamental Considerations in Language Testing*, OUP.

Wilkins, D., 1976. *Notional Syllabuses*, OUP.

第11章
言語習得と学習者

1. 言語習得

　これまで多くの第2言語習得理論が提案されています。一方では、言語習得は'慣れ'であり、言語は経験を通して習得されるとする経験主義（Empiricism）の主張があります。他方では、言語習得はヒトが生まれながらに持っている言語習得能力によって実現されるとする合理論主義（Rationalism）の主張があります。この2つの対極の間に、言語習得を一般的な認知過程と捉える認知理論（Cognitive theory）が、さらに言語習得がヒトとヒトの相互交渉で実現されるとする相互主義（Interactionism）があります。これは次のように図示できます。

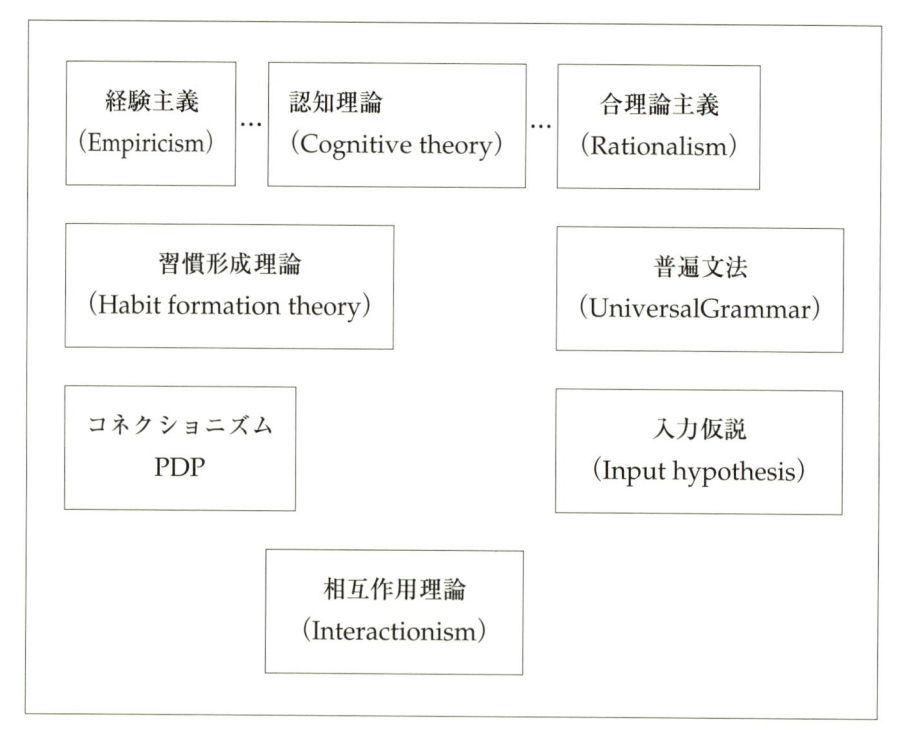

```
┌─────────────────────────────────────────────────────────┐
│  ┌──────────────┐   ┌──────────────┐   ┌──────────────┐ │
│  │  経験主義    │…  │  認知理論    │…  │  合理論主義  │ │
│  │ (Empiricism) │   │(Cognitive    │   │(Rationalism) │ │
│  │              │   │  theory)     │   │              │ │
│  └──────────────┘   └──────────────┘   └──────────────┘ │
│                                                          │
│  ┌──────────────────┐        ┌──────────────────┐       │
│  │  習慣形成理論    │        │    普遍文法      │       │
│  │(Habit formation  │        │(UniversalGrammar)│       │
│  │    theory)       │        │                  │       │
│  └──────────────────┘        └──────────────────┘       │
│                                                          │
│  ┌──────────────────┐        ┌──────────────────┐       │
│  │ コネクショニズム │        │    入力仮説      │       │
│  │      PDP         │        │(Input hypothesis)│       │
│  └──────────────────┘        └──────────────────┘       │
│                                                          │
│              ┌──────────────────┐                       │
│              │  相互作用理論    │                       │
│              │ (Interactionism) │                       │
│              └──────────────────┘                       │
└─────────────────────────────────────────────────────────┘
```

1）習慣形成理論（Habit formation theory）

　長い間、言語は習慣形成によって習得される、と考えられてきました。この

立場は、行動主義（Bahaviorism）の学習理論を反映しています。学習は、刺激－反応の連結によって生じる。刺激に対するある反応が強化されると、その刺激と反応の結合が強まり、習慣として定着、すなわち条件付け（conditioning）がなされる。この考えが習慣形成理論（Habit formation theory）です。

言語習得を説明する条件付けとして、Skinnerのオペラント条件付けが知られています。ある行動をたまたま行い、それが自分に望ましい結果を引き起こしたときに、この行動が強化され、それが類似した行動を再度行う引き金、すなわち、刺激となって、次第に習慣として定着する、とする考え方でした。言葉の習得も刺激－反応－強化のサイクルで実現する。即ち、子どもがたまたま発した音声が周囲の人々から受け入れられると、そのことが同じような音声を子どもが再び発するための強化の作用をし、次第に周囲の人々の発する音声に近づき、やがて習慣として定着する、というものでした。子どもの心は最初は白紙状態で、その上に刺激と反応の結合で生じたことばが刻印されるのです。

外国語の習得も母語の場合と本質的には同じです。しかし、それは母語と異なった新しい言語体系を習慣化する過程です。母語が外国語と異なる部分では、母語の習慣は外国語学習の障害になります。この障害を克服するために正しいモデルを模倣、反復し、文型練習などを通して無意識に操作できる習慣にまで高める必要があります。誤りは正しい習慣形成には有害だから、極力避けなければなりません。そのためには、まず、母語と外国語の対照分析によって、構造上の差異を摘出して学習上の困難点を予測し、次に、困難点を系統的かつ集中的に練習することで外国語が効果的に学習されるのです。誤りという悪い習慣はできるだけ早い段階でその芽を摘まなければなりません。このためには、意味よりはむしろ基本的な形式を正しくすばやく操作することが学習の主眼と見なされました。言い換えれば、過剰学習（overlearning）によって自動的な言語習慣を形成することが英語学習の大きな目標に設定されたのです。

検　討

習慣形成理論は、言語習得理論として次のような問題点を持っています。
① 習慣形成理論の重要な概念である模倣、強化などは、子どもの言語習得にさほど重要な役割を演じていない。子どもは、"I goed"、"two foots" などのような親や周囲の人々の発しない'不思議な'言葉遣いをしばしば行い、それ

は子どものことばの特徴にすらなっている。成人の言葉を模倣するよりも、自らことばを作り出しているように見える。
② 親や周囲の人々が訂正するときは、言語形式よりも意味内容に注意を払う。その結果、誤りは指摘や訂正をされずに終わるが、子どもはいつの間にか成人の言語体系を習得する。
③ 言語使用場面の発話のほとんどは、その場で発話者が作り出すものであり、それは反復や模倣によるものではない。(詳しくは次の節を参照。)

2）合理論主義（Rationalism）

習慣形成理論は、認知主義の台頭とともに強い批判を浴びることになりました。言語習得に関して言えば、次のような点が指摘されました。
① 言語は発話の表面で直接観察できないような抽象的な規則に支配された複雑な体系であるのに、その習得が短期間の内に行われるという事実は、習慣形成によっては説明ができない。人には生まれながらに言語習得能力が備わっていて、この能力の働きで自分が接する音声のつながりの中に言語の基本的なパタンを見つけ出すように誘発される、と考えた方が合理論的だ。

規則の抽象性[1]

次の文の違いを説明しようとすると、文の表面を見ただけでは説明できない。

1a. John is eager to please.
1b. John is easy to please.
2a. John reads often to his children.
2b. *John reads often books.　　　（*は非文法文であることを示す）

---

② ヒトは自分がこれまで聞いたことも自ら話したこともない、自分にとってまったく新しい発話を無数に作り出すことができる。このような特徴は言語の創造性（linguistic creativity）と呼ばれることがある。この特徴を習慣形成理論で説明することは不可能である。

> **言語の創造性**[2]
> 今まで接したことのない次のような文も理解できる。
> Daniel Boone decided to become a pioneer because he dreamed of pigeon-toed giraffes and cross-eyed elephants dancing in pink skirts and green berets on the wind-swept plains of the Midwest.
> また、次のいずれの文を言えるのみでなく、さらに長い文を作り出すことができる。
> This is the house.
> This is the house that Jack built.
> This is the malt that lay in the house that Jack built.
> This is the dog that chased the cat that killed the rat that ate the malt that lay in the house that Jack built.

③ ヒトは限られた入力に接しながら、それをはるかに超えた言語知識を獲得する。これは刺激の貧困（poverty of stimulus）と呼ばれる。この現象は、人は生得的に普遍文法を所持していると考えることで説明できる。

> **刺激の貧困**[3]
> 次のbはaの埋め込み文（従属節）中の主語を文頭に移動して作られる。
> 3a. She later discovered who had written the note.
> 3b. Who did she later discover had written the note?
> 同様に、次のbはaの埋め込み文中の目的語を文頭に移動して作られる。
> 4a. She later discovered what her friend had written.
> 4b. What did she later discover her friend had written?
> 英語母語話者は主語と目的語がともにwh-句である時、次のa,bが非文であり、cのみが可能であることを知っている。
> 5a. *What did she later discover who had written?
> 5b. *Who did she later discover what had written?
> 5c. Who did she later discover had written what?
> 5a,bをcから区別するのは、その実例に接したからだとは考えられない。

同様に、外国語学習でも習慣形成理論で説明できない部分が多くあります。
① 規則を過剰に適用したために生じる動詞の活用の誤りは、母語の習得に限らず、外国語の学習に際しても頻繁に観察される。
② 外国語を学んでいる学習者一人ひとりがその時々に、いわば行き当たりばったりにおかす誤りはそれほど一般的ではない。むしろ、どの学習者も同じような誤りを同じような順序で犯し、誤りのなかにも一定の規則性が見いだせるのがその大きな特徴となっている。
③ 英語のいくつかの形態素の習得順序に関する研究では母語習得と外国語としての英語の習得のどちらの場合も極めて類似した順序を示している。その順序は、教室で教師が提示する順序とは異なっていて、学習者が自ら作りだしたシラバスを前もって持っている趣を呈する。このような外国語習得に見られる一定の順序を"built-in syllabus"と呼ぶ学者もいる。[4]

　学習者の用いる英語はそのレベルによってさまざまですが、その中に母語話者の用いる標準的な英語から逸脱する部分を多少なりとも含むのがごく一般的な現象です。それは、日本語とも英語とも違う、両者の中間点にある学習者特有の言語（language learner's language）と言う意味で中間言語（interlanguage）と呼ばれます。中間言語は、人の使う自然言語の主要な特徴を備えています。また、それだからこそ"言語"という文字が用いられるのです。適切な条件が備われば、この中間言語はたえず変化し、次第に対象言語に近付いていきます。
　以上が合理主義の立場から見た言語習得の概略です。次に、(1)普遍文法、(2)入力仮説に分けて、もう少し詳しく見ることにします。

(1)　普遍文法（Universal Grammar）
　言語知識はヒトに固有の能力で、すべての言語は限られた数の、共通の原理（principles）と一定の範囲内で値が変わるパラメター（parameters）から構成されています。原理はヒトに生得的に備わっています。したがって、たとえば、言語の構成は言語構造に依存するという構造依存性の原理は学ぶ必要はありません。
　パラメターは、それぞれの言語資料に接してその値が設定されます。たとえ

ば、主要語パラメター（head parameter）は、主要部（head）と補部（complement）の位置関係に関するものです。英語ではbuy a bookの動詞句で主要部のbuyが補部のa bookより前に来る主要部先行であるのに対し、日本語ではhon-o kauのように主要部が補部の後に来る主要部後行になります。パラメターは、このように言語によってどちらの値をとるかが決まってきます。学習者は、習得する言語の実例に接して、パラメターの値を設定します。

Principle and parameter[5]

Principle

英語の疑問文は次のように語順を変えことで作られる。

1. Your cat is friendly.
2. Is your cat friendly?

語順変更は語の順番によるのではなく、構造に依っている。上の文では、前から数えて3つ目の語が前に出ている。しかし、次の文例3は、前から数えて3つ目の語が前に出た結果、非文4が生じている。

3. The cat who is friendly is ginger.
4. *Who the cat is friendly is ginger?

また、文例5は、be動詞を文頭に置いてあるのに非文である。

5. *Is the cat who friendly is ginger?
6. Is the cat who is friendly ginger?

文例6が正しいのは、主語を構成する名詞句中のbe動詞ではなく、主節のbe動詞が文頭に移動したことに依る。このように疑問文の生成は文の構造に言及することで実現される。このように言語の構成が文構造に依存することをstructural dependency（構造依存性）と呼び、ヒトの言語に共通のprinciple（原理）である。

Parameter

どの言語も語が集まって名詞句、動詞句、前置詞句などの句を構成し、句は主要語（head）と補部（complement）でできている。次例を参照：

1. Noun phrase   the girl with blue trousers （head- girl; complement- with blue trousers）
2. Verbal phrase hit the girl （head- hit; complement- the girl）

1．言語習得

> 3. Prepositional phrase　　　in the room　（head- in; complement- the room）
>
> 上の英文のheadとcomplementの位置は、headが句の左方、即ち、前方に位置しcomplementは右方、即ち、後方に位置している。このような位置関係を主要語先行（head-initial）と呼ぶ。日本語では、この位置関係が逆転し、主要部後行（head-final）となる。次例を参照：
>
> 4. Noun phrase　　　aoi zubonwo tsuketa shoujo（head-shoujo；complement-aoi zubon-o tsuketa ）
> 5. Verbal phrase　　　shoujo-wo tataita（head-tataita；complement-shoujo-wo）
> 6. Prepositional phrase　　　heya-de（head-de；complement-heya）
>
> このような主要部とその補部の位置関係を示す主要部パラメター（head parameter）は、英語と日本語で異なった値をとる。

　普遍文法によれば、言語習得はゼロから出発するのではなく、原理とパラメターの主要な部分は生得的に備わっています。複雑で抽象的な規則によって構成されている言語体系をどの子どもも短時間に、一様に獲得するという事実を普遍文法はうまく説明しています。しかし、外国語学習も普遍文法で説明できるか否かは不明です。特に幼児期以降の外国語学習と生得的な言語習得能力の関係について次のような考えが可能であり、そのいずれが妥当であるかを巡って多くの第2言語習得研究が展開されています。[6]

① 非接近仮説（No-access hypothesis）　普遍文法は第2言語習得では使用できない。普遍文法は年齢とともに衰退し、学習者が利用できるのはより一般的な問題解決能力である。

② 完全接近仮説（Full access hypothesis）　第2言語習得の中で普遍文法は直接活用される。母語と第2言語の習得は基本的には類似しており、学習者の認知的発達度とニーズの違いが両者を区別するにすぎない。

③ 間接的接近仮説（Indirect access hypothesis）　普遍文法は母語を通して間接的に活用される。その結果、第2言語習得では母語に存在しない原理には接近できず、またパラメターの設定も変更しなければならないことが生じる。

④ 部分的接近仮説（Partial access hypothesis）　普遍文法の中で活用され

る部分とされない部分があり、原理は接近できても、パラメターの設定は使えない部分も生じる。

> 検 討

1. 普遍文法の枠組みに沿った第2言語習得研究のほとんどが統語分野のごく限られた領域に集中していて、音声、語彙、形態の研究は手つかずの状態である。そのため、意味論、語用論、デイスコースの分野の知見は得られていない。
2. 研究の多くは言語発達の経路に関するものであり、学習者によって差が著しい習得の速度、到達度などの第2言語習得研究に重要な意味を持つ領域は無視されている。
3. 具体的な指導方法についての提言はなされていない。このため、研究の成果をどのように授業に生かすかはそれぞれの教師の試行に委ねられている。
4. 研究は明確な枠組みの中で行われるので、その成果を客観的に検討することができ、第2言語習得の過程の解明に役立つ。

(2) Input Hypothesis（入力仮説）[7]

入力仮説は、普遍文法が適用できるとする接近仮説に基づいています。Krashenによって提唱されたこの理論は、最近の外国語習得理論の中でも最も注目され、またそのために様々な批判もなされてきたものの、英語教育の理論と実践に強い影響力を及ぼしてきました。

入力仮説は次の5つの仮説から構成されています。

① The Acquisition-Learning Hypothesis

言語修得には、言葉が使われている場面に積極的に参加することによって知らず知らずに身についてゆくものと、その言葉の規則を理屈で理解して構造を理解する方法の2つがあり、それぞれの方法で修得された能力は異質であって、一方が他方に転化することがない、独立した方法である。前者は習得（acquisition）と呼ばれ、子供が母語を習得する際に用いる無意識的な過程を指し、後者は学習（learning）と呼ばれ、言語構造を理屈で学習する、意識的な過程を意味する。

②The Monitor Hypothesis

実際の言語運用に際して利用されるのは習得によって身についた能力である。

学習された言語規則の知識は単に自分の発話を訂正するための監視役（Monitor）をするだけだ。そして、モニターが機能するのは、言葉を使う人が発話の文法的な正しさに関心を向け、しかもその項目の規則を知っているときに限られる。この二つの条件を満たすことは、実は常に容易だとは限らない。

③　Natural Order Hypothesis

　言語規則の習得には自然な順序があり、それは予測できる。この順序は形式や機能の単純・複雑の要因に依るものではないし、また教室での提示の順序によるものでもない。自然な習得順序の研究はこれまで数多く行われてきた。図9-1はその代表的なものである。習得はGroup Ⅰ ＞ Group Ⅱ ＞ Group Ⅲ ＞ Group Ⅳの順序でなされ、それは階層（hierarchy）をなす。ただし、各グループ内の項目の習得は順序が一定していない。

④　The Input Hypothesis

　学習者は、現在の自分の中間言語のレベル（i）より少しだけ進んだ要素を含む言語（i+1）に接し、周囲の状況や文脈などによって助けられ、その意味を理解することによって次の段階（i+1）に進むことができる。簡単に言えば、自分の今のレベルより少し上の新しい項目を含む英語を十分聞いたり、読んだりして、そこに述べられていることを理解すれば英語の力が伸びると考える。

⑤　The Affective Filter Hypothesis

　理解できる入力（comprehensible input）に豊富に接することが習得の必要条件だが、それだけでは十分ではない。学習者が安心して、しかも意欲的に英語に接することができる状況が習得には必要だ。失敗を恐れたり、過度の緊張感を持って臨んだら、感情フィルターが高まり、そのためにかえって英語が理解できなくなってしまい、結果的にはそれは入力として働かなくなる。

Group I	
CASE	WORD ORDER
(Nominative/Accusative)	(In simple declarative sentences)

↓

Group II	
SINGULAR COPULA	SINGULAR AUXILIARY
('s/ is)	('s/ is)
PLURAL AUXILIARY	PROGRESSIVE
(are)	(-ing)

↓

GROUP III	
PAST IRREGULAR	CONDITIONAL
AUXILIARY	would
POSSESSIVE	LONG PLURAL
('s)	(es)
	3rd PERSON SINGULAR
	(-s)

↓

GROUP IV	
PERFECT AUXILIARY	PAST PARTICIPLE
have	-en

図9-1 文法形態素の習得階層 (adapted from Dulay, Burt and Krashen, *Language Two*, 1982., p. 208)[8]

検 討

1．この理論は、学習者の外国語の修得とその運用を包括的に扱い、様々な状態をかなりうまく説明できる優れた理論である。
2．習得と学習という二つの独立した過程を設定し、その間に相互交渉を認めないのがこの理論の最も顕著な特徴である。このnon-interface positionが多くの論争点の1つになっていることは想像に難くない。学習したことを、その後練習を重ね、その結果十分その操作に熟達し、自由に使えるようになることは英語を学んでいる多くの人々が経験する。この点を認めない理論は、深刻な問題を含むものである。
3．個々の仮説を検討すると不明の点が多く露呈する。1例を挙げれば、iレベル、i+1レベルの各段階が明確に示されていないため、結局は無意味な仮説になっている。また、理解できる入力が習得を可能にし、習得は理解できる入力（Comprehensible input, CIと略）に接したからだ、とする主張は循環的な定義であり、理解できる入力、習得というKrashen理論の重要な構成概念の明確な定義になっていない。同様なことは習得と学習にも指摘される。
4．英語を聞いて理解しても、その文構造に注意を払うとは限らない。獲得すべき特徴に注意し、それに気づく（notice）ことで言語は習得されるのではないか。M.Swainを始めとするカナダの研究者たちは、イマーション・プログラム（Immersion program）の評価に基づいて豊富なCIに接しても習得が依然として不完全なことを指摘し、理解可能出力仮説（Comprehensible output hypothesis）を提唱している。外国語で何かを発表しようとするときに、文法的な選択をし、文法形式についての自分なりの仮説を立てて発話を構成する。その結果のスピーキングが相手から理解されれば、自分の文法が正しかったことが確認でき、また否定のフィードバックを得たときには自分の仮説を修正し再度発話にそれを試用する。このような言語表出の経験が言語習得を促すと主張する。この立場はKrashenの仮説と著しい対照をなす。

3）認知理論（Cognitive theory）

認知理論では、言語習得はヒトの認知作用に基づいて達成され、この認知作用は言語のみならずすべての事象の理解、解釈にも共通する一般的な問題解決能力である、と主張します。この点で、普遍文法の生得説と著しい対象を示し

ます。また、第2言語習得は複雑な認知スキルの獲得過程であり、刺激－反応－強化を繰り返すことで正しい言語習慣を形成する過程と見なす行動主義とも鋭く対立します。

(1) Attention-Processing Model

McLaughlin[9]等が唱道するこの理論では第2言語習得過程を次のように説明します。言語能力は様々な下位スキルから構成されていて、この下位スキルは練習を重ねることで、管理された（controlled）状態から自動化した（automatic）状態に変化し、まとまった規則の体系に統合されて内在化し、さらにこの体系は習熟を増すにつれて絶えず再構成（restructured）されて新しい体系を構成していく。このようにスキルの自動化（automatization）と言語体系の再構成化（restructuring）が第2言語習得の特徴である。実際に言語を用いるときには、状況により言語形式（form）に注意を焦点化（focal）することも、また伝える意味（meaning）、即ち周辺部（peripheral）に注意を向けることもある。

	CONTROLLED： 新しいスキル、 限られた処理容量	AUTOMATIC： 訓練され、習熟したスキル 膨大な処理容量
FOCAL	A・文法説明 ・単語の定義 ・書写 ・会話暗唱の第1段階 ・文法練習	B・上級学習者が文構成に注意を払う ・話したり書いたりする際に自分をモニターする ・スキャニングする ・編集する
PERI-PHERAL	C・簡単な挨拶 ・会話暗唱の最終段階 ・TPR/Natural Approach ・初級学習者が短い会話をうまくやり終える	D・自由活動式のグループ活動 ・速読、スキミング ・自由作文 ・ある程度の長さの正常な会話

図9-2　Attention-processing modelの適用

Brownは図9-2のように、情報処理過程（information processing）を横軸に、注意集中点を縦軸にして第2言語習得過程を解説していて[10]、領域別に適切な活動が示されており、Attention-Processing Modelを理解するのに役立ちます。図9-2（p.273）はその要約です。Brownによれば、子どもの英語学習はPERIPHERALのＣ→Ｄの方向へ進むのに対し、成人の場合はAから出発してCあるいはBを経てDに到達するのが普通です。

> 検　討

1．Attention-Processing Modelは上述の非接近仮説の立場になっている。しかし、第2言語習得の細かな点まで十分にcontrolled→automaticの連続性というautomaticityの理論で説明できるわけではない。言語理論からの補強が必要である。
2．Attention-Processing Modelでは第2言語習得に際して母語の転移を適切に説明ができない。
3．restructuringの概念は実際の言語習得にどのように具体的に適用されるか今後の研究に待つところが多い。
4．上記の表のAでは、文法の解説が重視されるが、効果的な提示方法を解明することが重要になる。この具体的な方法が不明である。

(2)　Processability Theory

　Processability Theory（処理可能性理論）は、1970年代から研究されてきたLearnability/Teachability Theory（学習・教授可能性理論）をPienemannがさらに発展させた言語習得理論です。この理論の中心概念は、「ある位置から別の位置に要素を移動させることで文が形成されることがある」というものです。この移動が言語学習順序の重要な要素になります。まず最初は、移動を伴わない文を学習する。その後、文の様々な要素を移動させる方法を学習する。段階をいくつも経ることで次第により複雑な文を学習する。移動する要素は単語から、句、そして文、従属節とより大きくなる。この学習順序を無視して教えることはできない。学習者が学習可能な（learnable）項目は学習者の発達段階に合致した項目に限られ、それは教えることができる（teachable）し、またそうすることで学習は促進される。しかし、自然な発達段階の順序を変えて教えた項目は、学習者の言語体系に繰り込まれることはない、とPienemannは主張します。

この理論は、自然な環境での第2言語（ドイツ語）習得過程を観察することで得られた文法項目の習得順序に基づいており、情報処理の制約に基づいて次の表にある形に発達段階としてまとめられ、様々な言語の発達段階の指標として利用されています。

Stages	Description	Explanation
1	word access	単語は知っているが文法構造の知識はない
2	canonical word order	SVOの典型的な語順（canonical word order）のみ処理
3	fronting	様々な要素を文頭に移動　e.g., On Tuesday I went to London. / Who lives in Camden? / Will you be there?
4	Simplified S-procedure	節の内外の要素を組み合わせる　e.g. the patient he looked after（句から前置詞を切り離す）
5	S-procedure	文の構造の内部を操作　e.g., Where is he going to be?（Wh-疑問文）；3人称単数現在-s
6	Subordinate clause procedure	間接疑問文の処理　e.g., Jane asked if he would go；Tag Question (It's on the wall, isn't it?)

図9-3　Developmental stages and examples of question forms[11]

検　討

1．発達段階の基準が明確になれば、教材編成に、また熟達度判断テストにも活用できる部分が多い。
2．発達段階では、標準的な言語形式から逸脱した形式が生じることがある。これが"自然な"発達の姿であったとしても、授業で非文を教えることが望ましいか議論が生じるところである。
3．コミュニケーション中心の授業では、発達段階に沿った教材提示が困難なことが多い。発達段階を無視した教授を行う際には、分析的な説明ではなく、

定式表現として扱うなどの配慮が必要になる。

4）相互作用理論（Interactionism）

(1) The Interaction Hypothesis

　合理論主義、認知主義の習得理論では学習者が言語習得能力に依るか一般的な認知力に依るかの違いはあるものの、主体的に、また独立して言語習得にかかわることを強調します。これに対して相互作用理論では、言語が学習者の内部でいわば"真空"の状態で習得されるのではなく、周囲の人々との様々なやりとりを通して習得されるのだ、と主張します。

　Krashenは理解できる入力（comprehensible input、以下CIと略）を第2言語習得の最も重要な条件にしましたが、相互作用理論ではこれをさらに1歩進めて、CIは相互交渉を通して提供され、聞くだけでなく学習者が自ら相互交渉に積極的に参加し、話すこと（output）でより適切なCIにより多く接することになり、習得が促進される、と考えます。Longは、母語話者（Native Speaker、以下NSと略）同士の会話とNS対非母語話者（Non-Native Speaker、以下NNSと略）の会話の間に著しい違いを認め、後者には会話をスムーズに進めるために絶えず意味の交渉（negotiation of meaning）が行われ、相互作用に様々な修正が加えられ、その結果NNSの発達レベルに適した言語入力が提供され、言語習得を促すのだとする考えを理論化しました。この理論を相互作用仮説（Interaction Hypothesis）と呼びます。

相互交渉の修正	
種　類	例
反復（Repetition）	NS：I have been to Britain several times.
	<u>I went there last year. I went there three years ago, too. I have been there several times.</u>
明確化の要請（Clarification request）	NNS：Does Nancy is Japanese?
	NS：<u>One more time please.</u>
	NNS：Does Nancy is, ah, does Nancy

	speak Japanese?
理解チェック（Comprehension check）	NS：I went to the auditorium by myself. Do you follow me?
確認チェック（Confirmation check）	NNS：I went to the library. NS：Library? NNS：Yes.
言い直し（Recast）	NNS：What do the students like sports? NS：What sports do the students like?

図9-4　相互交渉修正

　図9-4は相互交渉の修正をまとめたものです。NS-NSの会話でこのような修正が行われないわけではありません。しかし、NNS-NSの会話ではこうした修正が頻繁に行われ、時には会話の大半が修正で占められることも観察されます。この中で、明確化の要請はNNSの発話の内容をNSが理解できなかった際にNSSに対して再度発話を促すことで会話を継続する方法です。理解チェックはNSが自分の発話がNNSに理解されていることを確認するために行われ、確認チェックはNNSの発話内容を確認するための方法です。
　言い直しはNNSの発話の内容を受け入れながら、その形式上の不備を正しいモデルを提示することで指摘します。このように、言い直しはNNSに形式の訂正という否定のフィードバックを提供します。言い直しが第2言語習得に必要なことは多くの研究で指摘されています。言い直しを示されることで、NNSは自分の発話とモデルの相違に気づき、自分の発話を訂正する機会が与えられます。言い直しがすべてNNSに受け入れられるわけではありません。どのような言い直しが第2言語習得に有効かは今後の研究に待つところが多い、と言えます。
　Schmidtは、第2言語習得習得は、NNSの現在保持している言語体系の特定の項目、即ち中間言語（interlanguage）が目標言語のそれと異なっていることに学習者が気づくこと（noticing）から始まことを指摘し[12]、この指摘が言語の形式面を学習する必要性を強調し、文法学習の再評価を促すきっかけとなりま

した。
　相互交渉仮説では、NSとNNSの言語交渉の実際が観察され、NSの発話がNNSに理解できないような場合に、会話のやり取りにさまざまな修正が施され、理解に導かれる様子が突き止められました。Longは自然な言語運用の場面で情報伝達を成功させようとして学習者と母語話者が行う交渉が言語能力を向上させる要件である、と主張します。[13]
　Hatchはこの立場をさらに進めて、会話を続ける技術を身につけることによって、言語構造の能力が修得されるとも述べています。[14] 以上のような相互交渉理論は言語習得に際して学習者の内部で働く複雑な心理言語的なプロセスの理解が大切なことは認めながらも、言語使用のより大きな場面に研究の視点を広げて包括的な理解を試みています。

検　討
1. 相互交渉の修正の分類は曖昧であり、実際に用いることが容易でない。
2. 相互交渉の修正を通して言語習得が実現することが明らかになった項目はごく限られていて、言語体系全般の習得を説明する証拠とはなっていない。
3. 相互交渉の修正によって学習者が言語体系を自ら獲得すると考える構成主義（constructivism）は教師による教材の提示－練習－運用という一般的な教室内の言語授業に取って代わるものとはなりにくい。
4. コミュニケーション活動の一部として、生徒同士、あるいは生徒と教師、特に生徒とALTの相互交渉を積極的に取り入れていくことが望ましい。

(2)　Sociocultural Theory
　相互交渉仮説よりさらに進めて学習を社会文化的な現象と捉える理論がSociocultural Theory（社会文化的理論）です。ロシアの心理学者であったVygotskyの理論に基礎を置く、この理論は最近活発に再評価され、SLAの研究にも理論が適用されてきました。[15] 成人の母語話者は、言葉を自動的に操作する、即ち言語の自己調節を行っています。しかし、幼児やNNSは親や周囲の人、教師さらには仲間などの助けを得ながら意志疎通を図ります。そして、次第にことばを自分の意識の中に取り入れていきます。学習者の注意を重要な特徴に引きつけ、学習に導いていくには支援的な対話が欠かせません。このような対話を'足場'（scaffolding）と呼びます。

学習が最も生産的に行われる領域を最近接発達領域（Zone of Proximal Development, ZPDと略）と呼びます。それは学習者が独力では行えないが、相手から助けとして適切な足場を与えられれば達成できる知識や技能の領域を指します。教室内で英語を学習する場面では、足場は教師のみならず学習者の仲間から提供される場合もあります。

検討

1．一般学習理論をSLAに適用しようとする試みであり、これまで行われてきた研究は量的にも少なく、また規模も小さい。そのため、ZPDがSLAをどの程度説明する理論であるか不明な点が多い。
2．断片的な学習過程の研究が多く、文法体系の学習についての見解が明確でない。
3．言語習得の速度と経路（rate and route）についてこの理論は何も明確にしていない。適切な足場を与えれば、習得の速度は高まるのかについて実証的な研究が極めて少ない。また、適切な足場を提供することで、言語発達の順序に影響があるのかについても明確でない。
4．教師が学習者に行う援助の重要性を改めて指摘しているが、どの段階でどのような援助が妥当か今後の研究に待つ部分が多い。

5）コネクショニズム（Connectionism）

　コネクショニズムはPDPモデルとも言われる学習理論で、脳を情報ノード間の連結の複雑な束である神経回路網から構成されていると見なし、コンピュータになぞらえます。この連結、即ちコネクションは入力により強化されることも弱まることもあります。学習は抽象的な規則を作り出すことではなく、連合過程に基づいて生じます。様々な要素の結合が繰り返されると、特定のノード間の結合が強まり、特定の出力型が生じやすくなります。

　言語習得では、学習者は言語入力の中の規則性、すなわち特定の言語形式の規則的な共起に敏感であり、この規則性に基づいて決まったパタンを作り出します。このパタンが強化されると学習が生じる、と考えます。前述したように、動詞の過去形はbroke-breaked-brokeのようにまず正しい形が用いらるが、次の段階で誤った形が出現し、最終的には正しい形が用いられます。この現象をU字形行動（U-shaped behaviour）と呼びます。コネクショニズムのモデルを

コンピューター上で操作し、動詞の規則形と不規則形を厳密に頻度を調節して入力することでこのU字形行動を再現する実験が行われ、報告されています。[16]

検討
1. これまで、変数を正確に調整できるように人工言語を用いた研究や、言語のごく小さい断片的な事象に限定した研究が行われてきた。このような実験室的研究から得られた結果を教室の言語学習に適用することができるのか明確でない。
2. 具体的に英語指導にどのように生かすか検討されていない。
3. 言語学習の認知面のみが強調される傾向にあった外国語教授理論に反省を迫る理論になっている。

3）まとめ
　言語習得の一般モデルの主要なものを取り上げ、それぞれの主張を概括してきました。それぞれが対立し、どのモデルを英語教授に適したものとして採用するかを決めることは困難です。英語教師として、この状況にどのように対応したらよいのでしょうか。このことに関し、V. Cookの見解は大変参考になります。引用して、まとめとしましょう。
　「このような様々なモデルは、それぞれがL2学習の重要な側面と見なす部分を説得力を持って説明している。間違っている点は、このようなモデルが自分の家の前庭について所有権を要求していることではなく、町全体が自分の領分であると主張する傾向である。それぞれのモデルは、せいぜいジグソーパズルの一片に過ぎない。これらの断片を寄せ集めると1枚の絵になるのだろうか。言語は心的な知識であり、それは様々な因子に重みづけを割り当てることで、対象文化に好意的な態度を持っている者が獲得してゆくものである。オーウェルは2つの矛盾する見方を同時に信じこむことを二重信念と呼んだが、この二重信念を犯さずに上のようなことを行うことができるであろうか。答えはおそらく是であろう。それぞれのモデルが扱うL2学習の範囲の違いは、それが決して両立しないものではないことを意味している。……現時点では狭い分野に限定されたモデルが多数あり、それぞれがL2学習の独自の領域について有効な洞察を提供している。」[17]

2．学習者

　母語習得と外国語習得が決定的に異なるのは、前者は特殊な例外を除けば、すべての人が一様に達成するのに、後者では著しい個人差が存在することです。それは何故なのでしょう。外国語習得に影響を及ぼす学習者の要因を調べることにしましょう。

１）年齢

　年齢と外国語習得の関係について２つの対立する考え方があります。１つは、外国語の習得に最適な時期が存在し、それは２歳から思春期前までの間である。この期間を過ぎると脳の可塑性が減少し外国語習得能力も減退するため、自然な環境で英語に接するだけでは習得は期待できなくなる。したがって、意識的な学習が必要になる、と言う考え方です。この立場を臨界期仮説（critical period hypothesis）と呼びます。[18]

　これに対して、年長の子供の方が少なくとも、語形、統語、語彙の面で習得に優れていることを示す研究もいくつか報告されています。成人でも外国語習得に成功した例が無数にあることを考えれば、年齢そのものが外国語の習得に決定的な働きをすると断定することはできません。むしろ、年齢と関係のある、言語使用の目的、場面、必要感、感情面の要因などが大きな働きをすると考える必要があります。換言すれば、それぞれの年齢に適した方法を用いさえすれば、誰でも外国語は習得できるものなのです。

　次の図9-5は、9歳から10歳頃までの児童期、その後の青年期（adolescence）、そして成人期の３段階に分けて、それぞれの特徴とそれに合った指導上配慮すべき点（⇒ で表示）を要約したリストです。[19] 年齢に対応した指導を考える際の参考になるでしょう。

児童期
－注意持続時間が短く、同じ活動に熱中できるのは10分程度である。
　⇒　変化に富んだ活動を豊富に用意する
－言語を抽象的な規則体系と捉えることはできない。文法的な説明を行っ

ても理解に結びつかないことが多い。
  ⇒ 具体的な活動を通して、英語の意味を理解し、さらに自分でも発表できるようにする指導過程を工夫する。More experience, less explanation!を指導原則の1つにする。
- ゲーム、絵や実物を用いた単語の提示、描画やぬり絵のような手を使った活動、歌や韻文、物語などを好んで用いる。
  ⇒ 全身を使った体験学習を行う
- 目前にある興味ある活動に従事するが、長期的な目標を設定して、それに向かって努力するような活動はできない。
  ⇒ 個々の活動を子どもを引きつける、楽しいものにする
- 見たり、聞いたり、手で触れたりする直接的な経験を通して学習が促進されることが多い。
  ⇒ TPRのような全身を使って学習を進める活動を多く取り入れる。
- 自分自身のことを熱心に話し、自分や自分の生活に直接関係のある話題の学習に興味を示す。
  ⇒ 子どもの話をよく聞いて、暖かい人間関係を維持する

青年期
- 知的理解力と好奇心に富み、論理的に考え推論することができる。
  ⇒ 文構造や文法規則を使って理解を深めることができる。教師の興味深い説明と個人的に関連のある題材、活動を通して、英語に対する興味を喚起し学習を進める。
- 暗記力に優れている。
  ⇒ 集中的に、多量の学習を行えるが、系統的で組織的な学習方法を提示し生徒が自らに合った学習方法を選択できるような指導を行う。
- 教師の指導力に対する評価が厳しくなり、公正な扱いを教師に要求する。
  ⇒ 効果的な指導方法を常に心がけ、また、どの生徒も対等に、親身になって接することで生徒の信頼を得る。
- 授業外でも教師からの積極的な指導を望む。
- 英語学習の明確な目標に向かって努力することができない。
  ⇒ 学習活動そのものを興味深い、意味あるものにすることで興味を持続させる。

－学習の動機づけが低い生徒が多い。そのため、授業に参加しなかったり、時には他の生徒の学習を妨げたり、教師の指導に反抗するような破壊的な行動に出たりすることもある。
　　　⇒　問題行動の原因を探り、生徒の自尊心を尊重しながら率直に話し合い、原因を取り除く。同時に、授業を理解しやすいものにし、生徒の関心事に密着した課題を設定することで、興味を持って積極的に参加し、仲間との協力関係が醸成されるようにする。
成人
　　－抽象的な思考に慣れている。
　　　⇒　多様な授業形態をとるようにする。
　　－自己制御ができ、単調な作業に意識的に耐えることができる。
　　－多くの経験を積んでいて、自分に合った学習方式を身につけていることが多い。
　　　⇒　これまでの経験を十分に生かした学習を勧める。
　　－学習の目的がはっきりしていることが多い。
　　　⇒　学習者の学習目標に合致した授業を展開する。
　　－教師の指導法に批判的ななることがある。
　　　⇒　学習者の要望を十分取り入れた指導を心がける。

図9-5　年齢と学習特徴

2）適性

　同じような勉強をして知能面でも大差はないのに、上達の早い生徒がいる一方でなかなか進歩しない生徒もいます。このような状況に出会うと、外国語学習には適性が関係すると考えるのが普通です。適性に関する研究の結果、いくつかの適性テストが開発されてきています。このうち、CarrollとSaponの開発したModern Language Aptitude Testは広く使われました。[20] 彼らは、外国語学習の適性を構成する要因として次の4項目を設定し、それぞれの項目を測定すると同時にその総計を適性の判断の資料にしました。

　適性の4要因

> 音声を聞き分ける能力（Phonemic coding ability）
> 文法機能の識別能力（Grammatical sensitivity）
> 帰納的な学習能力（Inductive language analytic ability）
> 暗唱能力（Associative memory）

　このテストの成績を見る限り、テストの成績と伝統的な方法で指導を受けた学習者の成績との相関が高いことが窺えます。しかし、実際の言語運用力との相関は決して高いとは言えません。このことから、適性テストで良い成績をとった生徒が悪い成績をとった生徒よりも実際の言語運用能力の点で優れた素質を持っていると結論づけることは危険です。

　適性テストは、少なくとも現段階では、学習者の言語能力を予測できる状態ではなく、したがって、その利用に当たっては、生徒の特徴を捉え、指導の助けに利用する態度が望まれます。対象言語に十分接し、好ましい学習環境が用意されれば、母語が習得できる限り、誰でも外国語は習得できるのです。適性は、外国語習得に要する時間の差を示す程度と考えるのが妥当でしょう。

3）知能

　知能が学習する能力を指すとすれば、英語学習にも知能が関係することは容易に想像できることです。事実、これまで英語の学習と知能の関係は高く、IQが115以上でなければ、良い成績は期待できない、と言われたこともありました。[21] また、OllerとPerkinsは、言語修得の一般的な能力があって、それは知能と等しい、と述べています。[22] 他方、現実には子供が母語を修得する際には、IQに関係なく正常な子供であれば同じようにマスターします。だとすれば、自然な状況で第2言語として言葉を習得するような学習者にはIQは重要な因子とはならないでしょう。そしてこの推測は現実をある程度正確に反映していいます。それでは、教室内の英語学習だけがなぜ高い知能を必要とするのでしょうか。

　Cumminsの研究はこの問題の解決に示唆を与えてくれます。[23] 彼は次のように言語能力を2種類に区別します。

> 知的・学問的言語能力（CALP=cognitive/academic language proficiency）
> 　－言語構造に関する知的理解の能力、知能と類似した能力

> 基本的対人間コミュニケーション技能（BICS=basic interpersonal communication skills）
> 　－口頭で情報を伝達する際に用いられる技能

　Cumminsは、CALPとBICSは別個の能力であり、両方とも母語、外国語の修得に際して見いだせる、と主張します。この二分法は、外国語として英語を学習する学習者と自然な状況で第2言語として英語を身につけてゆく学習者の間に見られる相違点をうまく説明してくれます。知能は、教室内で英語の構造を知的に理解し、規則を適用して言語形式の操作を行うことが重視される指導では大きな意味を持ってきます。しかし、自然の状況で必要な情報を伝えながら言葉を習得するような場合には、知能はさほど大きな意味を持っていないと言えます。

　同じことは、教室内での英語指導にも言えることです。意味のある言語交渉を豊富に用意し、学習者間でも英語を用いて現実的な情報交換を英語で行う指導は、知能に関係なくどの学習者にも英語を習得させる有効な方法となるのです。とすれば、コミュニケーション中心の授業は、成績上位の学習者集団にのみ有効なのではなく、むしろ、全ての学習者のBICSとしての英語習得に貢献できると考えられます。[24]

4）学習スタイル

　英語を学ぶ際に、それぞれの学習者は自分に合った学習方法を好んで使います。同じことを学習する場合でも、文法規則の説明を聞き、細かいことまで理解することが得意な人がいる一方で、場面に合った英語をいろいろ聞いて全体の意味を理解することから始めるのが得意な人もいます。学習スタイルとその背後にある認知スタイルの分類は細微にわたっていますが、ここでは重要な項目に限定して調べることにします。

(1) Field Independence/Dependence（場面独立型・依存型）

　場面独立型（FI）の学習者は、分析的に物事を理解しようとするのに対し、場面依存型（FD）の人は全体をまるごと理解しようとします。前者は、英語の規則を1つひとつ取り上げて、その仕組みを説明して理解を図る指導法で良い成績を挙げることが多いでしょうが、後者は場面の中で実際に使われる英語に

何度も接することによって学習するのに向いている、と言えるでしょう。

　学習スタイルは、どちらの方向にどれだけという傾向性を示す指数です。また、同一の学習者でも課題に応じて異なったタイプを用いることもあることは念頭におく必要があります。

　以上のことは学習者のタイプにに応じた適切な指導法をそれぞれの課題によって工夫することの必要性を示唆するものです。例えば、FIの学習者には、文章全体の概要を素早く捉えさせるためにskimmingの課題を用意する一方、FDの学習者にはテキストの中から必要な情報を的確に捉えるためのscanningの課題を豊富に与えるなどの配慮が効果を挙げることがあります。

(2)　Ambiguity tolerence（曖昧さを許容する度合）

　外国語学習は母語と異なった体系を受け入れることに終始するのですから、曖昧さを許容する姿勢は重要です。しかし、この傾向が強すぎれば、かえって、言語体系を意味のある形で学習す際に阻害要因として働くことになります。

　Cloze testを利用して、空所に適語を入れたり、また選択肢にして選ばせたりする活動は、推測力を高め、意味の細かな部分にも注意するようになるため、有効な活動です。同じことは、未知語の意味を文脈の中で推測させる活動にも言えます。[25]

(3)　Perceptual learning style（知覚学習スタイル）

　次のリストにあるように、学習者により得意とする学習方法に差があります。

Auditory learner（聴覚型学習者）
　　説明や情報を聞くことで効果的に学習する
Visual learner（視覚型学習者）
　　文字や表などを読む・見ることで学習する
Tactile learner（触覚型学習者）
　　手で触れることで学習する
Kinesthetic learner（全身運動型学習者）
　　体全体で直接経験することで学習する

図9-6　学習スタイル

学習者の年齢、性別、出身文化圏でも偏りが認められるとする研究があるものの、多人数クラスでは様々なタイプの学習者を想定するのが安全です。個々の学習者の好みの学習スタイルに応じた指導をすることは実際には不可能です。しかし、教師が視覚型学習者のみに適した指導を行っていないか反省し、できるだけ多様な学習活動を展開することで学習者の知覚学習スタイルに対応した指導が実現できます。[26]

　学習スタイルは、それ自体良い、悪いという価値観を含むものではありません。したがって、大切なことは、それぞれの学習スタイルの学習者が英語学習で陥りやすい困難点を予測し、それに応じた適切な課題を用意することによって適正な学習スタイルの発達を促すことです。

5）学習ストラテジー

　上で述べた学習スタイルが個々の学習者が通常用いる特徴的な学習方式であるのに対し、学習ストラテジーは特定の学習課題や問題解決に際してその場に即してとる具体的な手だてで、活動の進展に伴い刻々と変化するものです。

　O'Malley等は次のリストに示すように、学習ストラテジーをメタ認知、認知、社会・情緒に分類し、具体的なストラテジーを列挙してます。[27]

メタ認知ストラテジー（Metacognitive strategies）　自身の認知過程を理解し、調整する取り組み。学習の計画を立てる、学習を行いながらその学習の過程について考える、発表や理解をモニターする、学習が終わった後で学習を評価 するなど。

認知ストラテジー（Cognitive strategies）　個々の学習活動に即応して実際に行う活動。反復、参考書の活用、訳、推測、転移などの学習に対する具体的な取り組み。

社会・情緒ストラテジー（Socioaffective strategies）　仲間との協力や教師・母語話者などに援助を求めるなどの活動。

図9-7　学習ストラテジー

　英語学習に際してどのようなストラテジーを実際に用いているかを理解させ、

数多くの効果的な学習ストラテジーを提示して活用させ、自分に適したストラテジーの発見に導くことは英語授業の重要な領域です。教室では文法や語彙などの新しい情報を伝達するとともに、それを効果的に学習する方法を養成することはきわめて重要です。それは、効果的な学習方法を身につけることでいま一番求められている、自発的で自立的な学習者（autonomous learner）を養成することが期待できるからです。

6）感情面の特徴

外国語学習を成功させるには、知的理解の面だけを問題にしていたのでは不十分です。意欲、動機づけ、性格等の感情面の個人差に着目し、それに対応する手だてが必要になってきます。

⑴　Motivation（動機づけ）

人が特定の行動を選択し、その行動に熱心に長期間取り組むとき、その行動に対する動機づけが高いと考えられます。動機づけは、このように人の行動の生起や強さを説明する概念です。

外国語学習のモティベーションの研究で従来よく知られてきたのはGardnerとLambert[28]（1972）です。彼らはモティベーションを道具的（instrumental）、統合的（integrative）と大きく2分しました。その後、この2分法はモティベーションよりは志向、態度を示す概念であるとして、オリエンテーション（orientation）と呼んでいます。[29]

オリエンテーション

統合的オリエンテーション（integrative orientation）：英語圏の人たち
　　と友達になり、その社会、文化をより深く理解し、その一員になりた
　　いとする肯定的な傾向性

道具的オリエンテーション（instrumental orientation）：将来良い職業
　　につくなどの手段、道具と捉える実利的な傾向

ごく一般的に言えば、道具的オリエンテーションは、多くの場合身近で現実的な目的が実現されればそれ以上学習を続ける必要はなくなるのですから、統合的オリエンテーションに比べて学習を持続させる力に欠ける、と考えられま

す。これはGardnerとLambertのカナダでの研究の結果です。しかし、その後彼らが合衆国、フィリッピン等のカナダとは違った状況にある地域で行った調査では、成績上位の者が道具的オリエンテーションを強く示していることが判明しました。さらに、インドで行われた別の調査でも、[30] また、わが国で実施された調査でも、[31] 同様の結果が出ています。このことは、英語を外国語として学習し、しかもその運用力が学校、社会などの進路の選択に強い影響力を持っている地域では、道具的オリエンテーションが学習成績と高い相関を示していることを物語っています。オリエンテーションは、このように、社会的要因と深い関連を持っているのです。

　オリエンテーションは、学習者の状態とともに変化します。最初は道具的オリエンテーションが強かったのに、学習が進むにつれて次第に統合的オリエンテーションが目立ってくる場合があります。テストで良い成績をとるために勉強し、その結果期待通りの成績を収めた場合、道具的オリエンテーションが強くなります。こうした学習の積み重ねで、英語そのものに興味を持ったり、英語圏の文化に興味を抱くようになる生徒は多くいます。これは、道具的オリエンテーションと統合的オリエンテーションが可変的な傾向であることを物語っています。

　学習を成功に導く最も重要な要因がモティベーションであることは多くの人が認めているところです。[32] 英語学習のきっかけになるモティベーションは、一般的に次のように2つに分類されます。

内発的モティベーション（Intrinsic motivation）学習そのものに意義・楽しさを見つけて行う学習	
外発的モティベーション（Extrinsic motivation）外部からの報酬を得るため、逆に罰を避けるために行う学習	

　学習を長期的に持続させるには内発的モティベーションが有効です。罰則を与えて学習を強要することは内発的モティベーションに害を与えます。しかし、褒められたり、高得点を得るという外発的モティベーションによる学習が成果をあげることで内発的モティベーションに転化する場合もあります。

　モティベーションは様々な欲求（needs）に基づいていると言われます。[33]

Maslowによれば、欲求は階層をなしており、最も基本的な生理的欲求が基盤になり、その上に安全の欲求、所属と愛情の欲求、自尊の欲求が重なり、一番上に来るのが自己の可能性を実現しようとする自己実現の欲求です。そして、下位の欲求が充足されたとき、上位の欲求の実現に取り掛かると言われています。このことは、それぞれの生徒がどんな種類の欲求を持っているかを把握し、それを満たすような手だてを授業の中で講じることが、生徒の学習への動機付けを高める有力な方法になることを示しています。[34]

　英語学習に対するモティベーションを刺激し、高め、維持するために教師はどのように関わることができるのでしょうか。この点に関するDörnyeiの提言[35]は参考になります。次はその要約です。

モティベーション重視の英語授業
Stage 1　モティベーションの条件整備
・教師の適切な行動と学習者との良好な関係を作る
・教室内に楽しい、支持的な雰囲気を醸成する
・適切な集団基準を持ったまとまりのある学習者集団を形成する
Stage 2　学習開始時のモティベーションの喚起
・学習者の英語に関する価値観を高め、肯定的な態度を養う
・目的を明確にして、それに向かって努力しようとする目的志向性を高める
・カリキュラムを学習者にとって有意義なものにする
・英語学習に過大な期待を持たないよう現実的な信念を育む
Stage 3　モティベーションの維持
・"最接近目標"（proximal goal）を設定する
・学習体験の質を向上させる
・自信を持たせる
・学習に積極的に自主的に取り組む自律性を高める
Stage 4　学習体験の総括：肯定的な自己評価の推進
・学習結果を能力よりも努力に起因する立場を盛り上げる
・進歩や結果の情報をフィードバックとして与える
・学習の進歩を点検し、成功を誉めて満足感を高め、適切な報酬を与える

図9-8　モティベーション重視の英語授業

(2) Personality（性格）

　学習者の性格特徴のうち外国語学習と深い関係のあるものとしてBrownは、自尊心（self-esteem）、抑制（inhibition）、果敢性（risk-taking）、不安（anxiety）、感情移入（empathy）、外向性（extroversion）を取り上げています。[36] ここでは比較的研究が進んでいる外向性と感情移入について扱うことにします。

① 外向性

　陽気で、社交性に富んだ外向性の強い学習者は一般には外国語に良い成績を挙げるだろうと想像されます。しかし、これまでの研究結果に関する限り、そうだと断定することはできません。たとえば、Naiman等による研究ではよい学習者を特徴づける因子としてこの性格特徴を摘出することはできませんでした。[37] また、Buschは、外向/内向と英語能力の関係を日本人学習者を対象に調べた結果、両者の間には有意味の相関が得られなかったばかりでなく、発音に関しては内向的な学習者の方がよい成績を収めたことが判明した、と報告しています。[38] 彼女の報告は一般の予想に反するもと言えましょう。しかし、上の研究に関する限り、外向性は外国語学習能力に必ず貢献するとは言えません。

　実は、外向的な人が社交性に富み、常に陽気で自信に満ち、内向的な人はそれと対極をなすとするのは固定観念にすぎません。外向的な人は自己の価値を確認するのに他者の助けを多く必要とするのに対し、内向的な人は内面的な自己充足を実現できる人を指します。[39]

　情報伝達能力は他人との直接的な交渉を必要とするので、外向的な性格が良い結果を生むことは想像に難くありません。しかし、聞くこと、読むこと、書くこと等のスキルの学習にも同じことが当てはまると考えることは誤りでしょう。さらに、学習者が生活する文化、社会習慣によっても大きな影響を受けることが考えられます。外国語は、外向・内向のいずれのタイプの人にも習得可能なものであり、いずれかのタイプにその成否を帰することは誤りです。同様に、教室場面でも様々な学習者のタイプに適した指導の実現こそ求められるのです。

② 感情移入（Empathy）

　感情移入は、相手の立場になって気持ちや感じを理解することを意味します。母語、外国語を問わず、会話は相手の意図を推測することなしに成立しません。

したがって、それを成功させるには感情移入が重要なことは容易に想像できます。感情移入の強い人が必ず英語学習が得意だとは言えないものの、それが弱い人は優れた結果を収めることは期待できません。この意味で、感情移入は学習を成功させるための必要条件と言えましょう。

認知的な技能を作動させる原動力は感情面の要因にあります。[40] 効果的な指導を展開するために今後この面に関する配慮が一層求められます。学習者の様々な側面に関する研究は、個々の学習者が決して画一的な学習方策を取るのでなく、むしろ同一の教材を学習する場合にも大きな個人差があるばかりか、同一の学習者であっても、教材、学習状況が異なれば、それに応じた、異なった方策を用いることを示しています。このことは、個々の学習者にとって最適な学習環境を設定し、それぞれの個人差に応じた指導方法を絶えず考えることが教師の大切な任務であることを物語っています。

注
1. Cook, V. 1997. *Inside Language,* Arnold, p. 47.
2. Fromkin, V. & R. Rodman, 1993. *An Introduction to Language* 5th Edition, HBJ, p. 9.
3. Hawkins, R. 2001. *Second Language Syntax*, Blackwell, p. 5.
4. Corder, S. P., 1967. The Significance of learners' errors, *International Journal of Applied Linguistics* Vol. 5, pp. 161-9.
5. Mitchell, R. & Myles, F., 1998. *Second Language Learning Theories*, Arnold, pp. 61-62.
6. Michell, R. & Myles, F., 1998. *op. cit*, pp. 61-62.
7. Krashen, S. 1985, *The Input Hypothesis*. Longman, pp. 1-5.
8. Dulay, Burt and Krashen, 1982. *Language Two*, 1982, p.208.
9. MacLaughlin, B. 1978. The Monitor Model：Some Methodological Considerations, *Language Learning*, Vol. 28, pp. 309-332.
10. Brown, H. D., 2000. *Principles of Language Learning and Teaching*, Pearson, p. 284.
11. Pienemann, M., 1998. *Language Processing and Second Language*

Development, John Benjamins, Chap. 2.
12. Schmidt, R., 1990. The role of consciousness in second language learning, *Applied Linguistics* 11, pp. 357-85.
13. Long, M., 1983. Native Speaker/Nonnative Speaker Conversation and the Negotiation of Comprehensible Input, *Applied Linguistics* 4/2, pp. 177-93.
14. Hatch, E., 1983. *Psycholinguistics : a Second Language Perspective*, Newbury House.
15. Lantolf, J. P., 2000. *Sociocultural Theory and Second Language Learning*, OUP.
16. Ellis, N. & R. Schmidt, 1997, Morphology and longer-distance dependency : Laboratory research illuminating the A in SLA. *Studies in Second Language Acquisition*, 19, pp. 145-171.
17. ビビアン・クック著、米山朝二訳、1993、『第2言語の学習と教授』研究社出版、pp. 182-183.（原著：Cook, V., 1991., *Second Language Learning and Teaching*, Arnold.）
18. McLaughlin, B., 1984. *Second-Language Acquisiton in Childhood : Volume 1. Preschool Chidren* Second Edition, Lawrence Erlbaum Associates, p. 46.
19. Harmer, J., 2001, *The Practice of English Language Teaching*, Third Edition, Pearson, pp. 37-41.
    Putcha and Schratz, *Teaching Teenagers*, 1993, Longman, p. 1.
20. Skehan, P. 1989. *Individual Differences in Second-Language Learning*, Arnold, Chap. 3.
21. 波多野完治、1958、「英語教育とIQ」、『英語教育』Vol. VII, No. 9. p. 10.
22. Oller & Perkins, 1978. A further comment on language proficiency as a source of variance in certain affective measures, *Language Learning* 28, pp. 417-23.
23. Cummins, J.,1980. The cross-lingual dimensions of language proficiency : implications for bilingual education and the optimal age issue, *TESOL Quarterly* 14/2, p. 177.

24. Ellis, R. 1985. *Understanding Second Language Acquisition*, OUP, p. 111.
25. Omaggio, A. C.,1981, *Helping Learners Succeed : Activities for the Foreign Language*, Center for Applied Linguisitcs, p. 28.
26. O'Malley, J. M. and Chamot, A.U, 1990. *Learning Strategies in Second Language Acquisition*. CUP.
27. O´Malley, et al *op. cit.*
28. Gardner, R. & W. E. Lambert, 1972, *Attitudes and Motivation in Second Language learning*, Newbury House.
29. Gardner, R. and MacIntyre, P. 1991. An instrumental motivation in language study : who says it isn't effecive?, *Studies in Second Language Acquisition* 13/1, pp. 57-72.
30. Lukmani,Y.,1972, Motivation to learn and language proficiency, *Language Learning*, 22, pp. 261-73.
31. Yoneyama, A., 1980, Attitudinal and motivational factors in learning English as a foreign language, 新潟大学教育学部紀要第21巻、pp. 121-144.
32. Williams, M. and Burden, R. L. 1997. *Psychology for Language Teachers*, CUP. p. 111.
33. Brown, H. D., 2000, *op. cit.*, p. 161.
34. Brown, H. D., 2001, *op. cit.*, p. 165.
35. Dörnyei, Z.. 2001. *Teaching and Researching Motivation.Longman*, pp. 116-140.
36. Brown, H. D., 2001, *op. cit.*, pp. 144-156.
37. Naiman, N., Fröhlich, M., Stern,H., and Todesco,A., 1978, *The Good Language Learner*, OISE ,p.65.
38. Busch, D., 1982. Introversion-extroversion and the EFL proficiency of Japanese students, *Language Learning* 32, pp.109-132.
39. Arnold, J. 2001. *Affect in Language Learning*, CUP. p. 11.
40. Stern, H. H. 1983. *Fundamental Concepts of Language Teaching*, CUP. p. 386.

問題
1．習慣形成理論が言語習得理論として欠陥があると、本文で指摘されています。それでは、この理論は英語教育にも全く役立たないものでしょうか。有効に機能する領域があるとすれば、どの部分ですか。
2．Krashenの修得理論の中でもっとも納得がいく仮説はどれですか、また、その逆の仮説はどれですか。
3．オリエンテーションとモティベーションはどこが違いますか。特定の学習者を想定して考えなさい。
4．学習活動を4種類取り上げ、それぞれどのタイプの学習者にもっとも適しているか考察しなさい。
5．学校で英語を教える目的をどのように考えたらよいでしょうか。学習指導要領を参考にし、本章で述べてあることも考慮にいれて、自分の考えをまとめなさい。

Further Reading

Cook, V. 1997. *Inside Language*, Arnold.

Dörnyei, Z. 2001. *Motivational Strategies in the Language classroom*, CUP.（邦訳：『動機づけを高める英語指導ストラテジー35』大修館書店, 2005）

Hawkins, R. 2001. *Second Language Syntax*, Blackwell.

Mitchell, R. & Myles, F., 1998. *Second Language Learning Theories*, Arnold.

Brown, H. D., 2000. *Principles of Language Learning and Teaching*, Pearson, Chapts 3, 5, 6, 10.

Harmer, J., 2001. *The Practice of English Language Teaching*, Third Edition, Pearson, Chap. 3.

Omaggio Hadley, A. 2000. *Teaching Language in Context* Third Edition, Heinle & Heinle, Chap. 2.

Gass, S. M, & L. Selinker, 2000, *Second Language Acquisition Second Edition*, Erlbaum.

Lantolf, J. P.(ed), 2000. *Sociocultural Theory and Second Language Learning*, OUP.

第12章
英語教授法と英語教師

1．教授法

　これまでに数多くの教授法が提唱されてきました。ここではその中でも主要なものを取り上げて考察します。極論すれば、それぞれの教師により教授法は異なると言うこともできます。これは、具体的な指導技術（technique）に着目して、それを観察した場合に言えることです。これに対し、教師に特定の手法を選ばせる、指導技術の背景にある指導方法（method）は少数の指導法に一般化することができます。この指導法を形成する背景的要因には、言語理論、学習理論、言語習得理論などがあります。これらの要因のまとまりがアプローチ（approach）です。ここでは、まずアプローチの観点から教授法を、Ⅰ Structure-centered approach、Ⅱ Communication-oriented approach、Ⅲ Humanistic Approachの3つのクラスに大別し、それぞれの教授法の背景的理論、特徴、指導技術、問題点等の検討を行います。

Ⅰ　Structure-centered Approach

　英語教育の目標を英語の言語形式を学習し正確に操作できることに置き、それがマスターできれば、自然に場面に応じて適切に使えるようになる、と考えます。この中に包含される教授法は数が多く、一見して共通点のないような異なったものが含まれています。

1）Grammar-translation Method（文法・訳読式教授法）

背景的理論

　外国語教授法として長い歴史を持つ、この伝統的教授法は、最初はラテン語、ギリシャ語などの古典語の指導に用いられ、それが現代語の指導にも適用されるようになりました。英語の実際的な運用能力の養成よりも、英語教育を通して言語構造の理解を深め、言語感覚を豊かにすることで教養を高めることを主眼におきます。英語教室は知的錬磨の場所になります。

特徴

① 　英語の文法規則を教え、大量の語彙項目を暗記させることによって、文法規則を適用し外国語で書かれた文章を読む練習を指導の中心に据える。

② リーディング、ライティングによる学習活動が重視される。しかし、この教授法で英語を実際に読んだり、書いたりできるようになる学習者は一部の高い能力の持ち主に限られている。
③ 古典や名作などの高度な作品を教材に用い、翻訳を通して1文ずつ理解する指導が一般的である。

指導技術

① 授業はほとんど日本語を使って行われ、コミュニケーションの目的で英語を使うことは少ない。
② 英語の文法規則が多くの場合、演繹的に説明される。この規則を理解、適用して、英語・日本語を訳すことが求められる。
③ 読み、書く活動が主になり、聞き話す活動は組織的には与えられない。
④ 文が指導の単位になり、英語の文を日本語に正確に翻訳し、また逆に日本語を英語に直す活動が授業の大部分を占める。

検 討

① 文法・訳読方式は、これまでも批判され、最近では非効率的な英語教育の元凶と見なされることさえある。しかし、現在でもこの教授法は依然として多くの学校で用いられている。それには次のような理由が考えられる：
 ・どの教師にも、ほとんど事前の準備なしに容易に用いることができる
 ・英語の実際的な運用能力が多くの学習者に求められなかった
 ・少数の能力の高い、選ばれた学習者を対象に授業が行われてきた
 ・教授法に強い影響力を持つ入学試験で訳読の能力が重視されてきた
 ・日本語による説明が生徒の理解を深める助けとなった
② 上の理由の多くがもはや今日の情勢に合わなくなっていることは、文法-訳読式教授法は改革を迫られていること意味する。
③ 言語感覚を磨き、教養を高める目標自体は重要な理念であるが、それは英語を実際に用いることを通して実現できるものである。もっとも身近で、すべての学習者が修得すべき能力は英語運用能力である。しかし、この実際的な能力の養成には文法-訳読式教授法は適していない部分が多い。
④ 上級レベルのリーディングのクラスや、翻訳家のための特別クラスには適しているかもしれないが、初級、中級の一般学習者には不適切である。

変形1　Reading method（読書中心主義教授法）
　背景的理論

　音声よりも文字、特に読む能力を初期の段階から重点的に教えるReading Methodは、文字言語の重視という観点から文法・訳読方式の延長線上に捉えることができます。大多数の学習者にとって英語を学ぶ目的が英語で書かれたものを読むことによって新しい知識を吸収し、それを自国の発展のために活用するような時代・地域では、英語を読めると言うことは大切な能力です。また、手元に本や雑誌などがあれば、いつでも読めるのですから、読む能力は一旦修得すれば、実用性かつ永続性があります。したがって、英語の学習期間が限られている学習者にはまず読むことを重視する指導法が有効である、と言うのがReading Methodの立場でした。

　特　徴
① 読解力養成に必要な文法のみが教えられる。
② 語彙は初めの段階では統制される。このため、各種基本語彙リストが開発されたが、中でもMichel WestのGeneral Service List of English Wordsはその先駆けとして知られている。
③ 文法、語彙の両面で学習者のレベルに合った級別リーダー（graded readers）が多数用意され、直読直解の読書力養成が重視された。

　検　討
① 短期間で永続性のある英語能力を実現しようとした点で、文法・訳読方式の欠点を克服する狙いがあった。しかし、その成果は必ずしも顕著なものではなかった。級別リーダーを読めることが本物（authentic）を読めることを意味するわけではない。[1]
② 基本語彙の考え方自体にも問題がある。全ての人に共通の基本語彙は機能語などの少数に限られ、それ以外はそれぞれの立場で異なってくるからである。[2]
③ 特定の目的のために文献などを多量に読むことが必要な学習者の場合には、Reading Methodの考えは有効であり、今では、ESP (English for Specific Purposes) にそれは発展的な形で受け継がれている。

2）Direct Method　（直接教授法）
　背景的理論

文法・訳読式教授法が英語に関する知識（＝文法）を演繹的に理解し、その知識を明示的に適用して英語の翻訳力を養成しようとしたのに対し、それを批判して登場したのが Direct Method です。この教授法は、Gouin, F.（1831-95）、Swan, H.（1845-1912）などの、幼児の母語修得のプロセスを外国語教授にできるだけ再現しようとする Natural Approaches（自然主義的接近法）の流れを受け継いで生まれたものです。日本語を介在させずに、英語の音声を直接意味に結び付けて理解、発表する活動を与えることによって、英語で考える学習者を養成しようとしたことからこの名称があります。

特　徴 [3]
① 教室では英語だけを用いる。
② 音声を活動、品物、身振り、場面と結び付けることによって、意味を直接伝達する。
③ リスニング、スピーキングをまず最初に教え、その後にリーディング、ライティング指導を行う。
④ 文法は帰納的に教える。
⑤ 正確な発音と言語操作を重視する。

指導技術
① 新しい語句や文法・文型は日本語を通さずに英語で提示する。そのために、教師の身振り、動作、教室内の品物、絵、文脈などを用いる。
② Question & Answer を頻繁に行い、学習者の理解を確認すると同時に瞬発的な理解力と発表力の養成を図る。

検　討
① Direct Method は、19世紀にヨーロッパ各地で広く実践されたものの、教師に要求される高い英語運用力、教室の現実などにそぐわない部分も多く、現在では、そのままの形では Berlitz School など、商業ベースの語学学校でしか見ることができない。
② 幼児にとって"自然な"言語習得の過程は母語を習得した成人に必ずしも適用できない。かえって、"不自然な"学習を強いることにもなる。
③ 母語の排除は、学習の妨げになる場合がある。

変形1　The Oral Method（口頭教授法）
　Direct Method の原則の多くは修正された形でその後の様々な教授法に採用

されています。中でも、20世紀前半の最も偉大な教授理論家であり実践者であったH.E.Palmer[4]は、それまでの外国語教育の改革運動の長所を集大成し、さらに彼自身の独自の言語観と豊富な英語指導の経験に基づいたThe Oral Methodを提唱しました。これは、バランスのとれた総合的な教授理論としてその後の教授理論、教材開発、指導技術などのあらゆる側面に大きな影響を及ぼすことになります。

　Palmerは1922年に英語教育の刷新の任を帯びて文部省顧問として来日し、1936年に帰国するまで14年間、数多くの著作、全国各地での講演や授業実演などを通してわが国の英語教育改善に尽くしました。[5] 彼は、言語学習には知的な理解とともに習慣化の重要性を指摘し、段階を追った組織的な指導原理を提唱し、それに基づいた指導法も開発し、普及に努めました。

　特　徴

　話し言葉が第１義（primary）である。その修得は次の５段階を経て実現される：

１．Auditory observation　英語を耳で注意して正確に聞き取ること
２．Oral imitation　モデルを正確に模倣すること
３．Catenizing　口慣らし
４．Semanticizing　音声のまとまりの意味を理解すること
５．Composition by analogy　類推による新しい表現の表出

　指導技術

①　命令練習（Imperative drill）　教師が命令し、生徒がそれに応じて動作する練習。
②　定型会話（Conventional conversation）　主要な文型をQuestion & Answerを通して練習し、習熟することを目指した練習形態。その際、答え方には厳密な決まりがあり、基礎的な言語習慣形成を促進することを狙っている。
④　動作連鎖（Action chain）　教師と生徒が特定の連続動作を命令練習で行い、Question & Answerで動作をことばに変えるなどの活動を通して基本的な動詞型の修得を目指す活動。

　検　討

①　リスニング、スピーキングの能力が養成される。
②　生徒の理解が正確でないことが生じる。

③　リーディング、ライティングの指導が不足しがちである。
④　生徒の自発的な発言が少ない。

変形2　Total Physical Respnse（TPR）（全身反応教授法）

背景的理論

　子供の母語修得の過程が"自然な"過程であるが故に、それを外国語教授に適用すべきだとする立場は最近Comprehension approachesとして再び注目を集め、Asher, J. のTotal Physical Response（TPRと略）は、その代表的な指導法として知られています。子どもは、言語修得の最初の段階では、周囲の人々の話を聞いて理解することに終始します。この沈黙期（silent period）に聞くことを通して、十分な言語入力に接し、それによって生得的な言語修得能力が活性化され、言葉を身につけていく。したがって、外国語学習でも、学習者の言語修得能力を十分活用し、理解できる英語に十分接しさせる必要がある、とするのがこの教授法の基盤にある考えです。[6]

特　徴

①　聞くことを他のどの領域よりも重視する。早すぎる時期の発表訓練は生徒の不安をかき立てるだけで、むしろ学習を阻害することにもなりかねない。十分理解力が身につけば、自然に学習者の方から英語を話すようになる。
②　聞いたことに全身で反応する。積極的に聞くことで習得は促進する。

指導技術

①　学習者は教師の発する様々な命令を聞き、動作で反応を示す。命令文を次第に複雑にし、それに反応させることを通して、英語の理解力の養成を目指す。
②　次の手順をとる：
　　1．教師が命令し、自ら動作して、学習者に命令の意味を理解させる。
　　2．教師の命令に、学習者は教師とともに動作する。
　　3．教師の命令に、学習者のみで動作する。
　　4．命令文を組み合わせて、動作させる。
　　5．動作が自在に行えるように立ったら、学習者が命令を発する。

検　討

①　年少者にとくに効果的であるが、どの年齢層にも効果を挙げている。
②　命令文はその中に複雑な構文も組み入れることができるので、TPRでかなり高度の英語を教えることができる。

③　発話を強要されないため、安心して聞くことに集中でき、学習が促進される。
④　リスニング以外のスキルの習得は期待できない。このため、他の教授法の併用、あるいはその１部としての使用が妥当である。
⑤　文化理解の助けとはならない。

変形 3　The Natural approach（ナチュラル・アプローチ）

　背景的理論　　Terrellによって唱道され、さらにKrashenの入力仮説の理論を組み入れることによって拡充されたThe Natural Approach[7]は、文構造の理解よりは内容の把握が言語能力の獲得（acquisition）には重要だ、とする理論を実践化した試みです。

　特　徴
①　理解できる入力を充分与える。興味深い内容のリスニングとリーディングの活動を豊富に授業に取り入れる。
②　学習者が興味を示す題材を選び、学習に際しての不安を取り除く。
③　文法指導のための活動を組織的には授業中に行わないが、学習者が教室外で自発的に行うことは是認する。

　指導技術
①　教師は、絵を用いたり、場面に密着した英語で、また、時には日本語も挟みながら学習者に理解できるように話しかける。
②　教師は、学習者の理解を助け、興味を持続させるために、表情豊かに、興味を引く話題を用意する。
③　学習者は教師の英語を聞いてその内容を理解することに専念する。教師は長い、正確な反応を求めず、生徒がうなずいたり、短く応答しさえすればよしとし、日本語の応答も許容する。
④　学習者の発話の文法面の訂正は行わない。

　検　討
①　入力を充分提供し、学習者の不安を取り除く点は大切な視点である。
②　この教授法は、Krashenの入力仮説が基盤となっている。入力仮説の問題点が即、The Natural Approachの問題点となる。入力が十分でありさえすれば言語習得は効果的に実現することにはならない。コミュニケーションの場面で、他者と意味のある言語交渉を取り入れた活動を補充しなければならない。

以上のDirect Methodの流れを汲む教授法は、各々方法論においては異なっているものの、人の言語修得能力を認め、それを最大限に活用する理性論という共通の立場に立っています。これに対して、次のThe Oral Approachは、習慣形成理論をその特色にした教授法です。

3）The Oral Approach　（オーラル・アプローチ）

> 背景的理論

　Audio-Lingual Habit Formation Theoryとも称されるこの教授法は、習慣形成理論に基盤をおきます。即ち、ことばは、刺激ー反応の結びつきが習慣化されて習得されるのであり、これは動物も含めた様々な学習と本質的には同じ過程である、と考えます。このように行動主義心理学の影響を強く受けたオーラル・アプローチは、教材構成では構造言語学の言語観を反映しています。それは、各言語は独自の構造を持っており、言葉は統合された組織体であるから、言語項目は全体の組織の中で機能する限り意味がある、とするものです。

> 特　徴

①　誤った反応を未然に防ぎ、正しい言語習慣の形成を目指して、正しいモデルの模倣と反復練習を重視する。最終的には日本語と同レベルの英語運用を目指す。
②　日本語と英語の構造上の差の大きい部分が学習上の困難点となるので、両言語の対照分析を通してそれらを予測し、それに基づいて異なる部分を重点的に扱う教材を編成する。言語項目を教える際には、既習の項目と対比して行う。

> 指導技術

①　教材は既習の項目と対比して提示する。
②　目標項目を含む文をモデルに従って何度も反復し、暗唱する。この段階をMimicry-Memorization（Mim-mem）と呼ぶ。
③　暗唱した基本文は語句単位で代入（substitution）したり、転換（conversion）を通してさらに練習を重ね、正確に自動的な操作ができる段階まで過剰学習（overlearning）する。

> 検　討

①　心理学、言語学の理論と直結したオーラル・アプローチは、1950-60年代を中心に広く実践され、音声面の指導、口頭による活発な訓練により、それなり

の成果を挙げた。しかし、機械的な反復や文型練習に終始することが多く、そのために授業が単調になり、意味を考えない口真似に終わることが多いと批判されることもあった。
② 練習段階で正確に操作できた文型でも、実際の場面に適用できない事態が生じた。
③ 変形文法の言語理論が優勢になるに従い、習慣形成理論の欠点が鋭く指摘されることになり、オーラル・アプローチの理論に対しても強い疑義が向けられることになった。
④ 指導技術の多くは、改善された形で現在でも英語教育の貴重な財産となっている。
⑤ 場面を意味のあるものにする工夫、個々の生徒の学習スタイル、能力に対応した活動の工夫などによって、今後とも英語指導に貢献できる部分がある。

　以上のstructure-centered approachの共通点は、英語学習の中心的な課題として英語の構造・形式を修得することを重視し、言語能力の養成を目指したことにあります。したがって、大半の教授理論は構造中心の教材編成を念頭においています。これに対して、情報伝達の能力の養成を重視し、概念・機能に基づいて教材編成を意図したのが次に述べるCommunicative approachです。

II　Communication-oriented Approach
1）Commnicative Language Teaching（コミュニカティブ・ランゲージ・ラーニング）

背景的理論

　Commnicative Language Teaching（CLT）は英語による情報伝達能力の養成を重視した教授法です。大部分の学習者にとって、英語を学習する目的は話し言葉であれ、書き言葉であれ、さらに理解、発表のいずれの面を強調するにせよ、英語で意志の疎通ができるようになることです。この目的を実現するためには、使われる言語形式そのものは二次的な意味を持っているに過ぎません。このような学習者に対しては、言語能力よりはむしろ情報伝達能力を養成する必要があります。

　もちろん、複雑な内容を正確に理解したり、伝えたりするには、言語形式に

熟達していることが前提となり、そのためには英語構造を理解し操作する能力の養成も必要です。情報伝達能力は言語能力をその重要な一部として含んでいるからです。しかし、言語能力のみを重視しがちであった従来の教授法では、情報伝達能力の養成が十分に図れなかったことも事実です。そこで、CLTでは、言語能力の基盤に立って情報伝達能力の養成を目指そうとした従来の立場とは、いはば逆の視点から、両者を同時に実現することが大切だと考えます。このことを図示すれば次のようになります。

```
従来の立場        言語能力    ⇒    情報伝達能力
CLT              情報伝達能力  ⇔    言語能力
```

　言語形式よりも意味の伝達能力の養成を主要な目標とするCLTは、当然のことながら、概念・機能シラバスを採用します。このシラバスの背景には機能主義的言語学の言語観があります。それは言語の組織それ自体の解明よりは、社会的交渉の手段としての言語、即ち、言語の機能の解明を目指し、言語の本質を探ろうとする立場です。また、発話とそれが伝える意味の関係を究明する発話行為の理論（speech act theory）も理論的な支えとなっています。このような言語理論、哲学の洞察を活用して、機能・概念の整理が可能になったのです。

　言語機能は社会的なコンテクストの中で実際に言葉を用いるときに問題になる概念です。同じ機能であっても、話し相手、場面などによって、用いられる表現形式は様々です。したがって、その場その場に応じて適切な言語形式を選ぶ必要があります。このため、文法的な正確さに加え、適切さ（appropriateness）が実際の言語運用に際して重要な意味を持ってきます。この点に関しては、社会言語学の成果が活用されています。

　言語機能はまた、文脈の中で決まってきます。この点はすでに前章で述べたところです。それだけではなく、話し手と聞き手の相互交渉（negotiation of meanings）を通して話し手の意図が聞き手に伝えられ、また適切な応答ができるのです。テキスト文法は、この点に関する洞察を与えてくれます。

　以上のように、CAの理論的背景には様々な学問領域から得られた成果が活かされています。

特　徴
① 学習の最初の段階からあらゆる機会に学習者に実際に英語を使って情報を交換する活動を与える。これは、1つには、言語習得は学習ではなく体験によって実現されるとする立場に基づいている。もう1つの理由は、動機付けである。英語を通して意味のある情報交換に成功することによって、用いた言語形式は身につく。首尾良く行かなかった場合でも、自分が必要とする言語形式を自ら確認することで、それを学習しようとする強い動機づけが生じる。
② 授業の多くの場面でコミュニケーション活動を設定し、その活動に従事することで言語能力と情報伝達能力の養成を同時に実現する。それが自然の言語修得のプロセスでもある。
③ 教材編成の面では、概念・機能中心のシラバスを採用することが多い。概念・機能中心のシラバスに基づいた数多くの優れた教材が多くの地域で広く用いられてる。このような教材は確かにCLTを実践する際の貴重な資料である。しかし、教材はCLTの1部に過ぎない。

指導技術
① コミュニケーション活動をできるだけ多く取り入れる。

　コミュニケーションは、話し手ー聞き手の相互交渉によって実現される。実際の場面に身を置き、言語交渉に従事し、目的を実現する経験を通してその能力は養成される。

> コミュニケーション成立の前提
> 1．インフォメーション・ギャップ（Information gap）　一方が伝えようとする内容を他方が事前にすべて知っていれば、話す意味はなくなる。両者の間に何等かの情報のギャップがあり、内容は予測できない。
> 2．選択（Choice）　話し手は、自分が伝えようとする様々な内容と形式の中から適切なものを選択して相手に伝える。このような選択の余地がなければ、聞き手は事前に相手の発話を予期できることになってしまう。（ドリルのような練習では、内容も形式もあらかじめ決められているために、話し手に選択の余地がない。）
> 3．フィードバック（Feedback）　現実の言語運用には必ず目的がある。話し手は、聞き手の示す反応からこの目的が達せられたかどうかを判断

する。聞き手からのフィードバックから、意図が相手に理解されないと判断すれば、発話を繰り返したり、言い換えたりして、相手のフィードバックをさらに得て、目的を実現するようする。このようなやりとりを意味の交渉（negotiation of meaning）という。[8]

② 様々なゲームを多用する。ゲームには、上記の３つの前提が盛り込まれている。
③ ロール・プレイ（role-play）、問題解決活動、情報収集活動を取り入れる。こうした活動は教室外の実際の（authentic）言語運用を（擬似）体験する機会を提供する。

検 討
① 英語の実際的な運用能力養成が英語教育の主眼になった現代では、CLTはいわば標準的な公認教授法の趣を呈している。
② 体験学習的な指導は、外国語獲得に効果を挙げることが多い。しかし、すべての学習者にとって効果的か否かは判断できない。また、コミュニケーションが成立することで学習が成立すると考えることにも問題がある。より精緻で複雑な表現を理解し発表する言語能力の発達が期待できないからである。fluencyとaccuracyの両立を図る研究が待たれる。
③ 適切な理解と表現がコミュニケーションに要求されるが、適切さ（appropriacy）を追い求めることは特に初級、中級レベルの学習者には実現困難な要求である。

2）Communicational Teaching Project（コミュニケーショナル・ティーチング・プロジェクト）

理論的背景
インド南部のバンガローア（Bangalore）で試みられたこの方法は、適切さ（appropriateness）を追い求めることが特に初心者の学習者には非現実的であることを強調し、言語能力の養成こそが地域の実態にあった目的だとする観点に立って独自の指導法を提唱しています。この立場は、コミュニケーションを通して言語能力を高めるという点に特色があり、このプロジェクトの推進者であったPrabhuは、その方法をCommunicational Teaching Projectと呼んで、

1．教授法 309

CLTとは区別しています。[9]

> 特　徴

①　学習者の要求に合った、しかも彼らが解決できるような現実的な課題を豊富に用意し、教師の適切な準備作業の中で意味のある言語交渉を行う。その後、学習者自身が課題に取り組み、その解決のために様々な言語運用が行われる。そのことが結局は彼らの言語能力を高める有効な方法となる。

②　学習者が興味を示し、取り組むことのできる課題を中心にした教材編成を行う。

> 検　討

わが国の英語教育でも、社会的に適切な言語運用を学校教育で実現することにには非常な困難をともなうことは容易に想像できるところである。この点からも、バンガローアでの実験は日本の英語教育にも多くの示唆を与えるものである。

3）Content-Based Instruction（CBI）[10]（コンテント・ベースト・インストラクション）

> 背景的理論

CBIは教科内容と英語教育の統合を目指す教授法です。第2言語習得理論や学習理論がその基盤になっています。CBIは、伝えられる形式よりも内容を理解することを重視します。これは理解できる入力に豊富に接することで言語習得が促進されるとするKrashenの理論に合致しています。また、教科内容の学習に必要とされる発表の機会は、Swainの出力仮説が言うように学習者のより高いレベルの言語発達を促します。

CBIは学習者のレベル、学習環境、言語と内容のいずれをどの程度強調するかなどの観点で次のようないくつものモデルに分類されます。

① Immersion program

主として、カナダ、アメリカで実績を上げてきたCBI。学習者の母語を普通学級のレベルに維持し、同等学年レベルに内容教科の習得を図り、同時に第2言語・外国語の運用能力を実現し、目標言語集団の文化理解を目標とする。Immersion programは小学校入学時から完全に外国語で授業を行う（Early）Total immersion、母語と外国語の使用比率を50/50にするPartial immersion、開始時期を小学校中学年に延期するdelayed immersionなどに分類される。大

規模で、長期間にわたる教育プログラムであり、その成果は綿密に研究され、公表されている。多くのプログラムで上述の目的を達成したことが報告されている。

② Sheltered model

外国人学生に外国語コースの代わりに、彼らを隔離して専門科目の講義を外国語で行うことで、専門科目の理解と外国語能力の発達の両面を実現しようとする。学生の語学レベルに合わせて、専門科目の講師が外国語で講義を行う。ESL教師は授業開始の15分程度を割いて重要表現の解説、質問の仕方などを教える他は外国語の指導はない。Sheltered modelの結果は伝統的なESLコース受講学生の成績と比較分析された。その結果、外国語熟達度に差は認められず、正規の専門講義を受講したESL学生と当該科目の成績は比肩した。さらに、sheltered modelの学生は外国語に対して強い自信を示した。

③ Adjunct model

内容教科のコースにESLクラスを付属させ、学習者に両方を受講させる。ESLクラスでは、内容教科に即して作文や言語活動を設定する。

④ Theme-based model

ESLはESL担当教師が行う点で従来の従来の指導方法と同じである。しかし、4技能別の言語能力中心のシラバスではなく、学生がもっとも関心を持つ主題やこれからの学業に必要とされる技能を中心に学習内容が設定される。ESPの多くはこれに該当する。

⑤ Content-enriched model

特に小学校のEFLで実施される、内容本位の英語教育を指す。構造シラバスでなく、様々な教科の既習の内容を英語で復習したり、英語を通して学んだりする。わが国の小学校英語教育で参考にすべき点を多く含む。

特　徴

学習者に必要な教科等の知識、技能を習得しながら英語の学習を行う。そのために生徒に有益な知識・技能と英語指導の統合を図る。具体的な特徴は、上述の5タイプの説明を参照。

指導技術

① 本書で扱った4技能の指導方法がすべて用いられ、CBI特有の指導技術はない。

② 英語教師が他教科の内容を英語で教える場合には、教科内容を理解していることが要求される。逆に、小学校の英語教育のように、学級担任が単独で英語を教える際には、教師が基礎的な英語運用能力を所持していなければならない。いずれの場合にも、授業前であれ授業中であれ、複数の教師の協力体制を確立して、英語・内容教科の指導方法を取り入れた指導技術の開発が必要になる。

検 討
① 基本的な英語能力を身につけた高校以降の学生に特に有効である。同時に、小学校における英語教育にも重要な示唆を与える。
② CBIは中学校、高校でも実施可能であり、それはESLのみならずわが国のようなEFLの環境では特に実施を検討する価値がある。しかし、英語科と他教科と連携を図り、教育課程全体での英語科の位置づけを明確にしないかぎり実施には困難を伴う。さらに、CBIを計画、実施する能力と熱意を持った教師が絶対条件になる。
④ 学習者のレベルにもよるが、インターネットを活用して情報を収集、整理、要約して発表するなどの活動を取り入れることでCBIはさらに普及することが期待される。
⑤ 内容と言語のバランスを取り、統合によって両者の効果的な学習が実現されなければならない。また、それを評価するための方法の開発も重要である。

4）Task-Based Instruction（TBI）（タスク・ベースト・インストラクション）

背景的理論
　TBIはCTLの発展版です。言語習得は実際の言語運用の体験によって実現され、この実体験が学習者に関心の深い課題を解決する活動に用意されているからです。したがって、CLTの理論的な基盤がそのままTBIに適用されます。

特 徴
① 課題が教材編成と学習活動の中核となる。課題の定義は定まったものはないが、Skehanの挙げる次の特徴は代表的なものである。

Taskの特徴[11]
・意味を理解し、伝えることがもっとも重要である（meaning is primary）

> ・解決すべきコミュニケーションの問題がある（there is some communication problem to solve）
> ・実際の生活の中で生じる活動の特徴を有する（there is some sort of relationship to comparable real-world activities）
> ・taskを完成させることを最優先する（task completion has some priority）
> ・taskが成功したか否かで評価される（the assessment of tasks is in terms of outcome）

② taskには次のタイプがある

> taskのタイプ[12]
> 1．Listing：トピックに合わせて様々な項目を列挙する活動 e.g., ペアでお互いの家族を紹介して家系図を作る。
> 2．Ordering and sorting：項目、行動、できごとなどを一定の順序に並べる、特定の範疇に品物を区分けする活動 e.g., 毎日食べている食品を分類する。
> 3．Comparing：様々な項目を比較する活動 e.g., 相手の持っている絵と自分の絵を説明して異なっている点を指摘する。
> 4．Problem solving：様々な問題を解決する活動 e.g., 英国人を招待する際の食事の献立を作る。
> 5．Sharing personal experiences：個人的な経験を話し合い相手をよく知る活動 e.g., 特定のTV番組をどう思うか話し合う。
> 6．Creative tasks：プロジェクト活動, e.g.,海外の姉妹都市、姉妹校とe-mailで交信して必要な情報を集めて発表する。

③ taskの狙いを達成するために、学習者はどのような表現を用いてもよい。教師はあらかじめ決められた言語項目を提示するのではなく、学習者が活動を推進する際に感じる困難点を除去するために必要に応じて言語的な手助けをする。

> 指導技術

　taskの多くは準備段階を経て実施し、その後まとめの活動を用意するなどの手順が必要となる。Willisが提案する次の3段階理論[13]は参考になる。

第1段階　Pre-task
　扱われるトピックを学習者と話し合い、重要な語句や表現を取り上げ、タスクのやり方の理解を助ける。学習者は、他のクラスで行われた同様のタスクの録画を見て、様子を理解する。

第2段階　Task cycle
　Task　ペアやグループでタスクを行う。教師は様子を観察する。
　Planning　タスクの結果をクラス全体に口頭或いは文書で報告するための準備を行う。
　Report　クラスで発表して、比較したり、検討したりする。

第3段階　Language focus
　Analysis　テキストや口頭発表の録音を検討して細かな表現を検討する。
　Practice　Analysisの途中や終了後に、教師が新語句、文型などの練習活動を設定する。

> 検　討

① 最近の有力な第2言語習得理論を基盤にしている点で関心を集めている。しかし、大規模な実践はこれからである。
② task体験を積むことが言語発達に最大限の貢献をするにはどのような条件が必要かは今後の重要な研究課題になる。換言すれば、formとmeaningのバランスをどのようにとるかが今後の課題である。
③ 指導体系を確立して、組織的に教授することがどのような教授法にも要求させる。そのためにはtaskの選択と配列を決める基準を明確にしなければならない。

Ⅲ　Humanistic Approach

　Humanistic Approachは言語学よりは心理学に基礎を置き、学習者を全人的に捉え、言語学習における情動的側面を知的側面に劣らず重視する教授法の総称です。学習の成否は、学習者の心的な動き、教室内の人間関係にかかっていると考える点がhumanistic approachの大きな特色となっています。

1）The Silent Way[14]（サイレント・ウェイ）

背景的理論

　Gattegnoの提唱したThe Silent Wayの重要な原則は、"教授は学習に従属する"という立場です。説明、誤りの訂正などを含む教師の発言を極度に抑え（故に、Silent)、学習者の問題解決能力を十分活用し、学習者間の協力的な態度を醸成しながら、学習を促進します。学習者が自分の力で学習を進めるのを助けるのが教師の任務です。したがって、教師は、彼らが絶対必要とするとき以外は助けは与えず、学習者が"内的基準"を自らの力で作ることを手助けする役割を演じます。学習者の誤りも即座に訂正するのでなく、学習者が試行錯誤を通して自らそれに気付き正しい形を学習することができるように忍耐強く見守ります。

特　徴

① 学習者が自らの力で学習を進める能力を高めるために、教師はできるだけ沈黙を守る。学習者が自らの力で英語のルールを発見し、学習を進めることがサイレント・ウエイの目標である。
② 学習には緊張感と積極的な学習参加が要求され、また規則の発見に至るまでの不安、苛立ちなどがしばしば観察される。

指導技術

① 教師は必要な言語知識を提示する際に、長さが異なる、色彩を施した棒状の教具（Cuisinere rods）を使用して、語形や統語などの言語体系を教える。
② 発音、語彙などを示すチャート、ウオール・ピクチャーなどの独自の教材を用いて理解を助け記憶を図る。

検　討

① 修得に必要とされる本物の英語に十分触れる機会が、少なくとも初期の段階では不足する。
② この教授法で十分教えることのできる技術を身につけるために教師養成に時間と労力を要する。

2）Community Language Learning（CLL）（コミュニティ・ランゲージ・ラーニング）

背景的理論

　Curranによって創始されたこの指導法は、Couselling Learning[15]とも呼ばれます。Carl Rogersの人間主義的心理学（humanistic psychology）の影響を強く受けた教授法です。未知の言語を学習する場面では、特に成人の学習者は様々のストレスを感じ、精神的な安定感を欠き、そのことが原因で学習が阻害されることがあります。こうした阻害要因を取り除き、安心して学習に専念できる学習集団の形成を重視します。

特　徴

　Community Language Learningでは、教室を一つの共同社会と見なし、生徒の仲間意識を高め、精神的な安定感を与えること重視する。また、教師をカウンセラーに、学習者をクライエントと見なし、教師は学習者の求めに応じて相談に乗る。両者の間に、暖かい受容的な人間関係を樹立し、教室内に信頼関係を確立する。このような学習環境の中で、学習者は不安感から解放され、防衛的な態度を捨て、積極的に学習に取り組めるようになる。

指導技術

① 　教室では、学習者は輪を作るように並び、教師はその外に位置する。学習者は、お互いに話したいことを英語で、またそれができなければ、日本語で自由に話す。教師はその際、それぞれの発言者の後ろで必要な場合にのみ、小声で援助を与える。この助けによって、学習者間で英語で話が進む。学習者は、このようにして、自分が言いたい内容を英語で表現することを学ぶ。

② 　生徒同士の話はテープに録音され、時間の終わりに英語の部分を再生し、同時に板書で文字による確認も行い、言語体系を学習する。このように、生徒同士の自発的な会話が教材となるため、有意味で文脈化された特色を有する。

③ 　学習が進むにつれて、教師の手助けは少なくなり、学習者は英語で会話の多くの部分を進めるようになる。

④ 　学習段階を次の5段階に設定する：
　第1段階：全面依存期（total dependent period）
　　教師からすべてを訳して貰う。
　第2段階：自己主張期（self-assertive period）
　　学習者は自分でも発話を試みる。
　第3段階：反抗期（resistence period）

教師から離れて翻訳なしに話す。
　第4段階：役割逆転期（reversal period）
　　現在の知識と目標とする知識の間の差を率直に認め、教師の指導を素直に受け入れる。
　第5段階：独立期（independent period）
　　教師から独立して、自由に話す。

[検 討]
① 教材は学習者自身の手になるシラバスで、学習者は文字どおり学習の主体者としての地位を与えられ、その自覚と誇り、共同意識に支えられて学習が進む。
② 教材の言語面の系統性が失われる危険性がある。
③ 話題が学習者の身辺や関心事に限られるため、目標言語の文化的な理解が不足する。

3）Suggestopedia[16]（サジェストピーディア）

[背景的理論]
　Lozanovの提唱するこの暗示的指導法は、学習者の潜在的な学習能力を掘り起こすことによって、学習は顕著に促進されると考えます。Lozanovによれば、学習は本来自然で、楽しい営みです。この本来の学習を阻害している障害を暗示（suggest）によって取り除き、潜在的な学習能力を過小評価する固定観念を取り除く（desuggest）ことが最初の重要な段階です。このためSuggestpediaはDesusggestopediaとも呼ばれています。

[特 徴]
① 学習者に対する心理的な暗示、身体訓練、バロック音楽を背景にしたリズミカルな教材提示、くつろげる学習環境の整備などを織り込んだ指導法により、学習者の不安感、抑圧を取り除く。
② 教師は教える内容を熟知し、学習を促進する提示方法を駆使することにより、学習者間に絶対的な信頼感を醸成する。このとき、学習者は、ちょうど子供が言葉を修得するときのように、自由で伸び伸びと学習に専念し、潜在能力を十分に発揮することで学習が促進される。
③ 学習者は学習場面で新しい名前、職業を与えられ、新たなアイデンティを

持って過去の束縛からのがれ自由に学習に取り組む。
　指導技術
　　4時間を1サイクルとする授業単位は次の3部から構成される：
第1部　導入（Prelude）：教師が新教材を説明を加えながら提示する。
第2部　コンサート・セッション1（Concert session 1）：active concertと呼ばれ、音楽に合わせて教師がダイアログ形式の教科書を朗読し、学習者は英語に対応した訳と説明の付いたテキストに目をやりながら理解を深める。
　　　　コンサート・セッション2（Concert session 1）：passive concertと呼ばれ、教師がバロック音楽を背景にテキストを朗読するのを静かに聞く。
第3部　エラボレーション（Elaboration）：学習者の参加を促す多彩な言語活動を展開する。
　検　討
①　特殊な環境と指導技術が要求されるため、通常の英語教育で採用するのが困難である。
②　サジェストピーディアの前提となっている理念は英語教育の在り方を考える上で貴重な示唆を提供している。

4）Multiple intelligences theory（多重知能理論）[17]
　背景的理論
　　Gardnerの提唱する新しい知能理論を外国語教育に適用しようとする教授法です。ヒトは論理・数理的な思考力としての知能に加え、次のような多くの知能を有しており、そのいずれが他と比較して優勢かは個人によって異なるとする多面的な能力観に基いた学説です。

1．Logical/mathematical-	数を効果的に用い、抽象的な型を理解し、推理する能力
2．Visual/spatial-	方向感覚、心象形成能力、形、大きさ、色彩に対する感性
3．Bodily/kinesthetic-	身体の動きを操作、調節する能力
4．Musical/rhythmic-	音調型を認知する能力、リズム・ピッチ・メロ

　　　　　　　　　　ディに対する感受性
5．Interpersersonal-　他人の感情を理解し、協調する能力
6．Intrapersonal-　自己を理解し、自己訓練を行う能力
7．Verbal/linguistic-　言語を効果的、創造的に使う能力

　この7つの知能は各人に平均して発達するのではなく、どの知能に優れているか個人差があります。どの学習者がどの知能に優れているかを見極め、それに適合した指導を行えば効果が期待できます。
　特　徴
　各知能にふさわしい学習活動を用意して、適切に対応する。次のリストはその1例である。[18]

logical/mathematical-	論理的な提示、分類・範疇化作業、パズル・クイズ
Visual/spatial-	映像を用いた提示、映像化作業、チャート・グラフの活用
Bodily/kinesthetic-	TPR、手作業、ロール・プレイ、劇
Musical/rhythmic-	チャンツ、音楽、詩などの朗読
Interpersonal-	ペア・グループ作業
Intrapersonal-	個別学習
Verbal/linguistic-	文字化作業、討論・ディベート

　指導技術
　多重知能理論で特別に開発された指導技術はない。これまで英語教育で用いられてきた数多くの活動の特徴を新たな観点から検討し、それぞれの知能に適合したものを選択し、また改良して用いることになる。各知能に適した活動をそれぞれ準備することは視点として大切であるが、多人数クラスでは実際的ではない。むしろ、授業で準備された活動を検討し、特定の知能のみに有効なものが支配的でないか、全体にバランスがとれているかに配慮する姿勢が重要である。しかも、1授業単位にすべての知能に対応する多様性を実現することは難しいことが多い。数時間単位で、多くのタイプの活動を用意するのが実際的

であろう。

検　討

　これまで、知能指数の高低でできる子、できない子を峻別する傾向が教育界にはあり、英語教育もその例外ではなかった。多重知能の理念では、それぞれの学習者が特有の知能を有していて、同等に評価される。今後、多重知能の研究がさらに深まり、その妥当性が確立されるならば、個々の学習者に対応した活動を開発する動きが活発になることであろう。

　これまで様々な教授法を紹介してきました。そのいずれが最善のものであるか決めることは不可能なことです。それは、教授法が英語教育の目的、学習者特徴、学習環境、授業時数、教師の資質などの様々な要因と深く関連しているからに他なりません。英語教育の目的を取り上げても、地域、時代、社会情勢、学習者の進路などによって絶えず変化しています。したがって、それぞれの教師の置かれた状況に最もよく適合した教授法が最も優れたものなのです。本章の冒頭で指摘した「教師により教授法は異なる」とはその意味なのです。

　1部の教授法の実践家を除けば、1つの教授法のみに沿った授業を行っている教師はごく少数でしょう。ほとんどの教師は、様々な教授法の考えや活動を部分的に取り上げ、それをまとめて自己流の指導法、即ち折衷案的指導法を用いています。しかし、無原則な折衷案は危険です。また、現在の自分の指導法に固執して、他の様々な指導法に目をつむることを認めることも薦められるものではありません。絶えず提案される新しい指導法、指導技術に注目し、その優れた点を随時授業に取り入れ、授業の改善を図る態度がどの英語教師にも望まれることです。英語教育の原則を踏まえて、様々な教授法の優れた点を折衷的に採用する"principled eclecticism"こそ望ましい方法です。そのためには、できるだけ多くの教授法を丁寧に検討する姿勢が必要になります。多くの教授法を本節で学習した狙いも、まさにそこにあったのです。

2．英語教師論

　英語学習を構成する数多くの要素のうち、教師の果たす役割は最も重要なものです。[19] 優れた教師に受け持たれた生徒は、たとえ能力が比較的劣っていてもその能力を最大限に発揮できます。それでは、英語教師に必要とされる資質、能力とは何でしょうか。

1）英語運用能力

　英語をコミュニケーションの目的で自由に使う能力は英語教師の基礎資格です。学習者に同様の能力が求めるられている現代にあっては、特に強調しなければならない資格です。母語話者の英語教師がごく一般的存在になってきました。この教師とのティーム・ティーチングでは、授業の打ち合わせ、授業中の協力、事後の検討・評価を正確に行える程度の英語力は必須です。言い換えれば、それは母語話者と英語教育という専門領域の情報を交換できる程度の運用能力です。職業上の目的で英語を日常的に使っている他の職種の人々に要求される英語力を思い浮かべればよいでしょう。

　しかし、これだけでは十分とは言えません。外国語としての英語を教えるには英語の構造についての明確な理解が必要です。日本人は誰でも日本語を自由に操れるからと言って、だれでも外国人に日本語を効果的に教えることは期待できないことを考えれば、この条件は自ずと理解できることでしょう。

2）言語分析能力

　英語の言語構造を分析し、日本語と英語の特徴を対照的に分析できる能力は、我が国のように外国語としての英語を教える状況では重要な意味を持っています。コミュニケーションを重視した指導法でも、英語の構造の理解を助けるための説明は不可欠です。適切な文脈の中で新しい項目の構造と機能を浮き彫りにし、その意味を学習者が理解する手助けをするためには文法訳読方式の場合よりもさらに多くのことを教師に要求することになります。

　英語の構造を教師自身が正確に理解することに加えて、それを分かりやすく学習者に説明してやる能力が英語教師には要求されます。

3）教室内英語運用能力

　教室内での教師の英語運用能力は上述の一般的な英語運用能力とは異なった側面を持っています。授業中の教師の話（Teacher talk）は、日常生活と同じ情報の授受の目的の他に、意味を伝える媒体、即ち、英語そのものを話題にする場合が多くあります。さらに、日本語、英語の両方を用いる点でも他の状況とは異なっています。したがって、このような特殊な環境で学習者の能力を高める上で効果的なTeacher Talkは1つの研究領域を形成しています。

　Gaiesは、教師が学習者に話しかける際、相手の理解を促すためにどの様な方策を取るかについて研究を行いました。[20] その中で次の点が明らかになりました。

> Teacher Talkの特徴
> (1) 複雑な統語形を単純な形にする。
> (2) 話の速度を緩め、明瞭に発音し、強勢やイントネーションを誇張するなどの音声面の調整を行う。
> (3) 用いる語彙の種類を少なくする等の方策を取り、話を分かりやすくする一方で、学習者のレベルが高くなるにつれて、方策の数を次第に少なくして、自然な言語交渉の方に近付けてゆく。

　Longは、教師による上述のような方策が"理解できる入力"を学習者に与えることになり、そのことが言語獲得を推進することを認めながらもその限界も次のように指摘しています。[21]

　教師の英語が理解できたとしても、その中には学習者にとって新しい情報が少ししか含まれておらず、したがって、"驚き"の要素が少ない。ところが、この驚きこそ新しい構造を獲得する上で大切な要素なのだ。教師は多くの場合、すでにその答えが教師にとって既知である質問を発し、学習者が正しい形式でそれに答えられるかどうかに興味を示す。この種の問いは言語習得の動機づけの観点から望ましいものではない。

　教師の発するQuestionはその機能から次のように2分されます。

> 1．referential question：自分が知らないことについて情報を求める日常生活で一般的なquestion
> 2．display quesiton：教室では、教師がすでに答えを知っていて、学習者がそれを知っているかどうかを試す、教室内特有のquestion

　教室内ではdisplay questionが多く観察されます。その結果、教師と学習者の相互交渉は、教師が問いを発し、学習者がそれに答え、教師がそれを確認すると言うinitiation- response - feedback（IRF）型[22]が大勢を占めることになります。IRFで用いられるのは限定された英語であり、そのために学習者は変化に富んだ入力に接する機会を逸することになります。さらに、学習者自身が予期しなかった状況で自ら率先して発話し、そのなかで新しい言い方を工夫するという、言語修得には大切な"冒険"の機会（risk-taking）が失われます。教室内では、たとえ英語のやり取りが行われていても、それは一方通行で、教師と学習者が互いに未知の情報を相手から得るという相互交渉が少ないのが現状です。Referential questionsが多く用いられることによって、学習者が答えられなかったときには、教師は質問の形式、内容に様々な修正を施し、この過程で教師と学習者の間に行われる意味の交渉が学習者に新しい言語構造を獲得させると同時に、情報伝達の方法を獲得することにもなるのです。
　教師は、学習者に分かりやすい英語で話すと同時に、両者の間に真の情報交換が行われるように配慮することが大切です。言語構造の練習と実際的な言語運用の経験、言い換えれば、accuracyとfluencyのバランスのとれた英語入力を十分提供することが教師に要求される教室内英語運用能力です。

4）英語指導能力

　授業では、教師と生徒、あるいは生徒同士の間で目まぐるしく展開する様々な交渉に瞬時に対処していかなければなりません。このような状況で適切な指導を通して生徒の学習を促進するためにはどんな能力が必要とされるのでしょうか。
　Moskowitzは、優れた教師が教室で実際にどんな行動的な特徴を示すかを調査しました。[23]彼女は、まず数千人に及ぶ大学生を対象に、これまで彼らが教わ

った教師の中から優れた教師を選んでもらい、その中から11名を被験者とし、同数の類似した経験を有する"典型的な"教師を統制群にして、両者の実際の授業を継続的にFlint systemと呼ばれる観察方式を用いて観察しました。両者の間に明らかな差が認められ、Moskowitzはそれを32項目にわたって記述しています。その中の主なものを要約するならば次のようになります。

1．教師も学習者も、授業中に外国語を用いることが多い。これは初歩の段階でも言えることである。学習者は質問をするときでも外国語を使うことが多い
2．教師の外国語の運用は流暢で話に言い淀みがなく、ジェスチャー等の身体表現を多用し、生き生きとして活発である。
3．教師は笑ったり、冗談を言ったり、ほめたりすることが多く、ほめる時間は長く、内容は妥当であり、注意をするときには冗談のように言ったり、目を見つめて言うことが多く、誤りの訂正は優しく行っている。
4．教える内容を身近なものにするなど、様々な方法で生徒の参加を促し、生徒の発言にはすぐフィードバックを与える
5．授業中の活動の種類が多く、そのペースはかなり早く、ドリルは素早く行われる。
6．生徒は、授業の前後に教師に話しかけ、授業に意欲的に参加し、教師と一体感を持っていて、教室内には笑いが多く、雰囲気が暖かく受容的である。
7．間接的な働きかけも外国語でなされることが多い。

　Moskowitzの研究はかなり前のものですが、現在でも多くの示唆を与えてくれるのは英語教師に求められる普遍的な資質を指摘しているからでしょう。しかし、このリストは理想像的な趣があります。より重要なのは、どのようにしてそのレベルに近づいたらよいかというプロセスです。現在の授業の様子を省察し、自己の現在の指導能力を見極め、向上を図るReflectiveTeaching[24]、授業を直視し、その中の問題を見つけだし、その解決を目指して行動を起こし、その結果を検討してさらなる行動を起こすという一連の過程はアクション・リサーチと呼ばれる教師の手による授業改善の研究であり[25]、英語指導能力の向上に重

要な役割を果たします。

注
1. Rivers, W. M.1981. *Teaching Foreign-Language Skills* Second Edition, Chicago Univ. Press, pp. 37-38
2. Howatt, 1984. *A History of English Language Teaching*, OUP, p. 258.
3. Richards, J, C. & T. S. Rodgers, 2001. *Approaches and Methods in Language Teaching* 2nd Edition, p. 12.
4. Titone, R. 1968. *Teaching Foreign Languages*, Georgetown University Press, p. 72.
5. 伊村元道、1997、『パーマーと日本の英語教育』大修館書店.
　 小篠敏明、1995、『Harold, E. Palmerの英語教授法に関する研究』第一学習社.
6. Asher, J. 1977. *Learnig another language through actions : the complete teacher's guide book.*, Sky Oaks Productions.
7. Krasehn, S. & T. Terrell, 1983. *The Natural approach : Language acquisition in the classroom*, The Alemany Press.
8. Morrow, K., 1981. Principles of communicative methodology, Johnson, K. and K. Morrow（eds.）, 1981. *Communication in the Classroom*, Longman, pp. 59-66.
9. Prabhu, N. S., 1987. *Second Language Pedagogy*, OUP.
10. Snow, M. A., 2001. Content-based and immersion models for second and foreign langauge teaching, in Celce-Murcia, M., *Teaching English as a Second or Foreign Language* Third Edition, Heinle & Heinle, pp. 303-318.
11. Skehan, P., 1998. *A Cognitive Approach to Language Teaching*, OUP, p. 95.
12. Willis, J., 1996. *A Framework for Task-Based Learning*, Longman, pp. 26-28.
13. Willis, J., 1996. *op. cit.*, Longman, pp. 38-51.
14. Gattegno, C., 1972. *Teaching Foreign Languages in Schools : The Silent Way*, Educational Solutions.
15. Curran, C. A., 1976. *Counselling-Learning in Second Language*, Apple River Press.

16. Larsen-Freeman, D., 2000. *Techniques and Principles in Language Teaching* 2nd Edition, OUP, pp. 73-87.
17. Larsen-Freeman, D., 2000., *op. cit.*, OUP, pp. 169-172.
18. Tanner, R., 2001.Teaching intelligently, *English Teaching Professional* Issue 20. pp. 40-41
19. Lewis, E. G. & C. E. Massad, 1975, *The teaching of English as a foreign language in ten countries*, J. Wiley & Sons, p. 298.
20. Gaies, S., 1977, The nature of linguistic input in formal second language learning: linguistic and communicative strategies in ESL teachers' classroom language, in H. D. Brown, C. A. Yorio, & R. H. Crymes (eds.) *ON TESOL 1977*, TESOL, p. 205.
21. Long, M., 1983. Does second language instruction make a difference? A review of research, *TESOL Qurterly*, 17, pp. 359-382.
22. Ohta, A. S., 2001., *Second Langauge Acqusition Processes in the Classroom*, Earlbaum, pp. 188-9.
23. Moskowitz, G., 1976, The classroom interaction of outstanding foreign language tachers, *Foreign Langauge Annals*, 9 pp. 135-57.
24. Richards, J. C., & C. Lockhart. 1994. *Reflective Teaching in Second Language Classrooms*, CUP. （邦訳：新里眞男訳、2000、『英語教育のアクション・リサーチ』研究社出版）
25. Wallace, M. J., 1998. *Action Research for Language Teachers*, CUP.

問題

1．これまでに受けた英語教育ではどのような教授法が用いられていましたか。それぞれの指導法の特色を述べ、英語学習にそれらがどのような点で優れていたか、また問題点があればそれについても話し合いなさい。
2．The Silent Way, Community Langauge Learnig, Suggestopediaなどの指導法の理念をわが国の英語教育にどの様に適用することができますか。
3．ESP (English for Specific Purposes) の考え方と具体的な指導法を調べなさい。
4．Communicative Language Teachingの特徴の1つとして"学習者中心

(learner-centerednesss)"が指摘されることがあります。これはどのようなことを指すのでしょうか。

5．将来どんな英語教師を目指しますか。考えをまとめて述べなさい。

Further Reading

Richards, J. C. and T. S. Rodgers, 2001. *Approaches and Methods in Language Teaching* 2nd Edition, CUP.

Larsen-Freeman, D., 2000. *Techniques and Principles in Language Teaching* 2nd Edition, OUP.

Blair, R. W., 1982. *Innovative Approaches to Language Teaching*, Newbury House.

Celce-Murcia, M., 2001. *Teaching English as a Second or Foreign Language* 3rd Edition, Heinle & Heinle.

Stevick, E. W., 1996. *Working with Teaching Methods：What's at Stake?*, Heinle & Heinle.

Omaggio Hadley, A., 2000. *Teaching Language in Context* 3rd Edition, Heinle & Heinle, pp. 86-131.

Willis, J., 1996. *A Framework for Task-Based Learning*, Longman.

田崎清忠、1995、『現代英語教授法総覧』大修館書店

第13章
教授メディア

　教材、教具、教育機器は文字通り日進月歩の変化を遂げています。このようなメディアの特徴を知り、その使い方に習熟することは、英語教師に求められる大切な資質の1つです。英語の授業で使われる主なメディアとして次のようなものがあります。

視覚メディア
　黒板・ホワイトボード、絵、ポスター、線画、チャート、フラッシュカード、絵カード、掛け図、センテンス・ビルデイングカード、写真、実物、パンフレット、説明書、案内書、メニュー、新聞、雑誌
　スライド、OHP、OHC
聴覚メディア
　ラジオ、録音テープ、レコード、CD、MD
視聴覚メディア
　映画、テレビ、ビデオ、DVD、ビデオカメラ、LL、コンピュータ、自習室

　各メディアでよく使われるものを取り上げ、活用方法や留意点を次に検討します。

1. 視覚メディア

黒板・ホワイトボード　もっとも一般的な教具であるだけに、その効果的な使用は学習成果に影響を及ぼします。

留意点

- 左端に新語、中央上部にキーセンテンスのように黒板の割付を決める。
- 不要になった部分は授業中に消す。
- 重要部分を色チョークで強調したり、センテンス・カードをあらかじめ用意して、時間の節約を図る。
- マグネットが使える黒板は、視覚メディアの多くを掲示することができる。

OHP・OHC　OHPはトランスペアランシー（TP）が容易に自作でき、用途も広いため効果的に利用することによって授業の大きな助けになります。文法問題、テキスト、絵、図表、生徒の作文など多様な教材を提示できます。OHC（教材提示装置とも言う）は、TPを作成する必要がなく一層便利です。

留意点

- TPの特性を生かし、異なったイメージを重ね合わせて、ストーリーを発展させたり、予測させたりする。
- イメージの1部を隠しておいて、推測させたり、予測させたりする。ギャップを埋めながら読む音読練習にも利用できる。
- イメージの焦点を合わせないでぼかした映像を最初に示し、次第に焦点を合わせることで、I don't know./I'm not sure, but it might..../I think it may ....../I'm sure it is....など文脈に合った表現を用いる。

2. 聴覚メディア

録音テープ・CD　教科書準拠のものは、本文の素読、反復のためのポーズを入れた範読に加え、重要構文の範読、ディクテーションのための音読、新出語彙の発音、練習問題、英語の歌なども用意され、ますます便利になってきています。目的に合わせて効果的に活用することを心がけたいものです。

　詩や歌、ストーリーなど、教科書以外のテープ・CDも時間の許すかぎり活用することで、モティベーションを高め、英語力の増進にも役立ちます。道を歩きながら英語の歌やナーサリー・ライムを口ずさむのを楽しむ学習者は多くいるはずです。

3．視聴覚メディア

　映画、テレビ、ビデオ、LLなどが英語の授業では頻繁に用いられます。ここではビデオ、LLを取り上げ、その利点及び短所をかいつまんで述べます。

　ビデオ　教科書付随のものに加え、多くの英語教育用のビデオが利用できます。ビデオは、英語圏の風物習慣、日常生活の場面を即座にスクリーンを通して教室内に再現して、現実感を高めることができます。そこで実際に使われている英語を音声で伝えることによって、生きた英語を生徒に届け、表情、動作などパラ言語的な要素を同時に情報として伝えることによって、学習者の理解を助けてくれます。この点は、録音テープと比較にならない利点です。また、再生が何度でも可能な点も大きな強みです。

　留意点

- 特定の箇所を繰り返し再生し、聞き取り、反復を行う。
- 映像のみを映して話の内容を予測した後で音声を再生して比較する。
- 音声のみを再生して場面を話し合わせた後で映像も見て比較する。

- キャプション付きのビデオはCCディコーダーを用いて、最初はキャプションを見せ、2回目は音声のみで聴視させるなどの変化を与える

　ビデオの録画カメラを活用することで次のような活動が可能になります。
- 言語活動のスキットをグループで演じるのを録画して、再生してクラスで視聴する。
- ALTとのやり取りを録画、編集して、多くの生徒にまさに生きた英語に現実的な状況のもとで接しさせる。事前に台本を作り、ALTと打ち合せ、また、場面を設定し、連続した一連の言語場面を構成するなどの工夫でよりよいものができる。
- ニュース番組、インタビューなどのプロジェクトを行う。
- 様々な場面で、生徒の学習を録画したものを適宜再生して、モティベー

> ションを高め、評価にも活用する。このような活動を通して、コミュニケーションの喜びを英語習得に 結びつけることになる。

LL（Language Laboratory）　音声の聞き取りと反復、比較などの単純な機構のLLに加え、VTRやコンピューターと連動して、音声と映像を同時に伝え、また学習者の反応に即した指示、説明を必要に応じて行う装置、さらにインターネット・アクセス機能を含む高度なLLも広く用いられています。リスニング、スピーキングのドリル、プラクティスなどの練習はもちろん、相互通話装置を利用した会話、提示された文字教材のリーディング、さらにライティングの活動にも広く利用できます。

4．教科書

1）教科書教材

　英語の授業で主役を演じるメディアは、現在でも教科書です。しかし、教科書のみを用いることは稀であり、それに付随した様々な教材、教具が同時に用いられのが普通です。対象の学習者、教室環境等によって、使われる教材、教具は多種多様ですが、その多くは教科書と同等の役割を果たすようになっています。したがって、それらの内容、使用方法について、教科書の内容の準備と同等の注意を払うことが必要です。次のような教材、教具の全て、あるいはその一部がセットになって準備され、供給されます。

＊教科書　　いわゆる総合教科書では、文法、リーディング、ライティング、発音、文化などの幅広い領域を教える活動が1冊にまとまって編集されてる。

＊教師用書　　生徒用の教科書と同一の内容に加えて、指導目標、指導の要点、留意事項、指導過程、活動例、練習問題の解答の他に強勢、イントネーションなどの音声表記が本文に記入されていることもある。

＊教師用資料　　教科書の構成、題材、言語材料などについて、その編集の意図、扱い方、月別、課別の指導内容の一覧表、各課の題材の背景、語法解説など、教材研究のための資料が用意されている。

＊ワークブック　　教科書の各課に対応したリーディング、ライティング、語彙などの練習活動が用意され、家庭学習はもちろん、教室での補強のための指導に役立つように編集されている。

＊録音テープ・CD　　教科書の新出単語、本文の範読、本文理解のquestions & answersに加え、英語の歌、classroom English、練習問題等が録音され、生徒が反復できるようにポーズをおいてあるような工夫も施されている。さらに、臨場感を高めるため各種効果音を加えたり、LL用のテープが用意されている場合もある。

＊副読本　　教科書の言語材料のレベルに合致した読物を集めてある。

＊ビデオ　　英語が実際に用いられる場面を映像として提示することによって理解を助け、また文化的背景を正確に興味深く提示することができる。

＊その他　　絵カード、トランスペアランシー、チャート、フラッシュカード

等が付属教材として用意される。

　豊富な教授資料が教科書の内容と直結して、その重要な一部になっているものの、その全てを揃えなければ授業が展開できないと言うことでもない点に注目する必要があります。要は、教師が予算、授業時数等の外的条件と共に、どの様な目的で教材を活用するかという内的な要因を考慮に入れて選択し、綿密な計画に基づいて授業の中で適切に利用する必要があります。

２）**教科書の選択**
　まず、対象の学習者の年齢、英語のレベル、興味と関心、ニーズ、英語指導の目的、授業時数などが選択の基準になります。次に、教材に実際に当たり、その内容を分析し、評価する段階になります。適切な視点を数多く用意することによって客観性を増します。次に示すのはその１例です。[1]

教科書選択の基準

言語項目の選択と配列
1. 重要な文法項目が取り上げられ、適切に配列されているか。
2. 文法項目は前後の項目と関連付けられているか。
3. 文法項目は間隔をおいて何度も反復されるように配列されているか。
4. 基本語彙をカバーし、学習者にとって必要なものが盛り込まれているか。
5. 語彙項目の分量、また学習単位毎の配分は適切か。
6. 基本語は反復して出現するか。
7. 場面に即した適切な表現が使われているか。特に対話文では、言語交渉が自然で、現実的な発展を示しているか。また、文の長さは適切か。
8. 発音は学習者に困難なものを重点的に取り上げ、またそれは系統的に扱われているか。

言語項目の導入と練習
9. 文法事項は意味のある、自然な文脈の中で提示され、理解しやすいか。
10. 文法項目の練習は、場面に即していて、意味のある変化に富んだ活動になっているか。
11. 文法項目のまとめは適切か。
12. 語彙項目の練習があるか、また、それは語彙力の増進のために適切か。

13. 発音練習は、個々の音、強勢、イントネーションの面で聞き取り・発表の両面にわたって用意されているか。

言語活動
14. 言語活動は量的に十分か、また、それは学習者が容易に取り組めるものか。
15. 言語活動は楽しく、かつ現実的か。教室外の実際の場面に転移されるか。学習者が自分の伝えたいことを話し合い、意味のある情報交換が生じるか。
16. 言語項目と言語機能が適切に組み合わされた活動が用意されているか。

スキル別活動
17. 聞き取りの活動が十分に用意されており、またそれは適切であるか。
18. リーディングの分量、題材、活動は適切か。
19. ライティングの活動の分量は適切か、またその内容は変化に富んでいるか。
20. 4技能のバランスがとれているか、また、それらを組み合わせた総合的な活動が用意されているか。

内容
21. 題材と内容は学習者のニーズに合っているか。
22. 内容は可能な限り現実的か。また、それは最新の事実に基づき正確か。
23. 学習者にとって有意義な、新しい情報を含んでいるか。
24. 学習者の状況に合致しているか、少なくとも教科書の内容を利用して学習者の状況に合った活動を行いやすいものか。

補助教材、教具
25. 補助教材は十分か。それは、教科書を使用する際に必須か。また、その経費は？
26. 教師用書には、目標、指導過程、活動が明確、詳細に記述されているか。
27. 言語的、文化的な背景となる情報を提供しているか。

体裁
28. 教科書の文字、挿絵などのレイアウトは学習者にとって魅力的で、明瞭か。
29. 挿絵はテキストと直接関連があり、その内容の理解を助けるものか。

5．コンピュータ

　コンピュータは成績処理や文書管理など学校運営では欠かせない機器として用いられています。それはまた、英語教育にも大きな可能性を持っています。Information technologyの波は英語教育の押し寄せています。ここでは、そのごく基本的な点について述べることにします。

１）**教師の授業準備等のための活用**
　授業前後にコンピュータは次のような場面で活用できます：
① 　教科書付随のCDの利用
　　・テキストの文を順不同にして、原文復元の整序活動用教材を作る
　　・空所補充のcloze testを作る
　　・文レベルの語句の整序活動用教材を作る
　　・テキストのフォントを大きくしてTPにコピーし、スクリーンに投影して説明、音読等に用いる
② 　インターネットの活用
　　・インターネットで教科書教材の題材に関連する発展、補充資料を探索して活用する
　　・絵、写真、歌、動画等をダウンロードして教材として用いる
　　・Teaching planの資料を求める
　　・コンコーダンスを用いて、語法、連語などを調べる
③ 　ワード・プロセッサとしての利用
　　・指導案の作成
　　・生徒の作業結果の保存と整理

２）**学習場面での使用**
① 　コンピュータ教材
　　・教科書付随のCDによる教材には、印刷された教材の大部分と録音・録画、発展練習などがコンピュータ上で操作できるものがある。正規の授業としても家庭学習としても使用できる。リーディングでは、画面上のテキスト

を読み、提示される問に答え、結果を確認するなどの作業に加え、特定の語句をクリックすることでその意味を知ることができるような構成をとるものが多い。
・教科書以外の市販のコンピュータ教材は多数ある。発音、語彙、文法、リーディングなの分野　に加え、各種ゲームも使うことができる。

② 情報検索
・CD版の辞書の数は多く、またその多くは発音が音声で提示される他に多くの検索機構がついている。必要に応じて容易に参照でき、利用価値は高い。
・教材の内容を深めたり、最新情報を入手する場合には百科事典、年鑑なども利用するとよい。

③ ワードプロセサーとしての利用
・モデル文のハイライト部分を自分の状況に合わせて変更して自己紹介文を作る。
・仲間の書いた文章を読んで、誤りを訂正する。
・仲間の書いた文章に感想を書く。
・互いにe-mailを送り、返事を書く。
・次のような質問について答えを書き、自分自身のアドレスにe-mailを送る。次の英語の時間にこのメールを開いて、現在の状況と比較してその違いを書く。[2]

> Please answer the following questions.
> a. What are you doing now?
> b. How are feeling now?
> c. What time did you get up?
> d. What time is it now?
> e. What are you going to do tonight? ... etc.

次のような内容を書く生徒も出るであろう。

> On Monday I was writing an e-mail and I am also doing that today. On Monday I was feeling happy, but today I am feeling sleepy because I had PE and ran long distance. etc.

- 上の活動を通して、シソーラス、スペリング・チェッカー、並べ換え、削除などのソフトの機能に慣れる。
- クラスやグループで新聞、学級紹介、学校紹介、趣味や特技の紹介などのDTPのプロジェクトを行う。

④ e-メール
- 英語の日誌を教師に送り感想をもらう。
- 仲間と英語によるe-メールを交換する。
- 海外にメールの相手を見つけて"keypal"を作る(そのための利用できるネットワークはかなりある)。

⑤ Webの使用　Webの最大の利点は、あらゆる情報にいつでもアクセスできることである。使われている英語はすべてほんもの(authentic)である。[3] 特定の情報も専門家を対象にしたサイトから、週刊誌や新聞などの一般人向け、さらに高校生、中学生、小学生を対象にしたものまである。また、英語学習者向けのサイトもますます充実しており、文字、映像に限らず音声を含むマルチメディアの構成がごく一般的なっている。
- 特定の情報を分担して見つけ、内容を報告する。例えば、教科書でSeattleの紹介が扱われていたら、最近の様子をさらに詳しくインターネットで調べ、まとめてレポートする。
- 語彙、文法の情報を集めて整理し、仲間とその結果を話し合う。例えば、最近学習した単語をいくつか取り上げ、その用法を調べる。また、be going toとwillの違いを調べる。
- クラスのホームページを立ち上げる。

注

1．Brinton, D. M., 2001. The Use of Media in Language Teaching, in Celce-Mercia, 2001. *Teaching English as a Second and Foreign Language*, pp. 459-476.
2．Windeatt, S., D. Hardisty, & D. Eastment, 2000. *The Internet*, OUP. pp. 62-63
3．Harmer, J., 2001. *op. cit.*, p. 149.

問題

1．英語の歌を授業の中で指導する方法を具体的に1曲例にして考えなさい。
2．ワークブックの1課をとり、教科書との題材、言語面での関連を調べ、適切かどうか話し合いなさい。学習者に与える場合の留意点は何か話し合いなさい。
3．グループになり、それぞれ1種類の教科書を教科書選択の基準に沿って検討し、その結果を話し合いなさい。
4．現在完了形（完了用法）の導入に用いる絵を用意し、指導過程を考えなさい。
5．教科書の特定の課の題材についてさらに多くの情報をインターネットで検索しなさい。授業で用いたい情報を選び、その指導手順を考えなさい。

Further Reading

Boswood, T. (ed), 1997. *New Ways of Using Computers in Language Teaching*, TESOL, Inc.

Windeatt, S., D. Hardisty & D. Eastment, 2000. *The Internet*, OUP.

Sperling, D., 1998. *Dave Sperling's Internet Guide* 2nd edition, Pearson Education Ltd.

Wright, A., 1984. *1000 Pictures for Teachers to Copy*, Longman.

Stemplesky, S. & B. Tomalin, 1989. *Video in Action*, Pearson Education Ltd.

Cooper, R., M. Lavery & M. Rinvolucri, 1991. *Video*, OUP.

参考書目

A

Alderson, J. C. 2000. *Assessing Reading*, CUP.

Alderson, J. C., C. Claphan & D. Wall, 1995. *Language Test Construction and Evaluation*, CUP.

Anderson, A. & T. Lynch, 1988. *Listening*, OUP.

青木昭六編, 1990.『英語教授実例事典』, 大修館書店.

青木昭六・池浦貞彦・金田正也編, 1983.『英語指導法ハンドブック③ 指導技術編』大修館書店.

Arnold, J., 1999. *Affect in Language Teaching*, CUP.

Asher, J. J., 1978, *Learning Another Language through Actions:Complete Teacher's Guidebook, Sky* Oaks Productions.

Austin, J., 1982. *How to do things with Words 2nd Edition*, Clarendon Press.

B

Bachman, L. F., 1990. *Fundamental Considerations in Language Testing*, OUP.

Bachman, L. F. & A. S. Palmer, 1996. *Language Testing in Practice*, OUP.（邦訳 大友賢二・ランドルフ・スラッシャー監訳『言語テスト作成法』、大修館書店）

Blair, R. W., 1982, *Innovative Approaches to Language Teaching*, Newbury House

Boswood, T. (ed) 1997. *New Ways of Using Computers in Language Teaching*, TESOL, Inc.

Bowen, J. D., H. Madsen & A. Hilferty, 1985. TESOL *Techniques and Procedures,* Newbury House

Brookes, A. & P. Grundy, 1998, *Beginning to Write*, CUP.

Brown, H. D., 2000. *Principles of Language Learning and Teaching 4th Edition*, Prentice Hall.

Brown, J. D., 1996., *Testing in Language Program,* Prentice Hall.（邦訳：和田稔訳『言語テストの基礎知識』大修館書店）

Brown, H., C. Yorio, & R. Crymes, 1977, *On TESOL*, TESOL .

Brown, S. & S. Attardo, 2000. *Understanding Language, Structure, Interaction and Variation,* Michigan.

Brumfit, C., 1980, "Communicative Langauge Teaching: An Educational Perspective," in Brumfit, C., & K. Johnson (eds) 1980.

Brumfit, C., 1984. *Communicative Methodology in Language Teaching*, CUP.

Brumfit, C., & K. Johnson, 1980. *The Communicative Approach to Language Teaching*, OUP.

Busch, D., 1982, "Introversion-extroversion and the EFL proficiency of Japanese students," Language Learning, Vol.32, pp.109-132

Byrne, D., 1979. *Teaching Writing Skills*, Longman.

Byrne, D., 1986. *Teaching Oral English New Edition*, Longman.

C

Canale, M., 1983, "From communicative cempetence to communicative pedagogy," in Richards, J. C., & R.Schmidt, 1983

Carrell, P. L., 1987, "A review of written text as commnicative interaction: Implications for reading in a second language," in Devine, J., P. L. Carrell, & D. E. Eskey, 1987

Carroll, J. B. & S. M. Sapon, 1958. *Modern Language Aptitude Test*, The Psychological Corporation

Carter, R. and M. McCarthy, 1988. *Vocabulary and Language Teaching*, Longman.

Celce-Murcia, M., 2001, *Teaching English as a Second or Foreign Language 3rd Edition*, Heinle & Heinle.

Celce-Murcia, M., D., Brinton & J. Goodwin, *Teaching Pronunciation*, CUP.

Claire, E. 2000. 『やさしい英語教室活動集77』 Pearson Education Japan.

Clarke, M. A, & S. Silverstein, 1977, "Toward a realization of psycholinguistic priciples in the ESL reading class," Language Learning, Vol. 27/1

Cook, V., 1991. *Second Language Learning and Language Teaching*, Arnold.（邦訳：米山朝二訳『第2言語の学習と教授』研究社出版）

Cook, V. 1997. *Inside Language*, Arnold.

Cook, V. & M. Newson. 1996. *Chomsky's Universal Grammar: An Introution*, Arnold.

Cooper, R., M. Lavery, & M. Rinvolucri.1991. *Video*, OUP.

Corder, S. P., 1981. *Error Analysis and Interlanguage*, OUP.

Crystal, D., 1987. *The Cambridge Encylopedia of Language*, CUP.

Cummins, J., 1980. "The cross-lingual dimensions of language proficieny: Implications for bilingual education and the optimal age issue," TESOL Quarterly, 14/2, pp.175-187

Curran, C. A., 1976. *Counselling-Learning in Second Langauge*, Apple River Press.

D

Davies, A., C. Criper & A. P. B. Howatt, 1984. *Interlanguage*, University of Edinburgh Press.

Devine, J., P. L. Carrell, & D. E. Eskey, 1987. *Reading in English as a Second Langauge*, TESOL.

Doff, A., 1988. *Teach English: A training course for teachers*, CUP.

Dörnyei, Z. 2001. Motivational Strategies in the Language classroom, CUP.（邦訳：米山朝二・関昭典訳『動機づけを高める英語指導ストラテジー35』大修館書店、2005）

Dunn, O., 1984. *Developing English with Young Learners*, Macmillan

E

Ellis, R., 1985. *Understanding Second Language Acquisition*, OUP.

Ellis, R., 1994. *Study of Second Language Acquisition*, OUP.

F

Finocchiaro, M. & C. Brumfit, 1983. *The Functional-Notional Approach: From Theory to Practice*, OUP.（邦訳：織田稔・萬戸克憲訳『言語活動中心の英語教授法—F-N アプローチの理論と実際』大修館書店、1987）

G

Gaies, S., 1977. "The nature of linguistic input in formal second language Learning: Linguistic and communicative strategiesw," in Brown, H., C. Yorio & R. Crymes, 1977

Gairns R. and S. Redman, 1986. *Working with Words*, CUP.

Gardner, R. & W. E. Lambert, 1972. *Attitudes and Motivation in Second Language Learning*, Newbury House

Gass, S. M, & L. Selinker, 2000. *Second Language Acquisition Second Edition*, Erlbaum.

Gattegno, C., 1972. *Teaching Foreign Language in Schools: The Silent Way*, Educational Solutions.

Genesee, F. & J. A. Upshur, 1996. *Classroom-based Evaluation in Second Language Education*, CUP.

Gollash, F. V., 1982. *Language and Literacy*, Vol.1, Routledge & Kegan Paul.

Goodman, K., 1967. "Reading: a psycholinguistic guessing game," in Gollash, F. V., 1982.

Gower, R., D. Phillips, & S. Walters, 1995. *Teaching Practice Handbook*, Heinemann.

Grellet. F., 1981, *Developing Reading Skills*, CUP.

Grundy, P., 1994. *Beginners*, OUP.

H

Harris, M. & P. McCann, 1994. *Assessment*, Heinemann.

Harmer, J., 1998. *How to Teach English*, Longman.

Harmer, J., 2001. *The Practice of English Language Teaching 3rd Edition*, Longman.

波多野完二, 1958.「英語教育」とIQ、『英語教育』Vol. VII, No. 9

Hatch, E., 1983. *Psycholinguistics: A Second Language Perspective*, Newbury House.

Hawkins, R. 2001. *Second Language Syntax*, Blackwell.

Heaton, J. B., 1975. *Writing English Langauge Test*, Longman.

Hedge, T. 2000, *Teaching and Learning in the Language Classroom*, OUP.

Hedge, T., 1988. *Writing*, OUP.

樋口忠彦他編、1997.『小学校からの外国語教育』研究社出版

Howatt, A. P. R., 1984. *A History of English Language Teaching*, OUP.

Hubbard, P., H. Jones, B. Thornton, & R.Wheeler, 1983. *A Training Course for TEFL*, OUP.

Hughes, G. S., 1981. *A Handbook of Classroom English*, OUP.

Hymes, D., 1972. "On communicative competence," in Pride and Holmes, 1972.

I

伊藤嘉一編著、2000.『小学校英語レデイゴー』ぎょうせい

伊村元道、1997.『パーマーと日本の英語教育』大修館書店

J

Johnson, K. & K. Morrow, 1981. *Communication in the Classroom*, Longman.

Johnson, K. & D. Porter, 1983. *Perspectives in Communicative Language Teaching*, Academic Press.

K

金田正也編.『教授メデイアの整備』(講座・英語教育工学　3)　研究社出版

Klippel, F., 1984. *Keep Talking*, CUP.

Krashen, S., 1982. *Principles and Practice in Second Language Acquisition*, Pergamon

Krashen, S., 1985. *The Input Hypothesis: Issues and implications*, Longman.

Krashen, S. & T. Terrell, 1983, *The Natural Approach: Language acquisition in the classroom*, The Alemany Press.

L

Ladousse, G. P., 1987. *Role Plays*, OUP.

Larsen-Freeman, D., 2000. *Techniques and Principles in Language Teaching 2nd Edition*, OUP.

Lewis, G., 1999. *Games for children*, OUP.

Lewis, M., 1993. *The Lexical Approach*, LTP.

Lewis, E. G. & C. E. Massad, 1975. "The Teaching of English as a Foreign Language," in Ten Countries, J. Wiley & Sons.

Littlewood, W., 1983. *Communicative Language Teaching: An Introduction*, CUP.

Littlewood, W., 1984. *Foreign and Second Lnaguage Learning*, CUP.

Long, M., 1983. "Native speaker/ nonnative speaker conversation and the negotiation of comphrehensible input," Applied Linguistics 4/2 pp.126-141.

Long, M., 1983. "Does second language instruction make a difference?" A review of research, TESOL Quarterly, 17/3, pp.359-382.

Lukmani, Y., 1972. "Motivation to learn and language proficieny," Language Learning, 22, pp.261-73

M

松沢伸二、2002.『英語教師のための新しい評価法』大修館書店

McLaughlin, B., 1978. "The Monitor model: some methodological considerations," Language Learning, 28, pp. 309-332.

McLaughlin, B., 1984. "Second-Language Acquisition in Childhood Second Edition", Volume 1, Preschool Chidren , Erlbaum.

Matthews, A, M. Spratt, & Les Dangerfield, 1985. *At the Chalkface*, Arnold.

Mitchell, R. & Myles, F., 1998. *Second Language Learning Theories*, Arnold.

Mohan, B. A., 1986. *Language and Context*, Addison-Wesley.

望月昭彦・山田　登編著、1996.『私の英語授業』大修館書店

文部省、1994. *Handbook for Team-Teaching.*　ぎょうせい.

文部科学省著、2001.『小学校英語活動実践の手引き』開隆堂

Morrow, K., 1981. "Principles of communicative methodology," in Johnson, K. & K. Morrow, 1981.

Moskowitz, G., 1976. "The classroom interaction of outstanding foreign language teachers," Foreign Language Annals 9, pp.135-157.

Moskowitz, G., 1978, *Caring and Sharing in the Foreign Language Class*, Newbury House.

N

Naiman, N., M. Frohlich, H. Stern & A. Todesco, 1978, *The Good Language Learner*, The Ontario Institute for Studies in Education.

Nation, P., 1985. "Listening techniques for a comprehension approach to langauge learning," English Teaching Forum, Oct.,1985.

Nation, ISP., 2001. *Vocabulary Learning in Another Language*, CUP.

Nunan, D., 1989. *Designing Tasks for the Communicative Classroom*, CUP.

Nunan, D., 1999. *Second Language Teaching and Learning*, Heinle & Heinle.

Nuttall, C. 1996. *Teaching Reading Skills New Edition*, Heinemann.

O

Ohta, A. S., 2001. *Second Langauge Acqusition Processes in the Classroom*, Earlbaum.

Oller, J. W., 1979. *Language Tests at School: A Pragmatic Approach*, Longman.

Oller, J. & K. Perkins, 1978, "A further comment on language prficiency as a source of variance in certain affective measures," Language Learning 28, pp.412-23.

Omaggio Hadley, A. 2000. *Teaching Language in Context Third Edition*, Heinle & Heinle.

Omaggio, A. C., 1982, "Helping Learners Succeed: Activities for the Foreign Language," Center for Applied Linguistics.

小篠敏明、1995.『Harold E. Palmerの英語教授法に関する研究』第一学習社

P

Parrott, M., 1993. *Tasks for Language Teachers*, CUP.

Phillips, S., 1999. *Drama with Children*, OUP.

Phillips, D., et. al., 1999. *Projects with Young Learners*, OUP.

Pincas, A., 1983. *Techniques in Teaching Writing*, OUP.

Prabhu, N. S., 1987. *Second Language Pedagogy*, OUP.

Pride, J. b. & J. Holmes, 1972. *Sociolinguistics*, Penguin Books.

Putch, H. & M. Schratz, 1993. *Teaching Teenagers*, Longman.

R

Raimes, A., 1983. *Techniques in Teaching Writing*, OUP.

Richards, J. C., 1986. *The Context of Language Teaching*, CUP.

Richards, J. C., D. Gordon, & A.Harper, 1987. *Listen for it*, OUP.

Richards, J. C., & C. Lockhart. 1994. *Reflective Teaching in Second Language Classrooms*, CUP. (邦訳：新里眞男訳, 2000.『英語教育のアクション・リサーチ』研究社出版)

Richards, J. C., J., Platt, & H. Weber, 1992. *Longman Dictionary of Applied Linguistics New Edition, Longman.*

Richards, J. C. and T. S. Rodgers, 2001. *Approaches and Methods in Language Teaching 2nd Edition*, CUP.

Richards, J. C. & R. Schmidt, 1983. *Language and Communication*, Longman.

Rivers,W. M., 1981. *Teaching Foreign-Language Skills Second Edition*, Chicago Univ. Press (邦訳：天満美智子・田近裕子訳『外国語習得のスキル第2版』研究社出版、1988)

Rivers,W. M., 1983, *Communicating Naturally in a Second Language*, Cambridge Univeristy Press

Rivers, W. M., 1987. *Intereactive Language Teaching*, CUP.

Rost, M., 1991. *Listening in Action*, Prentice Hall.

Rost, M., 1990. *Listening in Language Learning*, Longman.

佐野正之、米山朝二、多田伸二,1988,『基礎能力をつける英語指導法』大修館書店

Savignon, S. J., 1982. *Communicative Competence: Theory and Classroom Practice*, Addison-Wesley.

Savignon, S. J., 1983. *Initiatives in Communicative Language Teaching: A Book of Readings*, Addison-Wesley.

Scrivener, J., 1994. *Learning Teaching*, Heinemann.

Skehan, P. 1998. *A Cognitive Approach to Language Teaching*, OUP.

Snow, M. A., 2001. Content-based and immersion models for second and foreign langauge teaching, Celce-Murcia, M., Heinle & Heinle, pp. 303-318.

Sperling, D., 1998. *Dave Sperling's Internet Guide 2nd edition*, Pearson.

Stemplesky, S and B. Tomalin, 1989. *Video in Action*, Pearson Education Ltd.

Stern, H. H., 1983. *Fundamental Concepts of Language Teaching*, CUP.

Stevick, E., 1980. *Teaching Languages : A Way and Ways*, Newbury House.

Stevick, E., 1982. *Teaching and Learning Languages*, CUP.

Stevick, E. W., 1996. *Working with Teaching Methods:Whatt's at Stake?*, Heinle & Heinle.

T

Tanner, R., 2001. Teaching intelligently, English Teaching Professional Issue 20. pp.40-41.

田崎清忠、1995,『現代英語教授法総覧』大修館書店

立間 実・孫野義夫・米山朝二、1974,『新英語科教育法』松柏社

Titone, R., 1968. *Teaching Foreign Languages*, Georgetown University Press.

U

Ur, P., 1984. *Teaching Listening Comprehension*, CUP.

Ur, P., 1996. *A Course in Language Teaching*, CUP.

V

Van Ek, J. A. & J. L. M. Trim, 1998. *Threshold Level 1990*, CUP.（邦訳：米山朝二・松澤伸二訳『新しい英語教育への指針　中級学習者レベル＜指導要領＞』大修館書店）

Vanessa, R. & S. M. Ward, 1997. *Very Young Learners*, OUP.

W

Wallace, M. J., 1998. *Action Research for Language Teachers*, CUP.

和田　稔, 1998.『ティーム・ティーチングの授業』大修館書店

Weir, C. J., 1994. *Understanding & Developing Language Tests*, Prentice Hall.

Widdowson, H., 1978. *Teaching English as Communication*, OUP.

Wilkins, D., 1976. *Notional Syllabuses*, OUP.

Williams, E. 1984. *Reading in the Langauge Classroom*, Macmillan.

Williams, M. & R. Burden, 1997. *Psychology for Language Teachers*, CUP.

Willis, J., 1981. *Teaching English through English*, Longman.

Willis, J., 1996. *A Framework for Task-Based Learning*, Longman.

Willis, J. & D. Willis, 1996. *Challenge and Change in Language Teaching*, Heinemann.

Windeatt, S., D. Hardisty, & D. Eastment, 2000. *The Internet*, OUP.

Winitz, H., 1981. The *Comprehension Approach to Foreign Language Instruction*, Newbury House.

Woodward, T., 2001. *Planning Lessons and Courses*, CUP.

Wright, A., 1976. *Visual Materials for the Language Teachers*, Longman.

Wright, A., 1984. *1000 Pictures for Teachers to Copy*, Longman.

Y

Yalden, J., 1983. *The Communictive Syllabus: Evolution*, Design & Implementation, ergamon.

Yoneyama, A., 1980, Attitudinal and motivationa factors in learning English as a foreign language, 新潟大学教育学部紀要　第21巻、pp.121-144.

米山朝二、2003.『英語教育指導法事典』研究社

米山朝二、佐野正之, 1983.『新しい英語科教育法』大修館書店

米山朝二、佐野正之、高橋正夫、1981.『生き生きとした英語授業』上・下巻　大修館書店

米山朝二、大竹　肇、C., Sadowski, & M., Ilic, 1992.『すぐに使える英語の言語活動』大修館書店

米山朝二、杉山　敏、多田　茂, 1996.『英語科教育実習ハンドブック』大修館書店

Yule, G., 1996. *The Study of Language 2nd edition*, CUP.

●著者略歴
1937年　新潟市に生まれる
1959年　新潟大学教育学部外国語科卒業
1965年　ハワイ大学イーストウェストセンター留学
1979年　エディンバラ大学大学院（応用言語学）修了
現　在　新潟大学名誉教授、前大東文化大学教授
著　書　『生き生きとした英語授業』上・下巻、『新しい英語科教育法』、『基礎能力をつける英語指導法』、『すぐに使える英語の言語活動』、『英語科教育実習ハンドブック』（以上共著、大修館書店）、『英語教育指導法事典』（研究社）、他
訳　書　V. クック『第2言語の学習と教授』（研究社出版）、J. A. ヴァン・エック／J. L. M. トリム『新しい英語教育への指針──中級学習者レベル＜指導要領＞』（大修館書店）、Z. ドーニェイ『動機づけを高める英語指導ストラテジー35』（大修館書店）、他
住　所　〒950-2054　新潟市西区寺尾東3-11-6

英語教育 実践から理論へ＜改訂増補版＞

米山　朝二

初版発行　　2002年10月30日
第4版発行　　2010年4月10日

■ 発行者─────────森　信久
■ 発行所─────────株式会社　松柏社
　　　　　　　　　　　　〒102-0072　東京都千代田区飯田橋1-6-1
　　　　　　　　　　　　TEL. 03-3230-4813（代）　FAX. 03-3230-4857
　　　　　　　　　　　　e-mail info@shohakusha.com

■ 装幀─────────ペーパーイート
■ 印刷・製本───────中央精版印刷株式会社

Copyright © 2002 by Asaji Yoneyama
定価はカバーに表示してあります。
本書を無断で複写・複製することを固く禁じます。
落丁・乱丁本は送料小社負担にてお取り替え致しますので、ご返送ください。
ISBN978-4-7754-0010-4
Printed in Japan